법과 정치

—존재·당위·인간의지의 파노라마—

이 헌 환 저

傳 英 社

머 리 말

지난 2006년 9월, 우리나라는 헌법재판소 소장의 임명을 둘러싸고 한바탕 홍역을 치렀다. 입헌국가의 중요한 헌법기관인 헌법재판소의 소장을 임명하는 과정에서, 임명권자인 대통령의 소장후보자지명에 대하여 한 국회의원이 헌법상 임명과정에 절차적 하자가 있음을 제기하고 이어서 야당이 임명권자인 대통령의 소장후보자 지명철회를 요구하는 헌정사상 초유의 사태가 발생한 것이다. 이 사태는 결국 대통령이 소장후보자에 대한 기존의 지명을 철회하고 새로운 후보자를 지명하여 국회의 임명동의절차를 거친 뒤, 다음해 1월에 헌법재판소장에 취임함으로써 일단락되었다.

이번의 헌법재판소장 임명사태는 법과 정치라는 주제와 관련하여 많은 시사점을 보여주는 중요한 사례이었다. 먼저, 중요한 헌법기관의 구성에 관하여 정치의 영역이 어떻게 영향을 미치는가를 보여주는 극단적 사례이었던 점을 지적할 수 있다. 사법제도가 정치제도임을 여실히 보여주는 사례인 것이다. 다음으로, 헌법해석기관으로서의 헌법재판소의 구성에 관하여 약 4개월여 동안 공석으로 비워둠으로써, 국민의 인권보장의 최후보루로서의 헌법재판소를 실질적으로 기능하지 못하게 한 점을 지적할 수 있다. 물론 헌법재판소의 장이 공석이더라도 헌법재판소가 기능하지 못하는 것은 아니지만, 첨예한 의견대립이 있는 사건의 경우 재판관의 자격을 동시에 갖는 헌법재판소 소장의 공석은 그 평의에 결정적인 영향을 미칠 수 있어서 쉽게 결론내릴 수 없는 것이다. 실제로 당시 헌법재판소는 그러한 사건들에 대하여는 평의를 미룬 것으로 알려지고 있다. 최고사법기관의 장을 임명하는 것을 지연하여 국민의 인권보호를 소홀히 한 사례는 이미 약 50년 전에도 있었던 불상사이었다. 바로 1957년 초대 대법원장 김병로의 퇴임 이후에 대통령 이승만이 후임 대법원장을 약 6개월 동안 임명하지 않은 채 미루었다가 자신의 뜻에 맞는 후임자를 임명한 사례이다. 이 사례는 정치의 영역이 사법의 영역에 어떠한 영향을 미칠 수 있는지를 단적으로 보여준 사례이었음에도 불구하고, 50년이 지난 오늘날에도 역사로부터 교훈을 얻지 못한 채 다시 같은 종류의 혼란을 되풀이한 것이다.

이번의 헌법재판소 소장 임명사태가 보여주는 또 하나의 시사점은 헌법기관구성에 관한 헌법규정 자체의 문제점이었다. 지극히 중요한 헌법기관인 헌법재판소의 소장의 임명방법과 임기 등에 관하여 헌법에서 구체적으로 규정을 두지 않은 채 공백으로 남겨 두었기 때문에, 이러한 사태는 필연적으로 나타날 수밖에 없는 문제이었다. 헌법규정이 이처럼 허술하였던 이유는 여러 가지를 지적할 수 있겠지만, 가장 중요한 것은 현행헌법 제정 당시 정치적 협상의 주체들이 헌법재판소의 중요성을 제대로 인식하지 못한 채 관련 헌법규정을 정하였기 때문이었다. 정치영역을 규율할 법규범 자체가 허술하였기 때문에 정치영역에서 많은 논란을 야기하였던 것이다. 그런데 더 큰 문제는 헌법재판소 소장의 임명에 관한 문제점이 극명하게 드러났음에도 불구하고, 정치권의 어떤 사람도 헌법규정의 입법적 불비를 보완할 법의 제정 혹은 개정을 제안하지 않았다는 점이다. 정치적 행위자들은 단지 헌법상의 규정의 불비를 문제 삼아 정치적 목적을 달성하는 데에만 관심이 있었을 뿐이었다. 다만, 한 가지 성립된 규범적 결과는 기존의 헌법재판관을 사퇴시킨 후 새로이 헌법재판소의 소장으로 임명하는 것은 인정되지 않는다는, 일종의 헌법적 관습을 정립한 것으로 평가될 수는 있다.

법과 정치의 문제는 이처럼 현실의 정치적 행위자들이 자신의 정치적 목적을 달성하기 위하여 법규범을 이용하려는 시도와 그에 대응하는 법규범 자체의 의지와의 충돌의 문제이다. 물론 그 과정에서는 행위자인 인간이 있다.

이 책은 법과 정치의 문제에 관하여 헌법학적 시각에서 나름대로 구성해 본 것이다. 말하자면, 정치의 시각에서 법을 바라보는 것이 아니라 법의 시각에서 정치를 바라보고자 하는 것이 저자의 기본적인 의도이었다.

저자는 20세기 후반을 살면서 우리나라 헌정사의 질곡과 고난을 고민하고 그에 대한 나름대로의 해결책을 제시하고자 하는 생각에서, 국가영역 중 사법영역에 대하여 관심을 가지고 꾸준히 연구를 진행한 바가 있었다. 특히 법과 정치의 상호관련의 문제에 관해서는 우리나라의 헌법학과 정치학의 연구경향의 차이와 함께, 헌법의 규범성이 전혀 확보되지 못했던 현실적인 이유로 두 학문영역이 상호교류하지 못하는 상황에서, 박사학위 논문으로 '정치과정에 있어서의 사법권에 관한 연구'라는 제목으로 두 학문영역을 접목시켜 보려는 시도를 하였다. 이 논문에 대하여 조야의 많은 분들의 격려와 질책이 있었고 책으로 발간하라는 요청도 많이 받았다. 그러나 저자의 천성적 게으름으로 차일피일 미루다 보니 어느 새 10년을 훌쩍 넘어버려서 책 발간작업이 쉽지 않은 정도에 이르고 말았다. 그 사이 대학에서 법과 정치라는 제목의 강의를 몇 차례 하였고, 우선 학생들을 위한 강의교재로라도 먼저 책을 발간하는 것이 좋겠다는 생각으로 간략하게나마 이 책을 집필하였다. 원래 발간하기로 하였던 학위논문의 내용 중에 상당부분을 그대로 옮기기는 하였으나, 새로이 추가된 내용도 적지 아니하다. 특히 우리나라의 사법 영역에 지대한 영향을 미친 독일과 일본의 예들은 현재의 우리 자신을 이해하는 데에 필수적인 부분이라 생각한다. 우리나라 헌정사에서 있었던 사법제도의 전반을 학습하기 위해서는 저자의 학위논문을 참고하는 것이

훨씬 도움이 될 것이다. 이 학위논문은 한국사법사로서의 의미도 함께 가지고 있기 때문에 다른 기회에 종합적으로 발간할 것을 약속드린다.

이 책의 발간을 위하여 감사를 표하지 않으면 안 될 분들이 있다. 먼저, 현역에서 은퇴하신 후에도 열정적으로 사회와 학계에 많은 기여를 하고 계신 은사님 김철수 선생님을 빼놓을 수 없다. 내내 건강하시어 어리석은 제자를 지도해 주시기를 간곡히 기원드린다. 또한 법학교수로서의 연구와 강의에 충실할 수 있도록 아주대학교로 인도해 주신 법과대학 백윤기 학장님의 은혜에 깊이 감사드린다.

아울러 상업성이 불투명한 이 책을 기꺼이 발간하게 해 주신 박영사 안종만 회장님께 감사드리며, 박영사 편집부의 마찬옥 부장님, 나경선 과장님, 영업부의 이구만 부장님께 심심한 감사의 말씀을 전한다.

성호관 연구실에서
저자 씀

차　　례

제 1 장　서론—기본관점

제 2 장　법과 정치의 분화과정

제 3 장　외국에서의 법과정치—독일과 일본의 경우

제 4 장 우리나라의 법과 정치

제 1 장

서론—기본관점

Ⅰ. 존재-당위-인간(의지)의 3원 구조

1) 존재-당위-인간(의지)

인간은 누구나 일정한 규범 아래에서 생활하고 있다. 무인도에 혼자 사는 사람일지라도 그 스스로 만든 규범에 따라 생활한다.[1] 절도행위가 없는 사회에서 절도죄라는 범죄가 성립할 수 없듯이 규범은 현실적인 현상으로부터 인간의 행위규율에 대한 필요성으로 인해 규정된다. 물론, 이러한 표현이 당위로서의 규범이 존재(현실)로부터 직접 추론될 수 있다는 의미는 아니다.[2] 규범과 관련하여 존재(현실)로부터 추론될 수 있는 것은 규범적 규율의 필요성 내지 동기일 뿐이지 규범의 구체적 내용까지 도출되는 것은 아니다.

법적 분석의 도구개념으로서의 존재(Sein, Is)는 현실(reality), 사실(Fact), 현상(phenomenon), 자연(nature), 사건(case) 등의 표현

1) 예컨대, 가시가 있는 장미에 접근해서는 안 된다고 생각하는 것과 같이, 가장 원시적인 자연적 상태로부터 유래된 것이든, 계율을 지키는 설산의 붓다와 같이 고도의 인간적 능력에 따른 자기확신으로부터 유래된 것이든, 규범은 사회적으로뿐만 아니라 개인적으로도 인간의 행위를 규율하고 있다.

2) 존재로부터 당위가 추론될 수 있는가에 관한 논의의 상세한 사항에 관해서는, 심헌섭, 법철학, 법문사, 1982, 부록 부분, 183면 이하를 참조하라.

으로 사용되기도 하는 것으로, '어떤 것이(사실 내지 현실이) 다(그리고 또 그런 것이 아니다)'라고 말할 수 있는 모든 것을 포괄하는 사유영역이며,[3] 사실기술적(descriptive)인 언명이다.[4]

당위(Sollen, Ought to)는 규범(norm),[5] 규율(rule), 계율(commandments), 법칙(law, principle), 가치(value), 명령(imperative), 정당성(legitimacy) 등의 표현으로 사용되기도 하는 것으로, '어떤 것이어야 한다(그리고 또 어떤 것이어서는 안 된다)라고 말할 수 있는 모든 것을 포괄하는 사유영역이며,[6] 명령적 혹은 규정적(prescriptive)인 언명이다.[7]

인간은 존재와 당위를 받아 가지는 주체로서 일정한 존재와 일정한 당위 속에서 그에 대응하면서 자신의 의지(will, Wollen)에 따라 살아간다. 인간의 의지(will)는 의도(intention), 의사(thought, idea), 욕구(desire), 욕망(appetite), 희망(hope) 등으로 표현되기도 하는 것으로, 인간이 어떠한 행위를 할 것인지를 결정하는, 선택 혹은 결정의 능력으로 정의된다.[8] 인간이 자유의지(free will)를 가지는가에 관해서는 철학에서 근본적인 주제로 되어 왔지만, 여기서 규범과학으로서의 법학에서 다루고자 하는 인간의 의지는 그 본질의 문제로서보다는 그때그때의 존재와 당위에 대응하는 행위동기로서의 의미를 가지는 것으로 이해하고자 한다.[9] 의지주체로서의 인간은

3) 심헌섭, 앞의 책, 180면.

4) 심헌섭, 위의 책, 181면.

5) 사실(fact)에 대비되는 말로서의 규범(norm)이라는 용어의 의미는, 행위에 대한 규칙(rule), 기준(standard) 혹은 유형(pattern)으로서, 행동이 판단되고 승인되거나 불승인되는 관계에 대한 基準이다. 규범은 실제적인 행동의 통계적 평균이 아니라 바람직한 행동에 대한 문화적 정의(cultural definition)이다. 사회규범은 반복적인 상황에서 사회적 행동이 뚜렷이 사실적인 규칙성(regularity)을 가질 때에 관찰된다(Cf. R. M. Williams, Norms; in International Encyclopedia of Social Sciences, v. 11, p. 204).

6) 심헌섭, 위의 책, 180면.

7) 심헌섭, 위의 책, 181면.

8) Cf. Routledge Encyclopedia of Philosophy, vol. 9, London and New York, 1998, p. 720.

현상으로서의 존재를 인식하는 인식자이자 판단자이며, 그러한 인식과 판단을 기초로 행위하는 행위자이기도 하다. 현실적으로는 정치인, 입법자, 법관, 개별적 행위자(개인의지), 집단적 행위자(집단의지), 법학자 등이 모두 이러한 의지주체로서의 인간에 포함된다.

2) 존재-당위-인간(의지)의 상호관련

(1) 시간성과 공간성

존재와 당위 그리고 인간(의지)의 상호관련을 이해하기 위해서는 시간성과 공간성이라는 두 요소를 고려하지 않으면 안 된다. 즉, 존재와 당위, 인간(의지)이라는 각 요소는 각각 시간성과 공간성을 갖는다. 즉 존재는 존재대로, 당위는 당위대로, 인간은 인간대로 시간성과 공간성에 따라 변화한다. 중요한 것은 그러한 변화가 독자적이면서도 상호관련성을 갖는다는 것이다.

존재는 존재 자체로서 주어져 있는 것이며, 자체로서 시간성과 공간성을 갖는다. 존재의 시간성과 공간성은 존재 자체에 내재하는 것이라 할 수 있다. 그러나 인간에게 의미 있는 존재는 인간의 인식범주에 의해서 파악되는 것이다. 따라서 존재에 대하여 어떠한 의미부여를 할 것인가는 인간이 파악하는 존재의 시간성과 공간성에 따른다. 말하자면, '그때(then), 거기서(there)'의 존재, '지금(now), 여기서(here)'의 존재, '그때(then), 여기서(here)'의 존재, '지금(now), 거기서(there)'의 존재는 각각이 결코 동일하다고 할 수 없다. 뿐만 아니라, 존재는 인간이 인식하는 범주에 따라 파악되는 범위가 달라진다. 역사적으로 볼 때, 인간의 인지능력과 과학기술의 발달로 인해 지속적으로 인간의 인식능력이 확대되었고, 이러한 인간의 인식범주의 확대는 기존의 존재에 관한 인식을 확대·변화시켰으며, 이에 따

---

9) 근대사상가들 특히 계약주의자들이 이해한 의지의 문제에 관해서는, Riley, Patrick, Will and Political Legitimacy, Harvard Univ. Press, Cambridge, 1982 참조.

라 인간은 변화된(혹은 인식하지 못한) 존재에 관한 새로운 의미부여를 통해 당위를 창출해 내는 과정을 반복해 왔다.

인간은 자신의 의지를 가진 주체로서 시간성 및 공간성 속에서의 변화주체이다. 인간은 존재와 당위에 의하여 규정되면서, 일정한 시간성과 공간성 속에서 존재를 인식하고 당위를 수용한다. 인간은 오감[10) 및 의식을 통하여 존재하는 모든 것들에 대하여 이를 완전하게 인식하고자 노력하지만, 결코 그렇게 될 수 없다. 인간이 가진 인식의 한계 때문이다. 인간은 자신의 한계 속에서 인식한 존재를 바탕으로 적극적으로 존재에 새로운 의미를 부여하고 새로운 의지지향(will-orientation)을 통하여 새로운 당위를 창출한다. 즉, 당위는 '의지의 명령(Willensdiktat)'이며,[11) 의욕, 의지적 행위의 의미이다.[12) 당위는 의도적으로 타인의 행위에로 향해진 인간의 모든 의지적 행위(Willensakt)의 주관적 의미이다.[13) 인간의 의지는 한 개인의 그것으로 나타나기도 하고, 한 집단 또는 전체 인민의 그것으로 나타나기도 한다. 인간공동체 내에서 인간의지는 통일된 모습으로 나타나기도 하지만, 대부분의 경우 분열적이고 대립적인 형태를 띠게 된다.

당위는 존재에 대한 인간의 인식변화에 따라 변화한다. 따라서 존재와 인간이 갖는 시간성과 공간성은 당위에 투영되고 이는 당위의 시간성과 공간성으로 내재하게 된다. 어느 한 시기 어느 곳에서

10) 눈(보는 것), 귀(듣는 것), 코(냄새), 혀(맛), 몸(촉감) 다섯 가지.
11) 심헌섭, 앞의 주 2)의 책, 181면 각주 11) 참조.
12) 심헌섭 편, 켈젠법이론선집, 법문사, 1990, 16면. 같은 면, 각주 16)에서는, R. Eisler의 다음과 같은 말을 인용하고 있다. '당위는 항상 근원적으로 하나의 의지에 환원된다. 당위된 것은 언제나 의지적 제정으로 나타나고, 요구를 진실로 근거 있고, 이성적이고, 정당한 그것으로 만드는 의지적 목표에 대한 논의를 통해서만 결국 정당화될 수 있다'.
13) Kelsen, H., Reine Rechtslehre(2Aufl.), Verl. Franz Deuticke, Wien, 1960, S. 5. Kelsen은 당위가 규범으로 되기 위해서는 행위가 객관적으로도 당위의 의미를 가져야 함을 지적하고 있다. 위 같은 면.

당위가 결정되는 것은 그때 거기에서의 존재이자 인간의 의지의 반영인 사회적 힘에 의해 결정된다. 아울러 한 번 설정된 당위는 존재와 인간을 그 자신의 의도대로 고정시키고자 한다. 즉 인간의 삶의 양식 중의 하나로 기능한다. 객관적이고 완전한 당위가 파악될 수 있는가에 대한 물음은 특정의 시간성과 공간성 내에서만 대답될 수 있다. 당위는 일종의 문화규범으로서 시간성과 공간성을 고려하면 상대화될 수밖에 없다. 시간성과 공간성을 공유하는 경우에는 동일한 당위를 설정할 수 있다. 인류문명이 보편성과 동질성을 갖추어 가는 것도 결국 시간성과 공간성을 공유하기 때문이다.

(2) 세 요소간의 상호관련성

존재-당위-인간(의지)의 세 요소는 서로 독립적이면서도 밀접히 관련되어 있다. 이 때 독립적이라는 표현은 각각의 요소가 독자적으로 변화·전개되어 간다는 의미이다. 세 요소는 각각 자신의 논리에 따라 다른 두 요소를 지배하려 하지만, 다른 두 요소들은 또한 각각 스스로의 논리에 따라 변화·전개되어 간다.

만약 세 요소가 모두 일치한다면, 다시 말하여, 존재와 당위 및 인간의 의지가 서로 모순되지 아니하고 하나로 일치될 수 있다면, 그것은 완벽한 세상일 것이며 법을 논의할 필요가 없을 것이다. 그러나 인간사회에서 세 요소가 일치하는 경우는 없다. 왜냐하면 인간이 존재를 완전하게 인식할 수 없고 따라서 완전한 당위를 창설할 수 없기 때문이다. 어느 때 어느 곳에서 존재에 관한 인식을 통하여 완벽하다고 생각되는 원칙과 규범을 창설하더라도, 존재는 인간이 지향하는 의지를 좇아 전개되지는 않는다.

존재와 당위가 일치한다면, 다시 말하여 존재에 대응하는 인간의 의지지향이 설정된 당위와 동일하다면, 그 당위는 사회적으로 규정되고 확인될 필요가 없다. '살인하지 말라'는 당위가 있고, 현실에서도 전혀 살인이 일어나지 않는다면 그 당위(규범)는 더 이상 존재할 필요가 없을 것이다. 아무도 담배를 피우지 않는 사회에서 금연이라는 규범은 무의미할 것이다.

또한 존재와 설정된 당위가 완전히 불일치한 경우에도 그 당위는 필요가 없다. 이것은 존재와 인간의 의지지향이 일치하는데도 설정된 규범이 이에 모순되는 것으로, 그 규범은 폐기될 것이다.14) 조선시대의 재가금지법(再嫁禁止法)은 오늘의 현실에서는 전혀 무가치한 규범이다.

결국 존재와 당위 그리고 인간의지는 항상 불일치하며 그러한 가운데에 두 요소가 다른 한 요소를 규정짓고, 규정된 한 요소는 두 요소를 규정짓는 상호교차관계라고 할 수 있다.

규범과학으로서의 법학적 분석을 위해서는, 위의 세 요소간의 관계를 명확히 인식하는 것이 필요하다. 존재와 당위 혹은 인간의지 중의 어느 하나만에 집착하여 분석하려고 한다면,15) 그러한 분석은 세 요소간의 상호불일치를 초래할 것이고, 따라서 현상에 대한 정확한 분석이라고 할 수 없다.

Ⅱ. 「법치」의 의미

1. 법 치 란?

법은 당위의 한 내포이다. 따라서 법은 일정한 시간성과 공간성을 반영한다. 즉 법은 어느 시기 어느 곳에서의 인간의 삶의 양식의

14) 물론, 인간의 의지가 각 개인마다 다르기 때문에 규범과의 모순의 정도가 달라질 수는 있다.

15) 우리나라 헌법학에서도 논의되는 독일헌법학에서의 세 가지 관점, 즉 규범주의적 헌법이해, 결단주의적 헌법이해, 통합주의적 헌법이해 등은 존재와 당위 및 인간의지의 어느 한 측면만을 강조하는 것으로 볼 수 있다. 즉, 규범주의적 관점은 당위의 측면을 강조한 것이며, 결단주의적 관점은 정치적 통일체에 대한 구성원 전체의 의지적 측면을 강조한 것이고, 통합주의적 관점은 존재로서의 현실의 완전성을 추구한 것이라고 볼 수 있다.

하나를 의미하는 것이다. 역사적으로 보아 인간의 삶의 양식을 결정하는 기준은 다양하게 존재하여 왔다. 일반적 의미로서의 법이라는 기준은 서구의 근대 이후에 확립된 기준이다.

「法治」라는 말은 지금까지 우리나라 법학 및 법현실에서 쉽게 받아들여지면서도 그 의미내용이 불명확한 용어 중의 하나이다. 너무 자주 쓰이는 말이다 보니 누구나 당연히 그러하리라고 생각하지만 막상 그것이 무엇인가를 적극적으로 설명하려면 적지 않은 고민을 필요로 하는 말이다. 때로는 독일의 예(법치국가론)로써, 때로는 영국의 예(법의 지배론)로써 법치의 개념을 설명하고 있지만, 말 그대로의 「法治」보다는, 국가개념을 암묵적으로 전제하여 그 작용형식을 정하는 원리로 설명하거나(독일), 전통적인 국가지배형식을 경험적으로 정당화하는 데에 그침으로써(영국), 개념의 보편적 실체를 적극적으로 규명하기보다는 각 국가의 개별 개념을 설명하는 것에 그치고 있다. 아울러 우리나라에서 일반적 용어로 쓰이고 있는 「法治」라는 표현은, 그것이 어떤 경로로 도입되었든 간에, 「法」과 「治」라는 단어로 구성되어 있고, 특히 「治」라는 표현이 전통적인 통치라는 말과 의미중복이 되어 있어서, 국가가 국민을 「법」으로써 「다스린다」는 개념으로 오해하기 쉽게 되어 있다. 더욱이 「法治」를 「德治」나 「仁治」의 개념과 대비시켜 설명하는 경우에는 동양적 지배양식에서의 「治」개념과 동일시할 가능성도 크다 할 것이다. 그 동안 우리나라의 역대 정권이 법을 통치의 수단으로만 인식하여 법을 왜곡한 사례가 많았음에도 불구하고 「法治」라고 강변하는 것을 자주 볼 수 있었던바, 이는 곧 「法治」개념을 「법」으로써 「다스린다」는 인식을 크게 벗어나지 못하였기 때문인 것으로 생각된다.

또한 독일이나 영국의 「法治」개념에는 반드시 「국가」개념이 암묵적으로 전제되어 있어서 자연스럽게 국가의 통치라는 국가우월적 사고가 자리잡고 있다. 그러나 오늘날 국가는 법에 우월한 존재라기보다는 법에 의해 창출되는 존재로 인식되고 있고, 국민 개개인에 대하여 우월적인 지위를 가진다기보다는 법적으로 대등한 지위를 갖는 것으로 인식되고 있음을 생각한다면, 국가라는 개념을 전제로 하여 「法治」를 규정하는 것은 또 다른 국가우월적 사고를 조장하는 결과가 될 것이다. 그리고 영미의 표현상 the rule of law라고 하지 the rule by law라고 하지 않는 점을 감안한다면 「法治」가 국가의 통치라는 개념과는 다른 그 무엇을 담고 있는 것으로 생각된다. 「법」이라는 규범형식이 국가를 전제로 하는 것으로 이해되기는 하지만, 이때의 국가가 법 이전의 존재라는 것을 의미하는 것은 아닐 것이다. 국가 없는 「法治」의 개념은 불가능한가? 과연 진정한 「法治」의 개념은 무엇인가?

아래에서는 인간공동체의 구성 및 존속원리라는 관점에서 「法治」가 갖는 의미를 새롭게 조명해 보고자 한다.

1) 공동체의 구성 및 존속의 원리와 그 논리

역사적으로 보아 인간공동체의 구성 및 존속의 원리는 다양하게 존재해 왔다. 각 원리들은 역사적 전개과정에서 그때그때의 시대와 상황에 따라 자신의 정당화논리를 내세우고 이러한 정당화논리간의 경쟁에서 살아남는 원리가 그 시대의 지배적 원리로 귀착하게 되는 것이다. 그리고 이러한 공동체의 구성 및 존속원리는 그때그때의 시대를 살아가는 인간의 욕망충족의 체계를 이루며, 삶의 방식을 규정하고 개인으로 하여금 이에 종속하게 함으로써 한 시대를 특징짓는다. 개인은, 억압적이든, 동의적이든, 자신이 살아가는 시대의 우월적 원리를 권위로 인정하고 이에 복종함으로써 자신의 삶을 보장받을 수 있는 것이다. 그리고 이 원리들은 개인 혹은 공동체의 분쟁해결이나 정책결정에 관하여 영향을 미치고 자신의 논리에 따르도록 하는 힘, 즉 지배력을 가지고 있다.

현대사회에서 인간공동체의 삶의 방식을 결정하고 공동체를 구성 및 존속하게 하는 지배원리는 어떠한 것들이 있는가?

(1) 사실적 힘에 의한 지배

이는 순수히 권력적인 지배원리라 할 수 있다. 역사적으로 보아 인간공동체의 가장 오랜 지배원리이다. 아울러 현실적으로도 여전히 그 힘을 발휘하고 있다. 이 지배원리의 자기논리는 '강한 자가 지배한다'는 단순명쾌한 것이다. 공동체적 차원에서 정치권력이나 군대, 경찰, 검찰 등으로 나타나기도 하고, 단순 폭력으로 나타나기도 한다. 현실의 국가간에도 전쟁이나 최종적 분쟁해결수단으로 채택되기도 하며, 개인 간에게도 분쟁해결이나 정책결정에 동원되기도 한다. 우리나라의 '목소리 큰 자가 이기는' 문화도 이러한 지배원리의 반영인 것으로 생각된다. 이 지배원리가 직접 전면에 나타나는 경우에는 '강한 자'만이 살아남을 수 있고, 따라서 약한 자는 도태되거나 불이익을 입을 수밖에 없다. 가장 자연적인 지배원리이자, 주관적-비합리적 지배원리이다.

(2) 자본에 의한 지배

근대의 자본주의 혁명 이후 급격히 성장한 자본주의는 당시까지의 인간의 삶의 형태를 바꾸어 놓았을 뿐만 아니라, 강력한 인간공동체의 지배원리의 하나로서 발전하여 왔다. 자본을 가진 자와 갖지 못한 자는 사회적으로 지배-피지배의 관계를 형성하였고, 국가의 기능까지도 변화시키는 놀라운 힘을 발휘하였다. 이 지배원리의 자기논리는 '많이 가진 자가 지배한다'는 것이다. 현실적으로 기업과 기업 사이의 경쟁이나, 기업과 개인사이의 관계설정, 개인과 개인 사이의 분쟁 또는 국가의 정책결정에 깊이 영향을 미친다. '촌지'니 '뇌물'이니 하는 것들은 모두 이 지배원리가 직접 전면으로 나타나는 현상이다. 이 또한 주관적-비합리적 지배원리이다.

(3) 전통에 의한 지배

이 지배원리는 각 공동체마다 그 현상형태가 동일하지는 않다. 각 공동체가 가진 고유의 전통적 가치요소, 예를 들면, 연령, 학벌, 성별, 사회적 지위(신분), 출신지역, 가문, 도덕적 위상 등이 개인과 공동체의 삶의 방식과 분쟁해결 및 정책결정 등에 직접적인 영향을 미칠 때에는 전통에 의한 지배원리가 작용하고 있다고 볼 수 있다. 이 지배원리의 자기논리는 '전통의 각 요소에서 우월적 지위를 가진 자가 지배한다'는 것이다. 현실적으로, 상명하복관계가 아님에도 불구하고, 나이가 많다거나, 학벌이 높다거나, 가문이 훌륭하다거나 하는 등등의 이유로 분쟁해결 또는 정책결정에서 우월적인 지위를 차지한다면, 전통에 의한 지배원리가 작용한다고 할 것이다. 우리나라의 현실에서는 매우 빈번히 볼 수 있는 현상이다. 물론 전통이라고 하여 모두 다 비합리적인 것은 아니다. 오히려 어떤 요소는 지극히 합리적이어서 현재에 되살릴 필요가 있는 것도 적지 않다. 주관적이지만 합리적인 지배원리일 수도 있는 것이다. 그러나 그렇지 못한 것들은 역시 주관적-비합리적인 지배원리라 할 수 있다.

(4) 종교에 의한 지배

종교는 나름대로 독자적인 규범형식을 가지고 있다. 교리를 통하여 인간과 세계, 자연을 규정하고 그에 따라 독자적인 삶의 방식과 공동체의 존재방식을 규정한다. 세계의 종교가 오직 하나뿐이라면 전혀 문제되지 않을 수 있다. 오히려 그 종교에 따라 인간의 삶이 규정되는 것이 가장 바람직할 수도 있다. 그러나 인간사회에 종교는 너무나 많다. 이 지배원리의 자기논리는 '믿는 자가 지배한다'는 것이다. 같은 종교를 신봉하거나 그렇지 않다는 이유로 집단화하거나 이단시하며, 종교 자체의 논리에 따라 다른 논리들을 배격한다. 가장 극단적인 종교적 지배는 종교를 국가와 동일시하여, 다른 종교와의 분쟁 또는 다른 국가와의 전쟁으로 나타나며, 공동체 생활 중에서도 종교적 정당성을 이유로 모든 다른 형태의 삶의 방식을 배제하고 개인을 종교적으로 규정한다. 물론 종교 자체의 논리가 배타적이거나 자기중심적이지 않으면, 별로 문제되지 아니한다. 주관적이지만 합리적일 수 있는 것이다. 그러나 그렇지 않다면 주관적-비합리적인 지배원리이다.

(5) 기술에 의한 지배

현대사회의 인간의 삶의 방식을 가장 많이 변화시킨 것이 과학기술이다. 오늘날 과학기술은 개인의 삶에 깊숙히 침투하고 있으며, 하루라도 기술의 산물이 없이는 존재 자체를 유지할 수 없는 지경에 다다르고 있다. 그러나 이러한 기술은 소수의 전문가들에게 속해 있으며, 이들 전문가들이 그들의 기술을 악용하려 한다면, 비전문가들은 어쩔 수 없이 그에 종속될 수밖에 없다. 이 지배원리의 자기논리는 '(기술을) 아는 자가 지배한다'는 것이다. 기술 자체는 몰가치적이고, 자연과학적인 합리성을 갖고 있지만, 주관적일 수밖에 없다.

(6) 법에 의한 지배

인간공동체의 다양한 지배원리 중에서 가장 객관적이고 합리적인 것으로 받아들여지고 있는 것이 법에 의한 지배이다. 법이 무엇인가에 대한 물음은 아직도 완전하게 답이 주어져 있지는 않지만, 적어도 인간의 주관적 지배나 비합리적 지배를 위한 도구가 아닌 점에서는 동의되어 있다. 이 지배원리의 자기논리는 '객관적으로 타당한 원리가 지배한다'는 것이다. 객관적으로 타당하다고 판단하는 기준이 무엇이냐에 대한 물음은 법학 내부에서 수없이 제기되어 왔으며, 이런 물음은 곧 어떻게 하면 나만이 아닌 상대방을 설득하고 동의를 얻을 수 있는가 하는 물음이며, 인간과 인간을 평등하게 보아 상대편의 자발적 동의를 통해 상호간의 삶의 방식을 결정하고자 하는 노력이다. 그 동의의 근원이 신이든, 이성이든, 아니면 다른 그 무엇이든 분쟁이나 정책결정에 관련된 자들이 자발적 동의를 통해 객관적인 법적 논리를 정립하고 결론에 도달하게 될 때, 법적 결정이라 할 수 있다. 객관성을 띠기 때문에 하나의 사건에만 관련되는 것이 아니라 유사한 다른 사건에도 똑같이 적용된다. 이 법적 결정은 또한 합리성을 바탕으로 한다. 무엇이 합리적인가 하는 문제는 각 시대와 상황에 따라 결정될 수 있는 성질의 것이지만, 오늘날에는 법의 이념이라는 이름으로 설명되고 있다. 즉 정의, 합목적성, 법적 안정성이라는 세 요소가 그것이다.

2. 「법치」의 개념

지금까지 인간 개인과 공동체의 삶의 방식을 결정하고 분쟁해결과 정책결정에 영향을 미치는 여러 지배원리들을 살펴보았거니와, 이들 각각은 나름대로의 자기논리를 가지고 있다. 즉 사실적 힘은 권력의 논리(logic of power)를, 자본은 자본(돈)의 논리(logic of money)를, 전통은 전통의 논리(logic of traditions)를, 종교는 종교의 논리(logic of religion)를, 기술은 기술의 논리(logic of technic)를, 법은 법의 논리(logic of law; legal logic)를 가진 것이다. 또한 이들 각각의 논리들은 나름의 독자적인 생명력을 가지고 다른 논리들을 지배하려는 속성을 가지고 있다. 즉 현실은 각각의 지배원리의 논리들이 직접 전면에 나타나서 나름의 영향을 미치려는 끊임없는 시도로 가득차 있다. 또한 이들은 상호간에 결합하거나 공조하는 형태로 현실적인 지배력을 극대화하려고 노력한다. 그러나 법의 지배를 제외한 다른 지배원리들은 주관적이거나 비합리적인 성질을 가지고 있고 무엇보다도 강한 특징은 바로 수직적 질서원리라는 점이다. 법적 지배원리는 객관적이고 합리적인 지배원리이면서 또한 수평적 질서원리이다.

이런 관점에서 본다면 「법치」는 법적 논리의 지배(rule of legal

logic)이다. 권력, 자본, 전통, 종교, 기술 등의 요소들이 각각 법적 논리라는 형태로 객관화되지 않으면, 반법적이거나 비법적인 것으로 되고 만다. 그리고 이들이 법적 논리가 아니라 독자적인 논리로 직접 전면에 나타날 때에는, 법치주의는 무의미하게 되는 것이다. 그리고 법적 논리가 독자성을 갖지 못하고 이들에 영합하거나 이들의 논리만을 추구하게 될 때—다시 말하면 법 외적 원리들이 법이라는 탈을 쓰고 자신의 논리를 강요할 때—에는 「법치」는 왜곡된다.

3. 「법치」의 실현구조

(1) 「법치」의 실현조건

인간공동체의 구성 및 존속의 다양한 원리들은 역사적(시간적)으로뿐만 아니라 현실적(공간적)으로도 존재하고 있으며, 이들 각각은 나름대로 공동체 내에서 지배적 지위를 차지하기 위하여 사실적 힘과 결합하려 애쓴다. 왜냐하면 어떤 지배원리든 그 원리를 뒷받침하는 사회적 힘이 없으면 공허한 것이 되기 때문이다. 「법치」의 경우도 예외는 아니다. 법적 논리에 따른 지배는 그 법적 논리를 뒷받침하는 사실적 힘이 존재할 때 실질적인 효력을 갖게 된다. 사실적 힘은 시대의 변화에 따라 변화되며 그 때마다 법적 지배원리 또한 변화될 수 있다. 그때그때 가장 강력한 사실적 힘이 선택한 법적 지배원리 중에서 최고의 원리가 헌법이다. 모든 경쟁하는 법적 논리들의 정당성 여부를 최종적으로 판단하는 최고기준이 헌법인 것이다.

민주사회는 공동체 구성원 모두가 그 공동체구성의 주체이다. 물론 동질적 공동체를 어떻게 정할 것인가의 문제(예를 들면 공동체의 하나인 국가의 정체성, 동질성의 문제)도 공동체 구성원들에게 맡겨져 있다. 말하자면 오늘날의 사실적 힘의 근원은 공동체 구성원 모두인 것이다. 따라서 법적 지배를 뒷받침하는 사실적 힘의 근원도 또한 모든 공동체 구성원이라고 하여야 한다(국가를 전제로 한다면 국민이다). 또한 이 말은 공동체 구성원 전부가 법적 논리의 담지자(Adressat)가 될 수 있다는 의미이다.

그러면 법적 논리의 지배원리가 실현될 수 있는 기본적 조건은 무엇인가?

첫째로, 공동체 내에서 법적 논리가 생활화, 사회화되어야 한다. 법적 논리는 특정집단이나 특정세력의 전유물이 아니다. 전체 구성원들 중의 누구도, 필요할 때에는 언제나 자신의 입장을 법적 논리로 진술할 수 있어야 한다. 그렇다고 하여 구성원 모두가 법률가가 되어야 한다는 것은 아니다. 자신의 입장을 법적으로 논리구성할 수 있는 법률가에게 쉽게 접근할 수 있으면 되는 것이다.

둘째로, 공동체 내에서 법적 논리의 경쟁구조를 보장하여야 한다. 개인적인 것이든 공동체 전체에 관한 것이든, 동일한 사안에 관하여 공동체 내에는 다양한 법적 논리가 존재할 수 있다. 이들 다양한 법적 논리는 그때그때의 다양한 사회적 힘에 의하여 선택되겠지만, 적어도 다양한 법적 논리가 제한 없이 표현될 수 있는 사회적 장치가 마련되어야 한다. 이 사회적 장치는 법제도일 수도 있고, 법외적인 사회제도일 수도 있다(언론 등).

셋째로, 경쟁적인 법적 논리들 중 어느 것을 최종적으로 선택할 것인지에 대한 독자적인 심판기관이 존재해야 한다.

넷째로, 선택된 법적 논리가 실현될 수 있는 강제적 수단이 마련되어야 한다.

⑵ 「법치」의 제도화

위에서 법치의 실현을 위한 조건들을 제시하였지만, 이 조건들은 공동체 전체의 차원에서 제도화될 필요가 있다. 즉 국가영역(정부영역)라는 공동체의 공식적인 제도로서뿐만 아니라 비국가영역(비정부영역)의 사회적 제도로도 확보되어야 하는 것이다.

법적 논리의 생활화, 사회화를 위해서는 구성원들의 생활영역이 법적 논리로 구성될 수 있도록 하여야 하며, 이를 위해서는 다양한 영역의 종사자들이 법률가로서의 자격을 갖출 수 있도록 하여야 하며, 우리나라의 경우, 법조인의 수를 확대하고 구성원들이 쉽게 법률가에게 접근할 수 있는 구조로 개혁하는 것이 필요하다고 하겠다.

법적 논리의 경쟁구조확보는 법외적인 측면에서는 사상, 양심의 자유와 언론, 출판, 집회, 결사 등의 표현의 자유가 보장되어야 하며, 법제도 내부에서는, 법적 논리를 충분히 개진할 수 있는 사법제도의 확립이 필요하다.

심판기관의 문제는 현존의 국가기관 중에서 본다면, 법원, 검찰, 경찰 등 사법권행사와 관련된 기관들이 객관적이고 공정하게 설정되도록 하는 것이다. 경찰과 검찰은 법의 적용을 위한 사실의 확정에 관여하는 기관이므로, 그 권한행사의 과정에서 공정성을 상실한다면 구성원들의 신뢰를 상실할 것은 뻔한 이치이다. 법원은, 법 자체의 논리와 법 외의 논리를 혼동하지 아니하고, 경쟁적인 법적 논리들 중에서 어느 하나를 선택하여 최종적인 법적 판단을 내릴 수 있도록 하여야 한다.

강제 수단의 문제는 법적 논리의 실효성 확보를 위한 제도적 장치를 어떻게 설정할 것인가의 문제로서, 공동체의 법적 지배질서를 유지하는 데에 효과적인 방법을 선택하여야 할 것이다.

Ⅲ. 「사법」의 관념

1. 「사법」의 문제상황

1) 헌법상 제도의 구성과 운용

우리나라 헌법은 9차에 걸친 개정과정을 거치면서 사법제도에 대하여도 여러 차례의 변화가 있어 왔다. 그러나 이러한 변화의 과정 속에서 사법제도는 그 자체 독자적인 논리에 의해서가 아닌, 그 때그때의 정치권력의 성격에 따라 종속적으로 설정되고 운용되어 온 것을 부인하기 어렵다.16) 근대 이후 확립된 권력분립의 원리가, 국가기능을 세 가지로 나누어 각각의 기능을 담당하는 국가기관을 독립하게 하여 상호간에 견제와 균형을 이루도록 함으로써, 국민의 기본권을 보호하는 데에 목적이 있었다면, 각 국가기능은 기능 자체의 독자적인 논리에 따라 제도적으로 설정되고 운용되어야만 국민의 기본권보호라는 목적을 달성할 수 있을 것이다.

현행헌법은 제 5 장에서 법원을, 제 6 장에서 헌법재판소를 각각 규정하고 있다. 그리하여 헌법재판소가 담당하는 권한이 국가 3권 중 사법권에 속하는가의 여부 및 헌법재판소와 법원 특히 대법원과의 관계는 어떠한가에 관하여 명확한 규정을 두지 아니하며, 이에 따라 헌법재판의 성격에 대한 학설상의 논의와17) 헌법재판소 및 대

---

16) 이 점에 관해서는 졸고, 정치과정에 있어서의 사법권에 관한 연구, 서울대학교 대학원 박사학위논문, 1996 참조. 일례로, 정부수립 후 우리나라 법원조직법이 처음 제정되는 과정에서 벌써 정부와 대법원 사이에 갈등이 있었음을 볼 수 있고, 더욱이 김병로 대법원장이 퇴임한 이후부터는 법원조직법이 독재권력의 법원장악의도에 따라 개악되었다가 1994년에야 비로소, 사법권 독립과 관련하여 정부수립 후 제정된 최초의 법원조직법의 수준으로 개정되었다.

17) 헌법재판의 성격에 관해서는, 김철수, 헌법학개론(이하 '개론'으로 약칭), 박영사, 2007, 76면 이하; 권영성, 헌법학원론(이하 '원론'으로 약칭), 법문사, 2007, 1097면 이하; 허영, 한국헌법론(이하 '헌법론'으로 약칭), 2007, 814면 이하; 성

법원간의 실무상의 권한분쟁으로 나타나고 있다.[18]

한편, 우리나라의 헌법학계에서는 헌법학의 기초개념으로서의 권력분립에 관한 논의에서 국가 3권의 개념에 관한 기초적인 서술과 함께 현대사회의 국가기능변화에 따른 국가 3권의 변화에 대하여 언급하고 있으나,[19] 국가기능 중의 「사법」기능의 의미에 관해서는 이를 명확히 규명하고 있지 못한 것이 현실이다.

2) 헌법학의 도구개념으로서의 「사법」 개념의 유용성

모든 학문상의 개념은 그 시대구속성과 공간구속성을 갖는다. 규범과학으로서의 법학에서의 개념도 또한 이 점에서는 당연하다고 할 것이다. 헌법학에서 다루는 국가기능의 이론과 권력분립이론도 각 이론을 구성하는 하부개념들의 개념적 명확성이 확립되지 않는다

낙인, 헌법학(이하 '헌법학'으로 약칭), 법문사, 1083면 이하; 정종섭, 헌법학원론(이하 '원론'으로 약칭), 836면 이하 등 참조.

18) 헌재 1990.10.15. 선고, 89헌마178 결정(법무사법시행규칙에 관한 헌법소원); 헌재 1995.11.30. 선고, 94헌바40·95헌바13(병합) 결정(구 소득세법 제23조 4항 단서 및 제45조 1항 1호 단서규정에 대한 위헌법률심판)과 이 결정에 이은 대판 1996.4.9. 선고, 95누11405 판결(헌법재판소의 위헌결정을 무시한 판결)과 헌재 1997.12.24. 선고, 96헌마172 등(병합)(법원재판을 예외적으로 헌법소원대상에 포함한 결정), 대판 1998.9.25. 선고, 96누4572·96누8352·96누8369(구 소득세법 제23조 제 4 항 단서 등에 의거한 양도소득세부과처분의 적법성인정판결) 등; 헌재 2001.2.22. 선고, 2000헌바38 결정(국가배상법 제 2 조 1항 단서 등 위헌소원)과 대판 2001.4.27. 선고, 95재다14 판결(헌재결정의 기속력 부인판결) 등 참조.

…특히 대판 1996.4.9. 선고, 95누11405 판결에서는, 「… 구체적 사건에 있어서 법령의 해석·적용의 권한은 바로 사법권의 본질을 이루는 것으로서, 전적으로 대법원을 최고법원으로 하는 법원에 전속한다. …」고 하여 현재 대법원이 가진 사법권에 관한 인식의 일단을 보여주고 있다. 이러한 인식에 의하면 현행헌법이 제정되던 시기에 위헌법률심사권을 대법원이 갖겠다고 하는 주장은 원칙적으로 모순되는 것으로 생각된다. 물론 사법권의 개념에 관한 기존의 형식설에 근거한다면 위헌법률심사권은 사법권의 본질에 포함되지는 않지만, 헌법에 의하여 대법원에 부여되는 것이므로 대법원의 권한이 된다고 할 수는 있다. 후술하는 바와 같이 사법권의 본질을 너무 협소하게 이해한 결과라 하겠다.

19) 김철수, 개론, 1205면 이하; 권영성, 원론, 728면 이하; 허영, 헌법론, 676면 이하; 성낙인, 헌법학, 703면; 정종섭, 원론, 783면 이하 등 참조.

면, 무의미한 이론으로 되고 만다. 헌법학이 국가공동체를 전제로 하여 성립하는 규범과학으로서의 성격을 갖고 있다면, 각각의 국가기능에 대한 명확한 개념정립은 필연적 요청이다. 그리고 각 개념들을 정립하고자 할 때에는 시간적 및 공간적 차별성을 고려하여야만 '지금, 여기'에서의 명확한 의미내용을 이해할 수 있다.

국가기능 중의 하나인 사법기능은 법치주의의 실현을 위한 중요기제이다. 근대사회가 의회를 중심으로 하는 정치의 시대이었다면, 오늘날의 사회는 인간의 존엄성을 규정한 헌법을 중심으로 하는 법치의 시대라고 하여도 과언이 아니다. 따라서 규범실현기제이자 헌법학의 도구개념으로서의 「사법」의 개념을 명확히 하는 것은 새로운 제도의 창설이나 기존의 제도에 대한 이해 양 측면에서 모두 유용하다고 할 수 있다. 오늘날 우리나라와 같이 국가기능 전반에 대한 새로운 접근과 제도의 개혁이 요구되는 시점에서 각각의 국가기능의 권한의 범위와 한계를 설정하는 것이 필요하고, 이를 위하여 「사법」의 개념은 제도창설의 지도개념으로서의 역할을 할 수 있으며, 변화하는 시대에 발맞추어 기존의 제도에 대하여 새롭게 이해하는 도구개념으로 기능할 수 있다고 하겠다.

2. 현대사회와 사법기능의 확대

고대의 철학자 Aristoteles가 국가기능 내지 작용을 심의권(Die beratende Gewalt), 집행권(Die Verwaltung), 사법권(Die Rechtspflege)로 나누기도 하였으나,[20] 국가기능을 분리하여 각각 서로 다른 국가기관에 담당하게 한 것은 근대의 권력분립이론이 확립된 이후이다. 그러나 오늘날의 헌법이론에서는 근대의 권력분립이론을 변용하여 새롭게 이해하고자 하고 있으며, 이에 따라 사법기능의 의미

20) Aristoteles, Politics, cap. 4, 1298a 참조.

를 이해함에 있어서도 근대적인 의미와는 다르게 이해하는 것이 필요하다.

전통적인 의미에서의 국가의 사법기능은, Montesquieu가 말하는 (법의 해석작용까지도 부인하는) 「法의 말을 하는 입」이라거나, 단순한 법적용작용으로만 이해되고 있었다.[21] 그것은 사법의 기능을 단순히 분쟁해결기능에 한정하여, 서로 대립하는 당사자간의 법적 권리 · 의무와 책임을 둘러싼 구체적 분쟁을, 기존의 법규범의 적용에 의하여 개별적 · 사후적으로 해결하는 것에 있는 것으로만 이해한 때문이었다. 그러나 오늘날의 상황의 전개는 사법기능을 단순히 법적용작용에 머무르게 하고 있지 않다. 즉 현대사회의 정치적 · 사회적 구조변화는 전통적인 사법기능의 변화를 요구하고 있는 것이다. 현대사회는 공권력에 의한 시민의 사회경제생활에의 배려와 개입이 한층 광범하게 되고 확충되고 있다. 또한 사회경제적 관계의 집단화 · 조직화가 진전되고, 그리고 그 양식이 복잡해지고 있는 상황하에서, 개개인의 사적 이익 · 권리와 집단적 내지 공공적 이익과의 융합 · 교착이 심화되고 있고, 개개인의 사적인 이익 · 권리를 집단적 내지 공공적인 이익으로부터 명확히 분리하여 주장하거나 실현하는 것이 어렵게 되고 있다. 이와 함께 사회의 전반적인 정치화가 진전되어, 시민의 정치적 참여의 채널이 다양하게 되고 있음에도 불구하고, 집단적 · 공공적 이익 중에는 입법 · 행정 차원에서의 정책형성과정이나 각종의 사적 분쟁해결과정에서 공정한 배려를 받기 어려운 것이 있고, 그 결과 그러한 집단적 · 공공적 이익이 억압되거나 침해되기 쉬운 것이 있다. 이러한 이익들은 특히 정책결정과정에서 배제되거나 소외되는 소수자나 약자의 이익과 관련되는 것이 많다.

이와 같은 상황하에서는, 개개인의 사적인 이익 · 권리를 실효적

21) Montesquieu, De L'Esprit des Lois, L. XI. Ch. 6.; R. Wassermann, Die Richterliche Gewalt, Heidelberg, C. F. Müller, 1985, S. 4 ff. 참조.

으로 확보하고 실현하기 위해서는 동시에 불특정다수의 집단적·공공적 이익을 주장하고 옹호하지 않으면 안되는 것이 많다. 그리고 이 집단적·공공적 이익을 가장 실효적으로 주장하고 옹호할 수 있는 것은, 대개의 경우 입법·행정 차원에서의 정책형성과정에서이다. 그럼에도 불구하고, 그것이 불가능 내지 현저히 곤란하기 때문에 할 수 없이 우회적이기는 하지만, 최후의 보루로서 재판에 의한 사법적인 보호와 구제가 추구되는 것이다. 그러나 전통적인 의미에서의 사법기능에 초점을 맞추어 구성되어 있는 사법제도로는 이러한 종류의 요구와 기대에 충분히 대응하기 어렵다. 우선은 재판에 의한 심리의 대상으로 되기 어려울 뿐 아니라, 비록 심리의 대상이 되더라도, 사법적 보호·구제의 정당화를 위하여 적절한 법적 근거를 제시하는 것이 용이하지 않은 것이 많은 것이다. 그래서 이와 같은 전통적인 사법기능의 한계를 타개하기 위하여 다양한 이론상·실무상의 노력이 추구되고 있는 것이다.

전통적인 사법기능이 이처럼 확대되고 있는 것은, 20세기에 들어와 활성화되기 시작한 헌법재판제도의 확립과 함께 제도적으로도 보장되어 가는 과정에 있다. 미국의 경우에는 19세기 초에 헌법재판의 하나로 위헌법률심사제도가 확립된 이래, 정책형성기관으로서의 입법부의 권한행사에 사법부가 적극적으로 개입해 오고 있는 것은 주지의 사실이다. 또한 서독의 경우에도, 1919년의 바이마르헌법에서는 사법을 「Die Rechtspflege」(WRV 제102조 이하)라고 하고 있었으나, 1949년의 Bonn 기본법에서는 그 제9장의 제목을 「Die Rechtsprechung」이라고 하고, 제92조 본문에서는 「Die rechtsprechende Gewalt」라고 하여, 사법의 기본원리와 본질적인 조직구조, 법관의 자위 및 시민에 대한 재판권의 관계 등을 비로소 헌법적 규율의 대상으로 하고 있다.[22] 이로써 사법권은 입법 및 행정과 헌법

22) Stern, K., Das Staatsrecht der Bundesrepublik Deutschland, Bd. II,

구조적으로 대등하게 위치지어졌으며,[23] 이 사법권의 내용으로서 헌법재판권(제93조), 일반 민·형사 및 행정, 재정, 노동 그리고 사회재판권을 규정(제95조)하여, 광범위한 법창조 내지 법형성기능을 행하는 것으로 하고 있다.

이와 같이 오늘날의 사법기능의 확대 현상은 사법권의 적극적인 법형성 내지 법창조기능으로 나타나고, 이것은 곧 사법권의 권력성을 실질적으로 확보한 것을 의미하는 것이다. 즉, 정치권력에 의하여 수동적으로 설정되는 제도 내지 기능이 아니라 적극적으로 자신을 규정하고 정책결정과정에서 독자적인 역할을 행함으로써 하나의 권력으로서 기능하게 된 것이다. 이러한 결과는 전통적인 의미에서의 권력분립이론을 단순한 국가권력의 분립이 아니라 새로운 의미의 것으로 이해할 것을 요청하고 있으며, 그에 따라 고전적인 권력분립이론을 국가기능의 분리라는 새로운 관점에 따라 이해하여, 정책형성, 정책집행, 정책통제 등으로 파악하거나,[24] 기능의 분리와 분배에 따른 기관의 분리를 통하여 권력의 억제와 균형 및 통제를 행하는 기능적 조정원리로 이해하는 견해가 등장하고 있는 것이다.[25] 이러한 사법권의 지위변화는 사법권을 진정한 의미에서의 제 3 의 국가권력보유자로 만들었을 뿐만 아니라, 정치과정에서 입법권 및 집행권의 대등한 파트너로서의 지위를 가지게 하는 것이다.[26] 시대의 변화에 따른 사법권의 지위변화는 기존의 사법의 개념과 역할기능의 변화에 어떠한 변화를 주는 것인가? 혹은 이와 같이 사법권의 지위

München, C. H. Beck, 1984, S. 890; Bettermann, K. A., Die rechtsprechende Gewalt, in HbdStR, Bd. Ⅲ, Heidelberg, C. F. Müller, 1988, Rn. 1(S. 776) ff.; Wassermann, R., Die Richterliche Gewalt, a.a.O., 참조.

23) Herzog, R., Art.92, in Maunz-Dürig-Herzog-Scholz, Grundgesetz Kommentar, München, C. H. Beck, Rn. S. 20 ff.

24) Löwenstein, K., Political Power and the Governmental Process, Chicago, University of Chicago Press, 1957, p. 42 ff.

25) Stern, a.a.O.,(FN 20), S. 36.

26) Cf. Löwenstein, id., p. 47.

가 변화되었음에도 불구하고 기존의 사법개념은 그대로 유지될 수 있고 또 유지되어도 좋은 것인가?

3. 「사법」의 현대적 관념

1) 전통적 의미의 사법관념

전통적인 권력분립이론에서는 국가권력을 입법 · 행정 · 사법의 세 권력으로 나누고 이들 세 개념을 실질적 의미에서의 개념과 형식적 의미에서의 개념으로 나누어 설명한다. 실질적 의미에서 사법작용을 파악해 보면, 「법 아래에서 실재의 구체적인 쟁송사건에 대하여 법을 적용하고 선언하는 것에 의하여 이를 재정하는 국가작용」이라고 하거나,[27] 「구체적인 법적 분쟁이 발생한 경우에, 당사자로부터의 쟁송의 제기를 기다려, 독립적 지위를 가진 기관이 제 3 자적인 입장에서, 무엇이 법인가를 판단하고 선언함으로써, 법질서를 유지하기 위한 작용」이라고 하거나,[28] 「구체적인 쟁송을 전제로 헌법과 법률에 의하여 신분이 독립된 법관에 의하여 무엇이 법인가를 선언하는 작용」이라고 하거나,[29] 「구체적인 쟁송을 전제로 해서 신분이 독립한 법관의 재판을 통해 법을 선언함으로써 법질서의 유지와 법적 평화에 기여하는 비정치적인 법인식기능」이라고 하거나,[30] 「국가와 국민간 또는 국민 상호간에 발생한 법적인 권리 · 의무에 관한 분쟁을 해결하거나 국가의 형벌권을 실행하기 위하여 해당사건에 대하여 유권적으로 재판하는 국가의 권력적 권한」이라고 하고[31] 있다.

---

27) 김철수, 개론, 1606, 1615면.

28) 권영성, 원론, 818면.

29) 성낙인, 헌법론, 1060면.

30) 허영, 헌법론, 986면. 사법작용의 특징에 관하여 비정치성을 드는 견해가 있으나(허영, 헌법론, 987면), 오늘날의 사법작용이 결코 비정치적인 작용이 아닌 점은 사법권의 법창조기능이 인정되고 있는 점에 비추어 보면 쉽게 이해할 수 있다. Vgl. Wassermann, Der Politische Richter, München, Piper Verl., 1972, S. 17.

위의 견해 중 앞의 세 견해는 헌법재판작용도 포함하는 견해이고,[32] 뒤의 견해는 헌법재판작용을 사법작용에서 제외하는 견해이다.[33] 이러한 견해의 차이는 헌법재판의 본질 내지 법적 성격에 대한 견해의 차이에서 비롯되는 것이다.

그런데 이와 같은 사법관념에 대한 전통적 인식은 앞에서 본 바와 같은 사법기능의 확대현상을 정확히 포섭하지 못하는 난점을 가지고 있어서, 새로운 사법관념을 필요로 하고 있다.[34]

2) 새로운 사법관념

사법관념에 대한 전통적인 이해방식에서는 「실질적」 의미 및 「형식적」 의미로 구분하여 논의하고 있으나, 「실질적」 및 「형식적」이라는 형용사가 무엇을 의미하는지에 대해서는 분명하게 언급하고 있지는 않다. 다만 「실질적」이라는 것에 대하여 국가작용의 성질 혹은 국가기관의 성격을[35] 기준으로 하여 이해하고, 「형식적」이라는 것을 권한을 행사하는 주체인 기관에 주목하여[36] 이해하는 것으로 보인다. 사실 법학에 있어서 형식과 실질이라는 구별기준은 법적 인식의 대상에 관하여 중요한 의미나 관점의 차이를 식별하기 위하여 사용되어 왔고, 따라서 여기서의 「형식적」 및 「실질적」이라는 형용사도 사법작용의 의미를 인식 혹은 정의함에 있어서 관점의 차이를 표현하기 위하여 사용되고 있는 것이다. 사법작용의 실질적 개념을 구성할 수 있는가에 대하여 일본에서는 2차대전 전부터 논의가 전개되어

---

31) 정종섭, 원론, 1172면.
32) 김철수, 개론, 1652면 등; 권영성, 원론, 1098면; 성낙인, 헌법학, 1083면 이하.
33) 허영, 헌법론, 817면. 헌법재판작용과 사법작용을 분리하여, 헌법재판을 제 4 의 국가작용이라고 따로 성격을 규정하는 것은, 그 제 4 의 국가작용이 무엇을 의미하는가가 명확하지 아니하고, 또 법과 정치를 엄밀히 이원적으로 구분하는 사고의 산물이 아닌가 하는 의심이 있다.
34) 김철수, 개론, 1607면 참조.
35) 권영성, 원론, 817-818면.
36) 권영성, 원론, 같은 면.

왔지만,[37] 오늘날에는 이와 같은 실질적 개념의 사법관념을 구성함에 있어서 새로운 기준으로 구성하려는 시도가 나타나고 있다.[38] 일본 및 독일에서의 사법관념에 관한 논의에서 대표적인 학자들의 견해를 들어본다.

① **高橋和之의 견해** 高橋和之 교수는 전통적인 의미에서의「실질」,「형식」의 관점의 의미를 다르게 이해하려고 한다.[39] 그는, 작용의 성질이라는 관점에서 볼 때에는, 행정과 사법은 둘 다 법집행이므로 서로 다르지 아니하고, 따라서 그러한 의미에서의 사법의 실질적 관념은 성립하기 어렵다고 보고, 작용의 법적 형식을 실질적 관념의 기준으로 보아 사법관념을 재정립하려고 시도한다. 그는 사법이 행해지는 형식으로서의 제 조건에 다음의 세 가지 특징을 지적한다. 첫째로, 사법은 그 발동조건에 있어서 행정과 다르다. 즉 사법은 자발적으로 행동을 개시할 수 없고 반드시 당사자의 제소가 필요하다. 사법은 작용의 성질상으로는 행정과 같지만, 그것을 행할 수 있는 것은, 법률의 해석·적용에 다툼이 생기고 그 해결을 구하

37) 佐藤幸治, 現代國家と司法權, 東京, 有斐閣, 1988, 17-29面; 高橋和之, 司法の觀念, 樋口陽一 編, 講座憲法學 6 權力分立(2)(日本評論社, 1995), 16面頁 以下 참조. 이들 글에서는 宮澤俊義의 견해(憲法と裁判, 東京, 有斐閣, 1967, 29面)에 따라 사법작용의 실질적 개념구성을 위한 두 방법을 언급하고 이에 대하여 논하고 있다. 宮澤의 견해는 다음과 같다. 하나는 사법작용의 실질적 개념을 오로지 역사적으로 구성하려고 하는 것이고, 다른 하나는 그것을 이론적으로 구성하려고 하는 것이다. 전자는 사법작용에 대하여 실질적으로 행정작용과 다른 성질을 인정하지 않는다. 사법작용은 그 성질상 행정작용의 일부를 이루는 것이지만, 특수한 역사적 사정에 기초하여 특히 다른 부분으로부터 구별되어, 사법재판소의 권한에 속하게 하기에 적합한 것으로 생각된 것이라고 생각한다. 이에 대하여 후자는 사법작용에는 그 실질에 있어서 행정작용과 다른 법률적 성질이 있다고 생각한다. 예를 들면, 그것은 실제의 사건에 관해서 법을 선언하는 작용이라는 식으로 설명하는 것이다.

38) 일본에서는 헌법소송론과 관련하여 사법권의 본질론에서「사법」의 관념을「근대적인 의미」로 한정하여 이해하려는 입장과「현대적인 의미」로 이해하려는 입장이 대립되어 있다. 이 점에 관하여는 野坂泰司,「司法權の本質」論について, 杉原泰雄·樋口陽一 編, 論爭憲法學, 1994, 289面 이하 참조. 여기서는 사법의 현대적 의미에 입각하여 살펴본다.

39) 高橋和之, 앞의 글, 21-26面 참조.

여 소가 제기되었을 때만 작용한다. 이 때 법률의 집행으로서의 해석·적용은 행정의 손에서 사법의 손으로 옮겨진다. 둘째로, 사법에는 행정과는 다른 절차가 요구된다. 사법에서의 전형적 행위는 제3자적 입장에서 다툼을 재정하는 것이므로, 재정이 공정할 것을 담보하는 일정한 절차적 원칙이 충족되어야 한다. 예를 들면 재정자는 재정의 결과에 이해관계를 가져서는 안 된다든가, 당사자에게 변명의 기회가 부여되어야 한다든가 등이 필요하다. 행정도 경우에 따라서는 사법적 절차가 요구되는 것도 있으나 그 같은 절차가 작용의 목적(법률의 집행)상 당연히 요구되고 있는 것은 아닌 점에서 사법과 다른 것이다. 셋째로, 사법에 의한 재정은 종국성이 주어진다. 그렇지 않으면 다툼의 해결은 불가능할 것이다. 행정도 다툼의 해결은 가능하나 그 종국성은 인정되지 않는다. 사법에 있어서의 해결은 더 이상 상급심은 존재하지 않는 것이다.

이상의 사항을 기초로 하여 高橋和之는 행정과 구별되는 사법은「적법한 제소를 기다려, 법률의 해석, 적용에 관한 다툼을 적절한 절차 아래에서 종국적으로 재정하는 작용」으로 정의하고 있다. 그리고 이러한 권한이 일본 헌법 제76조에 의하여 법원에 전속되어 있다는 것이다. 바꾸어 말하면 행정권은 이러한 권한, 그 중에서도 특히 다툼을 종국성을 가지고 재정하는 권한을 행사할 수 없다는 것을 의미하는 것이다. 이와 같이 이해하게 되면 사법에 관한 이「형식적」정의[40]도 권한분배의 역할을 충분히 행할 수 있는 것이라고 한다.

이와 같은 高橋和之 교수의 사법 관념에는 구체적 사건의 해결이라는 요소는 포함되지 않고 있다. 이것은 사법의 관념을 그 법적

40) 이 정의는 작용의 法的 形式의 관점에서의 정의이고, 작용이 미치는 대상의 관점에서의 정의는 아니다. 그런 의미에서「형식적」이라고 말하는 것이지만, 법적 형식도 작용의 내용에 관계하고, 그러므로「실질적」정의라고 하는 이해도 불가능하지는 않다. 형식, 실질의 사용방법의 문제이다. 高橋和之, 앞의 글, 24面 주 18) 참조.

형식에 주목하여 파악하여, 사법작용이 미치는 대상은 일단 배제하고 생각한 때문이다. 그는 입법, 사법, 행정의 관념은 그 법적 형식의 관점에서 파악해야 하고, 작용이 미치는 대상의 문제는 별개의 문제로서 생각하는 것이다.[41] 高橋和之 교수의 이러한 이론은 독일

41) 高橋和之 교수는 구체적 사건성이라는 요건에 관하여, 이는 사법작용이 미치는 대상의 문제로 인식하고, 종래의 사법의 정의에서 사건성이라는 요건이 불가결한 것으로 생각되는 이유로서 두 가지를 지적한다. 하나는 일본 헌법의 사법개념이 미국헌법의 영향을 받고 있다는 것이다. 이 설명은 미국의 사법개념이 사건성을 불가결의 요소로 하고 있는 것을 당연한 전제로 하고 있다. 그러나 이 전제는 자명하지는 않다. 미국 헌법은 제 3 조 1항에서 「미국의 사법권은, 하나의 최고법원 및 의회가 수시로 제정・설치하는 하급심 법원에 속한다」고 규정하고, 2항에서는 「사법권은 … 사건(Cases) … 및 쟁송(Controvercies)에 미친다(extend to)」고 정하고 있다. 이것을 일본 헌법과 비교하여 본다면, 1항은 일본 헌법 제76조 1항 (「모든 사법권은 최고재판소 및 법률이 정하는 바에 의하여 설치하는 하급심법원에 속한다」)과 거의 같은 규정이다. 그렇지만, 일본 헌법에는 2항에 해당하는 규정이 없다. 이 때문에, 일본 헌법의 사법권이 미국의 그것과 같다고 주장하는 논자는 2항의 내용을 일본 헌법 76조 1항의 사법권 개념 중에 넣어 온 것이다. 그러나 미국 헌법에서는 제 3 조 1항과 2항과는 별개의 규정으로서 존재하고 있고, 그러므로 2항의 내용이 1항의 사법권 개념의 내용으로는 되지 않는다. 만약 사법권 개념이 사건성의 요건을 포함하고 있다고 한다면, 2항은 전혀 무의미한 규정으로 될 것이다. 오히려 2항을 있는 그대로 읽으면, 사건・쟁송의 요건은 사법권이 미치는 대상을 정하는 것으로 해석해야 할 것이다. 그렇다면, 미국 헌법 3조 1항 및 일본 헌법 76조 1항의 사법권은, 그 개념내용으로서는 사건성의 요건을 포함하고 있지 않고, 따라서, 사법권이 어떠한 대상에 미치는가는, 미국 헌법 3조 2항에 대응하는 규정을 갖고 있지 않은 일본 헌법에 있어서는 별도로 검토할 필요가 있다고 하게 된다.

사법이 사건성의 요건을 불가결의 개념요소로 하는 근거로서 지적되어 온 또 하나의 점은 위헌심사에 관하여 일본 헌법은 추상적 규범통제를 인정하지 않는다는 점이다. 추상적 규범통제를 인정하지 않는다고 하는 근거를, 일본의 위헌심사는 독일의 헌법재판소형이 아닌 미국의 사법심사형이라는 점에서 구한다고 한다면, 이것은 첫째의 이유로 흡수될 것이다. 그에 대하여 추상적 규범통제 부정의 근거가 일본 헌법의 제규정에서는 최고재판소에 헌법재판소로서의 성격을 인정할 수 없다는 것에 있다고 한다면, 이것은 일본의 사법이 사건성을 개념요소로 하는 것의 독자적인 이유로 될 수 있는 것으로 볼 수 있다. 왜냐하면, 추상적 규범통제가 인정되지 않는다고 하는 것은 위헌심사권의 행사는 구체적 사건의 해결에 필요한 한도에서만 허용된다고 하는 것을 의미하고, 이것은 사법의 역할이 구체적 사건의 해결이라는 것을 전제로 하고 있는 것으로 생각되기 때문이다. 그러나 이 논의는 다음과 같은 구조를 전제로 꾸며져 있다. 즉 헌법재판소형과 사법심사형과의 차이는 抽象的 규범통제와 具体的 규범통제의 구별에 대응하고 있다는 암묵적인 전제이다. 그러나 헌법재판소형과 사법심사형의 차이는 오

의 이론과 유사한 바가 많다.

② **K. Stern의 견해** K. Stern은 기본법상의 사법권을 이해하기 위한 세 가지 지도명제를 다음과 같이 든다.[42] 즉 첫째로, 사법은 독자적인 국가기능이자 다른 국가권력으로부터 분리되어야 하는 '제 3 의 권력'이다. 무엇이 사법인가는 실질적으로 정해져야 하고, 단순히 조직체적인 개념규정으로는 불충분하다. 둘째로, 오직 법관만이 사법의 과제를 가질 수 있다. 셋째로, 사법은 다른 국가기능으로부터 분리될 뿐만 아니라 특수한 기관으로 조직되어야 하는 독립하고 배타적인 권력으로 파악되어야 한다. 이 명제들을 충족시키기 위하여, 그는 사법기능을 정의하기를, 「사법은 직접 참여하지 않는 자 즉 법관에 의하여 유효한 법을 적용하여, 특별히 규율되는 절차에서 최종적 구속력이 있는 결정으로 되는, 사태에 관한 법적 판단」이라고 한다.[43]

③ **K. Hesse의 견해** K. Hesse도 사법기능의 특성은 구체적인 사건에의 법의 적용(Rechtsanwendung)이나 분쟁의 해결(Streitentscheidung)에 있는 것이 아니라(전자는 행정의 특색이며, 후자는 형사재판에는 적용되지 않는다), 「권리에 관한 다툼이 있거나 또는 권리가 침해된 경우에 특별한 절차에 따라 유권적으로 그리고 그

히려 독립심사와 부수심사의 차이에 있다고 하는 것이 타당할 것이다. 요컨대, 헌법재판소는 법률이 합헌인가 위헌인가를 직접적인 심사대상으로 하는 것에 대하여, 사법재판소(법원)는 그것을 「사건」의 해결에 부수하여 필요한 한도에서 간접적으로밖에 심사하지 않는 것이다. 이로부터 부수심사제에 있어서는 「사건」의 존재가 전제로 된다고 하게 된다. 그러나 여기서 말하는 「사건」이라 함은 具体的 사건에 한정되지 않는다. 사법재판소(법원)에 적법하게 계속한 「사건」 또는 추상적 사건이어도 무방하다. 예를 들면, 행정법학상 민중소송, 객관소송으로 불리는 소송도 포함한다. 이들 「사건」의 해결에 부수하여 필요한 한도 내에서 위헌심사를 하는 것이 부수심사제이다. 실제 일본의 위헌심사제는 이와 같은 이해에서 운용되어 왔다. 그러므로 일본의 위헌심사제가 사법심사형이라는 것은 사법의 개념이 사건성의 요건을 포함하지 않으면 안 되는 근거로는 되지 않는 것이다. 高橋和之, 앞의 글, 24-26面 참조.

42) Stern, a.a.O., SS. 893-894.

43) Stern, a.a.O., SS. 894-898.

와 함께 구속적이고 자주적인 결정을 내리는 직무」에 있다고 하고 있다.44)

위의 각 논의에서 현대적인 사법의 개념을 정립하기 위하여 공통적으로 고려할 요소들로서, 첫째로, 당사자로부터의 제소가 있어야 한다는 점, 둘째로, 사법은 공정성을 가진 제 3 자로서의 성격을 가져야 하고 이를 위해서 특별한 절차를 필요로 한다는 점, 셋째로, 헌법 및 법률의 해석·적용에 관한 다툼이 있어야 한다는 점, 넷째로, 그 판단이 최종적 구속력, 즉 종국성이 있어야 한다는 점 등으로 정리할 수 있을 것이다. 高橋和之 교수의 경우에는 셋째의 사항을 법률의 해석·적용이라고 하고 있지만, 헌법의 해석·적용도 포함하는 것으로 새겨야 할 것이다. K. Stern과 K. Hesse의 경우에는 첫째의 사항을 언급하지 않고 있으나, 당연한 것으로 보고 있는 것으로 생각된다.

지금까지의 논의에 따라 현대적인 의미의 사법의 개념을 정리해보면, 「공정성을 가진 제 3 자로서의 법관이 헌법 및 법률의 해석·적용에 관한 다툼이 있을 때, 당사자의 제소를 기다려, 특별한 절차에서 행하는 최종적 구속력을 가진 법적 판단」이라고 정의할 수 있을 것이다. 말하자면 근대적 의미의 사법권이 필수적인 요소로 하고 있는 구체적 사건성의 요건은 현대적인 의미의 사법의 관념에는 포함되지 않는 것으로 되며, 헌법에 대한 해석·적용에 관한 다툼도 사법관념에 포섭될 수 있는 것이다. 물론, 이러한 새로운 「사법」관념이 모든 국가에 동일하게 적용될 수는 없을 것이다. 그것은 각 국가마다 가지는 헌법규정과 사법전통에 따라 조금씩 다르게 파악될 수도 있을 것이다. 그러나 전통적인 의미의 사법권의 관념만으로는 현대사회의 사법기능을 전면적으로 포섭하지 못하는 것은 분명한 사

44) Hesse, K., Grundzüge des Verfassungsrechts der BRD, 20 Aufl., Heidelberg, C. F. Müller, 1995, SS. 234-235.

실이며, 각 국가의 사법을 이해함에 있어서 이와 같은 현대적인 사법관념은 중요한 도구개념으로 사용될 수 있을 것이다.

3) 우리나라 헌법상의 사법의 개념

현대국가의 사법의 관념을 위와 같이 이해한다고 할 때, 우리나라의 사법기능 및 사법권의 관념은 어떻게 이해될 수 있는가? 앞서 우리나라의 학설상의 논의에서 보았던 것처럼, 현재의 우리나라의 사법의 관념에 관한 논의는 여전히 근대적인 의미의 사법으로 이해하는 데에 그치고 있다. 그 이유가 어디에 있는가 하는 문제는 우리나라의 구체적인 헌정사와 헌법상황을 고려하지 않고는 완전히 이해할 수 없는 것이다.45) 그러나 적어도 우리나라의 헌법이 제헌헌법 당시부터 지금까지 현대적 의미의 헌법으로서의 성격을 가진 것이었음은 공히 인정되고 있다. 그럼에도 불구하고 사법관념에 관한 한, 초기의 논의의 수준을 극복하지 못하고 있었던 것은 그 동안의 헌정사의 전개과정에서 현대헌법의 특징이라 일컬어지고 있는 위헌법률심사제를 포함한 헌법재판제도가 국가권력에 대한 제한기능을 담당하지 못하고 형식화·형해화되어 온 데서도 그 원인이 있을 것이다.46)

---

45) 해방 이후의 초기의 우리나라의 헌법학의 전개과정은 식민지법학의 틀을 완전히 벗어나지 못했을 뿐만 아니라, 1960년대 이후 새로이 성립된 헌법학도 도입법학으로서의 성격을 완전히 벗어나지 못했음을 지적하지 않을 수 없다. 그리고 해방 이후 곧바로 초래된 분단상황은 우리 헌법학의 수준을 더욱 제한하는 결과를 초래하였으며, 이에 따라 헌법이론이 발전할 수 있는 사회적·국가적 기반이 취약했던 점을 고려하여야 할 것이다.

46) 사실 그 동안의 우리나라의 헌법개정과정은 독재권력의 권력강화를 위한 수단으로 행해져서, 주로 정부형태의 측면에서 많은 변화를 겪었으며, 사법제도는 부수적으로만 이루어져왔음을 부인하기 어렵다. 그리고 사법제도에 관한 헌법개정에 있어서도 사법권을 기관 중심, 제도중심으로만 이해하여 대법원이라는 국가기관이 헌법재판권을 담당하느냐 않느냐 하는 문제에만 집중되어 왔음을 볼 수 있다. 우리나라의 정치과정과 사법제도의 관계에 관해서는 졸고, 앞의 주 16)의 글, 제 3 장 이하 참조.

그러면 실질적 의미에서의 헌법재판제도를 채택하고 있는 것으로 여겨지는 현행헌법의 구조 내에서 사법의 관념은 어떠한 것인가?

현행 헌법은 사법권에 대하여 제101조에서 「사법권은 법관으로 구성된 법원에 속한다」(제 1 항)고 하고 있을 뿐,[47] 사법의 개념에 대해서는 아무런 정함이 없다. 따라서 이 「사법권」이 무엇인가에 대하여 앞서 본 바와 같은 학설상의 대립이 있는 것이다. 일본 헌법과 유사한 형태로 규정되어 있으면서, 미국 헌법 제 3 조 2절과 같은 규정도 두고 있지 않으며, 독일과 같이 하나의 장에서 사법권을 일괄하여 규정하고 있지도 않은 것이다. 아울러 우리 헌법은 제 6 장에서 헌법재판소를 따로 규정함으로써, 헌법재판소의 권한 사항이 국가기능 중 어디에 속하는지에 관하여 논의의 여지를 남겨 놓고 있다. 이와 같은 헌법규정은 헌법재판소와 대법원 사이의 권한다툼의 과정에서 각자의 입장에 따라 서로 다르게 해석되는 결과를 낳았으며, 우리나라의 사법제도의 체계를 이해하는 데에도 논란을 불러일으키는 요인이 되고 있다.

그러면 현행 헌법상의 사법권을 이해하는 기본적인 관점은 어디에 두어야 하는가? 앞서 언급한 바와 같이, 현대사회의 사법기능은 그 확대일로에 있으며, 근대적인 사법관념만으로는 충분히 포섭하지 못하는 상황에까지 이르고 있다. 이 점은 우리나라의 헌법의 성격이나 헌법상황도 결코 예외가 아니며, 따라서 현행 헌법의 사법권의 체계를 이해함에 있어서도 새로운 사법의 관념에 기초하여 이해하는 것이 필요한 것이다.

---

47) 이 규정은 제헌헌법 이래, 자구의 수정만 있을 뿐 거의 변하지 아니하고 그대로 존속하여 왔다. 제헌헌법 제76조, 제 2 공화국헌법 제76조, 제 3 공화국헌법 제96조, 제 4 공화국헌법 제100조, 제 5 공화국헌법 제102조 등 참조.

4. 소 결

앞서 언급한 바와 같이, 그 동안 우리나라의 헌법학계에서는 「사법」의 개념을 둘러싸고 근대적인 개념범주에 머물러 있었던 것을 부인할 수 없다. 그로 인해 법원의 사법작용은 물론 헌법재판작용까지도 근대적인 인식의 틀 속에서 이해될 수밖에 없었다. 우리 헌법이 법원과 헌법재판소를 장을 달리하여 규정하고 있는 것은, 법원을 사법권의 중심으로 놓고 헌법재판소를 예외적인 기구로 생각한 데에서 기인한 것이라고 생각된다.[48] 독일헌법과 같이 헌법재판소를 최고법원의 하나로 사법권의 장에서 함께 규정을 두었다면 헌법재판소의 사법기관성이 더욱 명쾌할 수 있었을 것이다. 물론 사법권의 장에서 규정되어 있다고 하여 모두 「사법」의 관념에 포섭되어야 하는 것은 아니라고 주장한다면, 이러한 논리는 서로 다른 장에서 규정되어 있다고 하여 그 성질을 달리 볼 필요가 없다는 주장과 마찬가지의 논리로 된다. 따라서 우리 헌법상 법원과 헌법재판소가 서로 다른 장에서 규정되어 있기 때문에 「사법」의 관념에 포섭되지 못한다는 것은 적절하지 않다. 즉, 우리 헌법상 법원과 헌법재판소가 다른 장에서 규정되어 있음에도 불구하고 양자는 「사법」이라는 관념하에 통일적으로 파악될 수 있는 것이다.

한편, 근대적인 사법개념을 고집하고 있는 가운데, 헌법재판의 특성으로 정치적 사법작용이라 하거나,[49] 순수한 사법작용이 아닌 제 4 의 국가작용이라 하는[50] 것은, 법과 정치를 엄밀히 구분하는 사고의 산물이라 생각된다. 정치를 존재 내지 사실의 영역에 속하는 것으로 보고 법을 당위 내지 규범의 영역에 속하는 것으로 본다면,

48) 현행헌법이 성립되기 전까지는 헌법이 개정될 때마다 헌법재판기능을 담당하는 기관은 마치 장식품인 양 취급되었음을 부인할 수 없다.
49) 권영성, 원론, 1098면.
50) 허영, 헌법론, 817면.

양자는 구별되지만, 후술하는 바와 같이, 법적 판단의 영역 내에서는 정치는 법이 허용하는 임의성 내지 재량성을 의미할 뿐이다. 또한 심판대상으로서의 정치적인 것과 심판기준으로서의 정치적인 것을 구별한다면, 헌법재판작용은 분명히 헌법을 심판기준으로 하여 정치적인 사항을 심판대상으로 삼고 있는 것이다. 이른바 '정치화된 사법'은 심판대상의 문제가 아닌 심판기준의 문제에서 정치적인 것이 심판의 기준으로 작용하는 것을 의미하는 것이다. 정치적인 합목적성의 고려라는 표현도[51] 규범으로서의 헌법의 범위 내에서 허용되는 것이지 이를 넘어선 순수한 존재 내지 사실의 영역의 문제는 아니다. 사법적 판단에서 규범이 허용하는 임의성과 재량성을 어느 정도 인정할 것인가 하는 문제는 사법적극주의와 사법소극주의의 주장으로 이어질 수 있다.

Ⅳ. 「정치」의 의미

1. 헌법의 특성으로서의 정치성

헌법의 한 특성으로서 정치성을 드는 데에는 거의 논란이 없다.[52] 헌법이 정치성을 갖는다는 말은 헌법이 '정치적 법'이라는 것을 의미한다. 헌법이 정치적 법이라는 말은 두 가지 측면을 갖는다고 볼 수 있다. 그 하나는, 헌법이 제정될 때에 여러 정치세력간의 사실적인 정치적 투쟁이나 혹은 정치세력간의 타협을 거쳐서 성립하며, 그 개정이나 변혁의 과정도 극히 정치적으로 이루어진다는 것을 의미한다. 말하자면 헌법자체의 성립과 변화가 정치적 투쟁과 타협

51) 허영, 위 같은 면.
52) 김철수, 개론, 18면; 권영성, 원론, 11면; 허영, 헌법학, 25면 등 참조.

의 결과물이라는 것이다. 이것은 헌법에 앞서는 정치라는 영역이 존재하고 이 정치영역이 헌법에 영향을 미친다는 것을 보여준다. 그러나 헌법은 단순히 정치에 종속적인 것만은 아니다. 법규범으로서의 헌법은 정치적인 산물이기는 하지만, 그 자체 현실의 정치를 규율하는 정치규범으로서의 성격을 가지고 있으며, 따라서 현실의 정치적인 사태가 이 헌법규범과 충돌하거나 모순적이어서 헌법규범적으로 문제를 야기할 경우에는 헌법규범이 이에 대해 어느 정도의 규제적 기능을 할 수 있는가, 말하자면, 헌법적인 문제에 대하여 판단을 내릴 때에 현실의 정치적인 제요소들은 어떠한 영향을 미칠 수 있을 것인가 하는 것이 헌법의 정치성의 또 다른 측면인 것이다. 헌법자체의 내용은 정치적인 내용을 담고 있으며, 정치의 세계를 그 규범적 규율의 대상으로 하는 것을 의미한다. 그러나 이와 같이 헌법을 '정치적 법'이라고 하더라도 이것이 의미하는 것이 무엇이냐에 관해서는 반드시 명확한 것은 아니다. 왜냐하면 '정치적'이라는 표현 자체가 사실상 명확한 내용을 갖고 있다고 볼 수 없고 논자에 따라서 다르게 사용될 수 있으며, 그 내용은 그때그때 용어가 사용되는 맥락에 따라 달라질 수 있기 때문이다. 그러나 헌법의 정치성 혹은 정치적 법으로서의 헌법이라는 표현은 최소한 헌법이 법영역에서의 다른 법분야와는 구별되는 특수한 성질을 가진다는 것을 나타내고자 함은 명백하다 할 것이다.[53] 또한 항상 그러한 것은 아니지만 헌법이 정치성을 갖는다는 말을 할 때에는 헌법의 규범적 구속성이 불충분하다거나, 정치적 힘에 대하여 순종적이라거나, 헌법현상에 대하여 법학적 방법론이 적절하지 않다거나, 혹은 헌법현상에 대하여 사법적 제약을 가하는 것이 현실적으로 적합하지 아니하다는 것을 강조하려 하는 경우가 많다. 이러한 예들은 정치라는 모습을 띠고 나

53) Isensee, Verfassungsrecht als Politisches Recht, in HbdStR VII, § 162, 1992, Rn. 1.

타나는 현실의 헌법현상들에 대하여 헌법은 과연 어떠한 자리매김을 할 수 있는가 하는 문제를 근본적으로 제기하는 것이다.

'정치적 법'이라는 말이 근거하고 있는 전제는 명확하다. 즉 헌법은 법의 성질을 띠며, 이 성질은, 민법이나 기술적인 행정법 등과 같은 통상의 다른 법영역과 비교하여, 정치적 특성에 따라 그 의미내용이 수정되거나 약화되거나 위태롭게 될 수 있다는 것이다. 말하자면 헌법은 국가의 법질서의 한 구성부분이기는 하지만, 정치적인 것에 의하여 그 의미내용이 변화될 수 있으며, 따라서 헌법은 법학적 해석과 법실무적 적용 그리고 법학적 인식의 대상이 되는 것이다. 이를 위해서는 헌법이 갖는 정치성이 과연 무엇을 의미하는가 내지는 정치적 법으로서의 헌법을 말할 때의 '정치적'이라는 표현이 무엇을 의미하는 것인가에 대한 해답을 구하는 것이 필요하다 할 것이다.

독일의 국법이론 내지 헌법이론의 발전과정에서 보면, '정치적 법'이라는 논제는 바이마르시대에 개념법학 내지 법실증주의를 극복하려는 노력에서 논의되기 시작하였다. Carl Friedrich Gerber와 Paul Laband가 그 기초를 마련한 국법적 실증주의는 모든 역사적, 정치적, 철학적 고찰을 국법의 해석학으로부터 추방하고 이를 법적 제도의 법학적 구성과 논리적 개념조작에 한정하였던 개념법학적 방법론을 추구하였다.[54] 또한 Hans Kelsen은 순수법론의 형식적 규범논리를 주장하여, 법적 존재를 엄격히 경험적 당위와 구별하여 법학에 모든 인과적 고려를 거절하고 정치적 논의를 법학과 무관한 목적논의로 거부하였다.[55] 이에 반해 H. Triepel은 국법이 '정치적인 것'에 대한 고려 없이는 추구될 수 없다는 명제를 제시하고, 정치 없이

54) 석종현, 게르버와 라반트의 실증주의, 김효전 편, 독일헌법학설사, 법문사, 1982, 9-37면 참조.

55) Kelsen, a.a.O., S. 1(72 ff.); ders., Allgemeine Staatslehre, Springer, 1925, SS. 44-46.

독일의 헌법을 인식하려 한 국법학자는 연주회에서의 당나귀처럼, 그의 작업에 부적절하다는 Pupfendorf의 격언을 주장하였다.[56)]Triepel은 국법론의 방법적 과제를, 국법규범을 만들고 형성하고, 다시 국가의 법에 의해 지배되는 정치적 힘에 그것을 진정하게 관련시키는 것으로 규정한다. 그는 목적론적 방법을 법학의 대상에 적절한 방법으로 여긴다. 국법에 있어서 그는 논리적 형식적 개념작업이 정치적 고려에 기속될 것을 요구한다.

헌법의 정치성 내지 정치적 법으로서의 헌법이라는 논제는 단순히 헌법학의 방법론이라는 논쟁 이상의 의미를 지니고 있다. 왜냐하면 헌법의 규범성이 강조되고 있는 오늘날의 헌법학적 상황 아래에서 정치적인 것이 무엇을 의미하는 것인가 하는 문제는 곧바로 헌법의 규범성을 확인하고 이를 실현하기 위한 중요한 전제가 되기 때문이다. 말하자면 헌법의 정치성이 무엇을 의미하는 것인가를 확정함으로써 헌법재판에 있어서 그 판단의 방향을 정할 수 있기 때문이다.

여기서는 헌법의 정치성 내지 정치적 법으로서의 헌법이라는 논제를 정치학적 시각에서가 아니라 헌법학적 시각에서, 다시 말하면 헌법재판에서의 판단의 한 기준으로서의 정치적인 것이 무엇을 의미하는가를 파악해 보고 헌법재판의 절차에서 헌법과 정치의 관계를 구명하는 데에 그 목적이 있다. 즉 헌법이 정치적 현실과 어떻게 관계를 가지며, 이러한 관계로부터 헌법이 다른 비정치적인 법과 차이가 나는 헌법의 특수한 효력상의 특성이 제시되는지 하는 문제를 추구하는 것이다. K. Eichenberger의 다음과 같은 말은 헌법과 정치 사이의 관계를 적절히 표현해 주고 있다. "정치는 헌법이 아니며, 헌법 또한 정치가 아니다. 그러나 양자는 그 대립적인 관계가 바람직하게 정해질 수 있는지 그리고 어떻게 정해질 수 있는지 하는 문

56) Triepel, Staatsrecht und Politik, 1927, S. 19.

제로 부담을 항상 가지면서 때로는 굴복하면서 때로는 버티면서 마주 보고 서 있다."[57]

여기서는 먼저 정치적인 것이 무엇을 의미하는가를 헌법의 규범성과 관련하여 살펴보고 다음으로 헌법재판절차에서 법과 정치의 관계를 서술하고자 한다.

2. 정치적인 것의 의미

1) 정치적인 것의 의미의 다양성

헌법의 정치적 요소에 대한 분석을 위한 출발자료로서의 헌법은 명확히 규정될 수 있다. 즉 그것은 형식적으로는 헌법문서 속에 축약된 규범의 총체로서이고, 실질적으로는 국가의 법적 기본질서로서이다. 형식적 의미의 헌법과 실질적 의미의 헌법이 모든 점에서 일치할 필요는 없으며, 여기서 있을 수 있는 불일치는 무시되어도 좋은 것이다. 그러나 '정치적인 것'은 단일한 개념으로 사용될 수 없다. '정치적인 것'의 내용을 규정하는 것은 우선 정치적인 것의 개념과 본질에 관한 논의의 미궁 속으로 들어간다. 이를 포기하는 것은 국가와 사회 그리고 헌법의 명확한 개념을 포기하는 것이 될 것이다.

헌법과 관련이 있는 기본개념으로서 정치적인 것을 구별해 보면, 첫째로, 국가의 업무로서, 둘째로, 권력에 대한 투쟁 및 공동체의 설정에 영향을 미치려는 투쟁으로서, 셋째로, 동지와 적의 대결로서, 넷째로, 국가의 자기옹호로서, 다섯째로, 국가의 경영관리로서, 여섯째로, 법적으로 구속되지 않은 국가기관의 의사권력 및 형성의 권력으로서 등이다. 아래에서 상설한다.

---

57) Eichenberger, Kurt, Sinn und Bedeutung einer Verfassung(Isensee, a.a.O. S. 106 재인용).

2) 정치적인 것과 국가적인 것의 수렴

어원상으로 정치(politics)란 말은 그리스어인 polis라는 용어에서 유래하였다. polis는 당시의 도시공동체를 의미하였고, 따라서 원래의 의미에서 '정치적인 것'은 공동체, 즉 polis에 관련된다.[58] '정치적인 것'은 여기서 '국가적인 것'과 동일시된다.[59] 말하자면 정치는 국가의 목적, 기능, 그리고 존재양식과 관련된 모든 것으로 이해하는 것이다(국가현상설).[60] 이와 같이 이해할 때에 국가는, 정당성과 조직구조 그리고 그의 목적과 한계를 정하는 근본법의 원초적인 규제의 대상이다. 나아가 국가와 시민의 관계와 국가와 사회와의 관계도 일반적으로 기본권에 의해서 그리고 민주적이고 사회적인 헌법규범에 의해 정해지고, 그럼으로써 res publica의 총체가 파악된다.[61] 이러한 의미에서의 국가 관점은 R. Smend가 국가를 국가적 생활의 의미통일체로서, 그리고 그의 핵심적 과정으로서 통합을 의미할 때에 그의 헌법이론에서 사용된 것이다. 그러나 통합은 국가형성적인 따라서 정치적인 과정이다. 헌법은 이러한 과정의 개개의 면을 법률적으로 규범화한 것이다.

정치적인 것의 개념을 국가적인 것의 개념과 동일시하는 한, 그것은 헌법규범의 사실적인 토대를 나타낸다. 헌법규범은 그의 정치적인 대상에 의하여 그 내용과 범위가 정해진다.[62] 말하자면 국가적인 것의 사실적인 변화가 있을 때에는 그에 따라 헌법도 변화한다는

---

58) 구영록 외, 정치학개론, 박영사, 1986, 9-10면 참조.

59) Schmitt, Der Begriff des Politischen, 1963, S. 20 ff.(김효진 역, 정치적인 것의 개념, 법문사, 1992, 24면 이하).

60) 구영록 외, 위의 책, 11면 이하에서는 이러한 국가현상설에 대하여 의문을 제기하고, 국가현상을 정치와 행정으로 나누고 국가현상 속에서도 어떠한 정책의 최종적인 결정과 관계되는 측면만을 정치적인 것으로 보아야 한다고 한다.

61) Isensee, Staat und Verfassung, in HbdStR Ⅰ, § 13, 1995, Rn. 104 ff.

62) Hesse, Die Normative Kraft der Verfassung, in ders., Ausgewählte Schriften, 1984, C. F. Müller, Heidelberg, S. 4.

것이다. 그러나 그것은 헌법규범을 다른 법영역과 구별 짓는 어떠한 특별한 규범적 특성도 부여하지 않는다. 왜냐하면 규범계획(Normprogramm)과 생활현상(Lebenssachverhalt) 사이의 변화관계는 다른 법영역에서도 발견되기 때문이다. 이와 같은 개념하에서는 헌법재판에서의 판단기준으로서의 헌법의 정치성이라는 특성은 명확히 밝혀질 수 없다.

3) 권력에 대한 투쟁으로서의 정치적인 것

Max Weber는 '정치적인 것'을 Aristoteles와 같이 공동체에 관해서가 아닌, 권력(Macht)으로부터 규정한다. 그에 따르면 정치는 국가 사이에서이든, 국가 내부에서 인간집단의 사이에서이든, 권력에 관여하려는 혹은 권력분배에 영향을 미치려는 노력이다.[63] 헌법의 정치적 특성을 결정짓는 것은 권력의 분배, 권력의 유지 혹은 권력의 이동 등에 대한 관심이다. 정치를 추구하는 자는 권력을 추구하는 것이다. 따라서 민주주의에서의 선거투쟁과 정강정책이나 강령을 관철하기 위한 정당의 의회투쟁, 공동체의 올바른 설정을 위한 다툼은 모두 '정치적'이다. 정치는 투쟁적인 성격을 갖는다. 헌법은 정치적 투쟁을 지향하는 권력을 구속하고 제한하며 조종한다. 그러나 그것은 투쟁 그 자체를 규제하지는 않고, 민주적이고 기본권적인 권능규범과 절차규범에 관하여 방법을 제시할 뿐이다. Max Weber의 개념의 결과에서는 이것은 정치적 과정에 대한 비정치적인 작용규제로서 고찰될 수 있다.[64] 헌법은 과정 그 자체를 정치적 자유를 위하여 개방한 채로 둔다. 이와 같은 의미에서의 정치적인 것은 정치적 정당과 정치적 결사의 속성에 상응하는 것으로 볼 수 있다.

63) Weber, Politik als Beruf, 1919; in Gesammelte Politische Schriften, 1921, S. 396.

64) 그러나 C. Schmitt에게 있어서는 근대헌법의 정치적 구성부분으로서 민주주의적 규범들이 주장된다(Ders., Verfassungslehre(Unveränderter Ausdruck), Duncker & Humblot, Berlin, 1983, S. 221 ff.).

4) 동지와 적의 구별로서의 정치적인 것

C. Schmitt는 정치적인 것의 개념을 국가로부터 정의하지 않았다.[65] 그는 그 근거를 국가에 앞서서 국가의 본질 그 자체를 규정하는 좀 더 깊은 층에서 찾는다. 그는 도덕적인 것의 최종적 구별을 선과 악에서, 미학적인 것의 최종적인 구별을 아름답고 추한 것에서, 그리고 경제적인 것의 구별을 유용한 것과 해로운 것에서 구하는 것과 비교될 수 있는 최종적인 구별로 돌아간다. 정치적 행동과 동기가 귀착하게 되는 특히 정치적인 구별은 동지와 적의 구별이다.[66] 여기서는 도덕에서와 같은 선과 악, 사적인 우호관계나 적대관계에서와 같은 사랑과 미움 등이 아닌, 평화나 전쟁이 문제된다.[67] 정치적 의미에서의 동지와 적은 현실적인 가능성에 따라 서로 투쟁하여 대립하는 집단에서의 이합집산에 의해 구성된다. 국가는, 그것이 외부로부터 동지와 적을 구별할 수 있는 능력을 가지고, 그의 내부에서 정치적 전선의 형성을 허용하지 않고, 사회적 힘의 물리적인 투쟁의 가능성을 그의 권력독점을 통해 지양하며, 그의 분쟁을 해결하고, 그래서 정치적 의미에서의 우의관계가 성립하는 것에 기초함으로써 정치적 통일이 이루어진다. 근대 국가의 내부에서는 경찰이 있을 뿐 정치는 더 이상 있지 않았다. 그러므로 근대국가는 그의 시민들의 정치적 통일성에 기초하였다.

이러한 의미에서의 정치적인 것은 특히 국가의 대외정책의 영역에서 뚜렷하게 그 의미를 이해할 수 있다. C. Schmitt는 정치적인 것의 개념을 19세기의 유럽국가들의 역사적 편린들에서 발전시켰다. 그 국가들은 그 외부적 관계에서는 서로 주권적 평등으로 대하고, 그 자체로는 그 자신에 관해 어떠한 재판관도 인정하지 않는 국가들

65) Schmitt, a.a.O., S. 20 ff.(김효전 역, 23면).
66) Schmitt, a.a.O., S. 26(김효전 역, 31면).
67) Schmitt, a.a.O., S. 29(김효전 역, 35면).

로서 나타난다. 국가내부의 상호관계는 정치적인 것의 개념에 들지 않는다. '국내정치', '경제정치', '정당정치' 등에 있어서는 가장 약화된 부차적인 의미에서만 정치적인 것을 언급한다.[68] 물론 그것은 국가가 정치적 통일체로서 성립하는 한해서만 타당하다.[69] 그러나 내부적인 대립체들의 긴장이 외부적인 것들의 그것을 넘어서고 최고도의 불화에 도달하였을 때에는, 정치적 통일체로서의 국가는 붕괴하고, 동지와 적이 국가내적으로 형성되고, 시민전쟁 혹은 내란의 가능성이 나타난다.[70]

이와 같은 C. Schmitt의 동지-적 이론에 따를 때에는 정치적인 것은 존재의 실존적 방식을 형성하고, 국외적인 따라서 불편부당한 제 3 자의 법적 요구를 인정하지 않는 극단적인 인간관계의 혐오감이 생겨난다.[71] 그러나 사회적 삶의 모든 문제는 정치적으로 가열될 수 있다. 따라서 이 개념은 C. Schmitt에게서와 같이 전쟁의 위급한 경우와 같이 좁게 이해되어서는 아니 되는 것이며, 그것은 정치적 통일을 가져오거나 위태롭게 하는 국가 내적인 삶의 구심적 및 원심적 계기들로 더 넓게 확대되어야 한다.

5) 국가의 자기유지와 관련되는 것으로서의 정치적인 것

정치적인 것의 본질은 국가의 자기유지, 즉 고전적인 국가목적[72]의 하나로부터 규정된다. 이 목적은 스스로를 국가이성으로 선언한다. 즉 변하기 쉬운 조건하에서의 국가의 중요한 이익과 권력의 이익 등을 관철하고 외적 및 내적 도전을 극복하기 위한 국가조직을 일컫는 것이 국가이성이다. 헌법의 보전은 주어진 사실관계의 불가피성(마키아벨리의 necessità)에 대한 모순 혹은 현실의 드러난 기회

68) Schmitt, a.a.O., S. 30 ff.(김효전 역, 37면 이하)
69) Isensee, a.a.O., 1992, Rn.12.
70) Schmitt, a.a.O., S. 32(김효전 역, 39면).
71) Schmitt, a.a.O., S. 27(김효전 역, 32면) 참조.
72) 허영, 헌법이론과 헌법(상), 박영사, 1989, 157면 이하 참조.

(fotuna)에 대한 모순으로서 나타날 수 있다. 따라서 개개의 경우에 헌법이 국가이성의 정치적 요청에 대하여 순종하는가의 문제가 제기된다.[73] 말하자면 정치는 국가목적에 관계된 모든 것을 의미하는 것이다.[74]

국가의 자기발견과 자기유지는 헌법에 앞선 전제이다. 그것은 목적을 실현하기 위하여 일정한 권능과 권한을 규정한다. 그리고 그것은 그 권능과 권한들이 실현될 수 있는 형식적 및 실질적 조건들을 결정한다. 헌법의 고유한 주제는 행위의 수단이지 그 목적이 아니다.[75] 그러나 그 수단은 다양하게 법적으로 기속되고 제한되므로, 현실에서 헌법적으로 이미 제시된 수단들이 국가의 자기유지의 요청에 대하여 불충분한 것으로 될 수도 있다. 따라서 헌법이 불문의 긴급권을 인정할 여지가 있는가 하는 문제가 제기된다.

6) 국가의 경영(management, Führung)으로서의 정치적인 것

정치적인 것의 개념이 국가의 경영(management, Führung)과 관련될 때에는, 국가의 목적이 아니라 그 목적의 충족을 위한 국가기관의 행위가 문제로 된다.[76] 법실무상의 관심은 행정으로부터 정부의 권한영역을 구별하는 데에 있고, 이론상의 관심은 국법 및 실질적 의미에서의 헌법의 영역을 기술적인 행정법으로부터 떼어내는 데에 있다.[77] 정치적인 것은 여기서 제한된 영역, 즉 정부의 영역으로 이해된다. 이 영역은 다시 대외정치, 대내정치, 재정정치, 사회정치 등등의 부분영역으로 나누어진다. 헌법은 국가기관에 대한 권능

73) Isensee, a.a.O., Rn.15 ff.
74) Triepel, a.a.O., S. 9.
75) Isensee, Gemeinwohl und Staatsaufgabe; in HbdStR III, § 57, 1988, Rn.41.
76) Scheuner, Ulich, Das Wesen des Stattes und der Begriff des Politischen; in ders., Staatstheorie und Staatsrecht, 1978, S. 45(77 ff.).
77) Smend, Die Politischen Gewalt im Verfassungsstaat und das Problem der Staatsform; in ders., Staatsrechtliche Abhandlungen, Duncker & Humblot, 1968, S. 82.

의 배분과 관할의 원리상 이러한 영역적 사고와 관련할 수 있다.

국가경영관리의 정치적 기준은 정부와 행정의 집행부 내적 구별에 한정되지는 않는다. 오히려 그것은 국가기관의 전체를 파악하며, 의회와 정부를 포함하는 정치적 경영관리의 영역과 행정과 사법이 속하는 전문적 수행영역과의 사이의 이분법을 근거 짓는다. 즉 몽테스키외의 3분법구도를 넘어서는 이중적 권력분립의 체계이다. 이분법은 민주적인 정당화의 방법에 있어서 중요하다. 정치적 경영의 영역에서는 선거를 통해 선출된 조직체적, 개인적 정당성이 지배한다. 전문적 경영의 영역에서는 사물적, 내용적 정당성이 지배하는데, 그 매개체는 법률이다.[78] 나아가 양 영역에서의 공적인 직무담당자를 구성하는 통로는 헌법상으로 서로 다르게 제도화되어 있다. 의회와 정부의 구성원자격은 법적인 선출기준을 정하고 있지 아니하며 정치적 의사를 표명하는 선거를 통해 얻어진다. 행정과 사법의 공직자는 법적으로 정해지는 전문적인 자격시험에 의해 채워진다.[79]

7) 법적으로 기속되지 않는 의사권력 및 형성권력으로서의 정치적인 것

법학자의 일반적인 용어사용에서는, 정치적인 것은 법적인 것에 대응하는 개념으로 사용된다.[80] 정치적인 것은 법적으로 기속되지 않는 의사권력 및 형성권력으로서 나타나고, 그에 반해 법적인 것은

78) Isensee, a.a.O., Rn.18 ff..

79) 다만 우리나라 헌법상의 헌법재판소나 독일의 연방헌법재판소의 구성에 있어서는 헌법이 정한 전문적 기준과 정당비례에 따른 선거의 정치적인 것과 혼합된다. 우리나라 헌법 제111조, 제112조, 독일기본법(GG) 제33조 2항 참조.

80) 김철수, 개론, 1652면 이하; 권영성, 원론, 1097면 이하; 허영, 헌법학, 817면 이하 등에서는 사법작용의 한계 내지 헌법재판의 법적 성격의 문제와 관련하여 법적인 것과 정치적인 것을 서로 대비하여 논술하고 있다. 그 외에도 '법적인 제한(rechtliche Schranken)과 자유로운 정치적 형성(freie politische Gestaltung) 사이의 선택(BVerfGE 34,1(14 f.))'등과 같은 용어법에서도 법적인 것에 대응하는 정치적인 것이라는 의미를 나타내고 있다.

법적으로 합리적이고 정치적으로 무관한 인식의 대상으로 나타난다.[81] 정치는 법의 근원으로 설명되고 법은 정치의 산물이자 정치의 도구로 설명된다.[82] 이러한 의미에서의 정치적인 것은 법률의 집행과 구별되는 법률의 제정이다. 이 구별은 곧 권력분립의 구도를 나타낸다. 정치적 성질은 또한 국민의 의사 속에 있는 헌법의 정당성의 원천인 헌법제정권력이다. 법학적 방법론은 법해석학과 법정책학의 이분법 및 헌법해석학과 헌법정책학 사이의 이분법으로 말미암아 법과 정치의 불합치를 보여주고 있다.[83]

이와 같이 정치적인 것의 개념을 한정하여 법적인 것에 대응하는 것으로 이해한다면, 정치적인 것과 법적인 것을 구별하여 주는 중요한 징표는 바로 재량성(Ermessen)과 임의성(Belieben)이다.[84] 말하자면 법적인 것은 엄밀한 기속성을 의미한다면, 정치적인 것은 그러한 기속성이 아닌 재량성과 임의성이 정치적인 것의 속성이라는 것이다. 따라서 정치적 결정은 수학적인 추론의 반대이며, 원칙적으로 정치적 행위에 대해서는 많은 가능성 사이에서 선택의 기회가[85] 주어진다는 점에서 특징적인 것이다.

8) 소 결

결론적으로 말하면, 헌법의 정치성 내지 정치적 법으로서의 헌법이라는 표현이 갖는 의미는 정치가 무엇을 의미하는가에 따라서 정해질 수 있다. 위에서 언급한 여러 견해들 중에서 특히 법적인 것에 (대립이 아닌) 대응하는 의미에서의 정치적인 것과 관련하여 David Easton의 견해는 상당한 시사를 제공해 준다. 즉 그는 정치현상에 대한 연구에서 국가나 권력개념을 포기하고 정치체계(politi-

81) Leibholz, Der Status des BVerFG, JöR NF 6, 1957, S. 121 ff.
82) Grimm, Dieter, Recht und Politik, JuS, C. H. Beck, 1969, S. 501 ff..
83) Isensee, a.a.O., Rn.19.
84) Wassermann, Rudolf, Die Richtliche Gewalt, C. F. Müller, 1985, S. 3 ff..
85) Wassermann, a.a.O., S. 4.

cal system)에 눈을 돌릴 것을 주장하였다. 그는 또 인간의 정치적 삶이란 '한 사회의 권위적 정책의 수립이나 그 집행에 중요한 영향을 미치려는 모든 종류의 활동'으로 규정하고, 정치를 '한 사회의 가치들을 권위적으로 배분하는 것'으로 정의한다.[86] 여기서 '권위적'이라는 말은 가치의 배분과정에서 참여하거나 그 배분에 영향을 입는 사람들이 그 결정에 구속된다는 것을 의미한다.[87] 가치의 권위적 배분을 둘러싼 갈등과 경쟁관계를 원만히 해결하기 위해서 어느 정도의 조정과 통제의 필요성이 생기며, 이러한 조정과 통제는 가치를 권위적으로 배분하는 정책으로 표출된다. 이 정책의 결정에 관한 준칙은 각 시대마다 그 형식이 다르게 나타났으나, 근대 법치국가의 확립 이후에 그 형식은 법규범으로 보편화되었고, 헌법은 그 중에서도 가장 상위의 효력을 갖는 최고규범인 것이다. 이와 같은 입장에서 보면, 헌법은 바로 가치의 권위적 배분을 위한 정책결정에 관하여 일정한 준칙을 정한 규범이며, 그 중에서도 가장 최고의 규범인 것이다.

결국 정치적 법으로서의 헌법 내지 헌법의 정치성이라는 말은 헌법이, 통상적인 다른 법영역과는 달리 엄밀한 기속성을 갖는 것이 아니라, 그 의미의 해석과 적용에 있어서 상당한 재량성과 임의성을 내포하고 있다는 것을 나타내는 것이라 하겠다. 그리고 이러한 재량성과 임의성은 정책결정과정에 그대로 반영되는 것이다.

3. 헌법재판에 있어서의 법과 정치의 관련

위에서 살펴본 바와 같이 헌법의 정치성의 징표로서의 정치적

---

86) Easton, David, The Political System: An Inquiry into the State of Political Science. New York: Alfred Knopf, 1953, p. 128(구영록 외, 1986, 15면에서 재인용).

87) 구영록 외, 앞의 주 58)의 책, 16면.

인 것의 개념은 그 사용되는 경우에 따라서 서로 상이하다고 볼 수 있다. 물론 법적인 것과 정치적인 것 사이의 개념상의 대립은 단지 이상형적인 성질을 띨 뿐이다. 말하자면 법과 정치는 명확하게 서로 구분되지는 않는다. 정치를 한 사회의 가치를 권위적으로 배분하는 것이라고 하고, 헌법을 그 권위적 배분을 위한 최고의 준칙이라고 할 때에는 더욱 그러하다. 그렇지만, 한 가지 말할 수 있는 것은 근대의 입헌주의국가 이래 오늘날의 헌정국가(Verfassungstaat)에 이르기까지 점차적으로 정치의 영역이라고 여겨졌던 것들이 법적 영역으로 포섭되기 시작하였고, 극단적으로는 법으로부터 자유로운 정치는 없다고까지 하고 있는 것이다. 이것은 헌법의 규범성의 확립이라는 현대의 헌정국가적 요청으로 나타나며, 정치규범으로서의 헌법의 법규범적 실효성을 강조하게 되는 것이다.

그렇다면 헌법의 정치성 내지 정치적 법으로서의 헌법이라는 헌법의 특성은 헌법재판에 있어서 어떠한 영향을 미치는가? 이 문제는 헌법재판제도의 모든 영역에 관련이 있는 문제이다. 즉 헌법재판소의 사법자제여부, 헌법재판관의 선출방식의 문제, 판결의 정치적 효과의 고려문제, 판결의 방식의 문제 등과 함께 궁극적으로는 헌법재판의 기능적 한계의 문제에 이르기까지 관련이 있는 문제이다.[88] 이하에서는 앞에서 언급한 정치적인 것의 개념에 대한 여러 이해를 기초로 하여 법과 정치 사이의 관련의 문제를 살펴본다. 여기서는 크게 법-정치 이원론에 근거한 주장과 법-정치 이원론을 극복하려는 견해의 두 가지로 나누고 각각의 세부적인 논자들의 주장을 음미해 본다.

---

88) Häberle, P., Grundprobleme der Verfassungsgerichtsbarkeit: in ders.(Hg.), Verfassungsgerichtsbarkeit, Darmstadt, Wissenschaftliche Buchgesellschaft, 1976, SS. 4-5.

1) 법-정치 이원론의 제견해들

(1) Heinrich Triepel

H. Triepel은 기본적으로 법과 정치를 대립적 관계로 파악하는 것을 반대한다. 그는 정치를 국가목적과 관련하여 이해함으로써 법치국가적 사고가 비정치적인 사고인 것이 아니라 정치적인 것의 하나의 특수한 종류를 의미하는 것으로 이해한다.[89] 따라서 법적인 것과 정치적인 것의 차이는 다만 정도의 차이에 불과한 것으로 이해하면서, 국가목적과 관련하여 '고도의 정치성을 띤 것'과 '미약한 정치성을 띤 것'으로 나누고 전자를 좁은 의미의 정치적인 것이라 하여 헌법재판의 대상으로 되는 것으로 보았다.[90] 아울러 그는 헌법분쟁을 정치적 분쟁에 대립되는 법적 분쟁으로 이해하는 것을 반대한다. 왜냐하면 모든 헌법분쟁은 그 성질이 정치적이고, 또 모든 헌법은 '정치적' 법이기 때문이다.[91]

이러한 입장에서 Triepel은 헌법재판이 확대되는가 혹은 축소되는가의 문제는 기본적인 신념의 문제라고 하면서,[92] 정치권력들이 다양하게 분립되어 있는 국가일수록 정치적 약자가 헌법을 통해 그리고 정당한 형식으로 보호될 필요성이 있다고 하고 있다.[93] 또한 확실히 헌법의 본질과 헌법재판의 본질은 서로 모순되는 것이며, 헌법분쟁을 사법형태로 해결하는 데에는 확고한 한계가 있음을 시인하면서, 그러한 현존하는 부조화를 조화롭게 해결하려는 노력이 있어야 한다는 것이 중요하다고 한다.[94]

---

89) Triepel, a.a.O., S. 52.
90) Triepel, a.a.O.
91) Triepel, a.a.O., SS. 52-53.
92) Triepel, a.a.O., S. 75.
93) Triepel, a.a.O., S. 76.
94) Triepel, a.a.O.

(2) Hans Kelsen

헌법재판에서의 법과 정치의 관련의 문제에 관한 H. Kelsen의 견해는 그의 순수법론과 불가분의 관계가 있다. 그는 법과 정치 또는 법과 자연과학과의 엄격한 분리를 주장하여 이들 요소들을 법으로부터 완전히 제거하고 법학 나름대로의 독자적인 법칙성을 인식하려는 시도를 하였다.[95] 그리하여 존재와 당위에 관한 이원론을 출발점으로 하여 법의 당위의 세계에서 그리고 정치는 존재의 세계에서 다루어지는 것이라고 하고, 이에 따라 공법과 사법의 구별을 부인하여, 국가를 규범체계로 이루어진 법질서 자체로 파악한다.[96] 따라서 Kelsen에 있어서 헌법재판은 결국 헌법을 사법적 형태로 보장하는 것에 지나지 않는 것이다.[97] 입법을 포함하는 모든 위헌적인 행위에 대한 폐지가능성을 갖지 못한다면, 헌법은 단지 비구속적인 희망에 불과하다고 한다.[98] 그리하여 한 국가의 규범단계 중 최고의 효력을 갖는 헌법을 보장하기 위하여 필수불가결하게 헌법재판제도가 존재하여야 한다고 한다. 이 헌법재판소는 그 기능상으로 본질적으로 헌법에 의하여 규정되며, 사법에 속하는 국가기관이다.[99] 또 헌법재판에 있어서의 심사의 기준은 헌법직접적 행위와 헌법간접적 행위로 나누어 전자는 적헌성 여부가, 후자는 적법성 여부가 기준이 될 것이며, 이러한 판단은 심사대상이 된 행위의 근거가 되는 규범이 상위의 규범에 일치하는가에 대한 것이다.[100]

결국 H. Kelsen에게는 헌법재판에 있어서 법과 정치의 관련은

95) Kelsen, Reine Rechtslehre(2Aufl.), Verl. Franz Deuticke Wien, 1960, Vorwort v.
96) Kelsen, Allgemeine Staatslehre, Springer, 1925, S. 16.
97) Kelsen, Wesen und Entwicklung der Staatsgerichtsbarkeit; in P. Häberle (Hg.), Verfassungsgerichtsbarkeit, Darmstadt, Wissenschaftliche Buchgesellschaft, 1976, S. 77.
98) Kelsen, a.a.O., S. 102.
99) Kelsen, a.a.O., S. 77.
100) Kelsen, a.a.O., S. 93.

존재하지 아니하며, 헌법분쟁은 기본적인 성질상 모두 법적 분쟁이라고 본다. 그러므로 헌법재판에서의 심사기준으로서의 정치적 요소에 대한 고려는 전혀 인정될 수 없다.

(3) Carl Schmitt

C. Schmitt는 헌법을 「정치적 통일체의 태양(態樣)과 형태에 관한 헌법제정권력자의 결단」으로 이해한다.[101] 그리고 앞에서 본 바와 같이 정치적인 것은 동지-적이론(Freund-Feind Theorie)에 따라 정해지는 것이다. 따라서 정치적인 문제들은 기본적으로 사법부에 의해 결정될 수 있는 성질의 것이 아니라 헌법제정권력자 혹은 입법권자의 관할사항으로 이해한다.[102] 이러한 C. Schmitt의 견해를 이해하기 위해서는 그의 사법관을 먼저 이해하여야 한다. 즉 그는 국가권력의 한 부분으로서의 사법권이 헌법의 본질적 구성부분이 되는 것은 시민적 법치국가의 한 특징으로 본다.[103] 따라서 사법은 그의 고유한 영역이 있고, 모든 국가활동을 사법에 예속시켜서 사법부가 각 당사자의 변론을 거친 후에 정치의 지도지침이나 법률의 내용을 결정하는 것은 사법의 영역에서 벗어나는 것이다.[104] 그리고 사법의 영역을 무제한으로 확장하는 것은 정치를 사법화하는 것이 아니라 사법을 정치화하는 것이다.[105]

이러한 견해에 입각하여 C. Schmitt는 헌법재판의 대상으로서의 헌법분쟁을 기본적으로 법적 분쟁이 아닌 정치적 분쟁으로 이해한다. 굳이 헌법분쟁을 법적 분쟁으로 파악하기 위해서는 사법을 극도의 형식적인 것으로, 즉 신분보장이 되어 있는 재판관이 행하는

101) Schmitt, Verfassungslehre, 1928, S. 23(unveränderter Nachdruck. Dunker & Humblot, Berlin, 1983).
102) Schmitt, a.a.O., S. 113.
103) Schmitt, a.a.O., S. 182 ff..
104) Schmitt, Das Reichsgericht als Hüter der Verfassung; in P. Häberle(Hg.), Verfassungsgerichtsbarkeit, Darmstadt, Wissenschaftliche Buchgesellschaft, 1976, S. 128.
105) Schmitt, a.a.O.(FN 101), S. 128.

모든 것을 사법이라고 정의내리는 경우에 비로소 가능하다는 것이다.[106] 말하자면 형식적인 의미에서의 사법기구가 헌법적인 문제에 관한 결정을 내리더라도 이것은 이미 진정한 의미에서의 사법기구가 아닌 정치기관이라고 하는 것이다.

(4) Erich Kaufmann

헌법재판에 있어서의 법과 정치의 관련의 문제에 대한 앞에서의 논의에서는 그것이 법적인 것이냐 혹은 정치적인 것이냐의 문제에 치중되었다면, E. Kaufmann은 이와는 약간 다른 각도에서 이 문제를 보고자 한다. 그는 다른 모든 구체적인 법질서와는 달리, 원칙적으로 헌법에 관한 모든 문제는 헌법재판의 대상이 될 수 있다는 전제에서 출발한다.[107] 이러한 전제에서 헌법재판의 대상이 되는 법적 분쟁과 그렇지 않은 정치적 분쟁을 구분하는 기준을 찾으려고 하였다.

그에 따르면, 정치적 분쟁이냐 법적 분쟁이냐의 구별기준은 그 문제에 적용될 수 있는 법규범이 존재하느냐 아니냐에 따라 정해진다고 한다.[108] 정치적 문제와 법적 문제는 논란이 되는 정도의 차이에 따라 구별되는 데에 불과하고, 따라서 모든 문제는 정치적 문제가 될 수 있다. 특히 헌법문제는 언제나 정치적인 요소를 지니고 있다. 이 때 어떠한 문제가 헌법분쟁으로서 헌법재판의 대상이 될 수 있느냐 하는 것은 당해 분쟁을 해결하기 위하여 적용할 적절한 법규범이 존재하는가의 여부에 따라 정해진다는 것이다. 이 법규범이 존재하는 경우에는 그 분쟁은 법적 분쟁으로 보아 헌법재판의 대상이 되고, 그렇지 못한 경우에는 정치적 분쟁으로 보아 헌법재판의 대상이 되지 못한다는 것이다.[109]

106) Schmitt, a.a.O., SS. 113-114.

107) Kaufmann, Erich, Die Grenzen der Verfassungsgerichtsbarkeit; in P. Häberle(Hg.), Verfassungsgerichtsbarkeit, Darmstadt, Wissenschaftliche Buchgesellschaft, 1976, S. 144.

108) Kaufmann, a.a.O., S. 146.

(5) Gergard Leibholz

법과 정치의 이원론적 입장에서 법적인 것과 정치적인 것을 구분하려는 또하나의 시도는 G. Leibholz의 견해에서 볼 수 있다. 그는 법과 정치의 구별을 양자의 성질에서 포착하여, 정치라는 것은 본질적으로 항상 '동적-비이성적(Dynamisch-Irrationales)' 성질을 갖고 있는 반면, 법은 본질적으로 '정적-이성적(Statisch-Rationales)'인 성격을 갖고 있다고 한다.[110] 그런데 헌법은 일반적인 법영역과는 달리, '동적-비이성적인' 성질을 갖고 있는 정치를 대상으로 하기 때문에 헌법재판의 사법적 성격을 부인하거나 사법의 형태를 띤 정치에 불과하다는 비난을 받아 왔지만, G. Leibholz에 따르면 이러한 비난은 타당하지 않다. 왜냐하면 헌법재판과 그 밖의 일반재판 사이에 본질적인 차이가 존재하는 것이 아니기 때문이라고 한다.[111] 그리고 헌법은 정치적 법이므로 이 정치적 법과 정치를 동일시하려는 것은 부당하며, 헌법재판이 진정한 사법과 관련될 수 있는가의 여부는 내용적으로 법적인 해석이 가능한 그러한 규정을 입증할 수 있는가 하는 점이라고 한다.[112] 여기서 그는 '법에 대한 판단(um das Recht)'과 '법에 따른 판단(nach dem Recht)'을 구별할 것을 주장한다.[113] 그리하여 정치적 분쟁은 법에 따라 판단하는 분쟁이 아니라 법에 대한 판단을 하는 분쟁이며 따라서 헌법재판의 대상이 되지 않는 것이다.

---

109) Kaufmann, a.a.O., S. 154.

110) Leibholz, Gerhard, Der Status des BVerfG, JöR NF 6, 1957, S. 121 ff., S. 227. 이러한 생각은 이 글 이후의 그의 다른 글에서도 그대로 유지되고 있다. Ders., Das Bundesverfassungsgericht in Schnittpunkt von Politik und Recht, DVBl., 1974. SS. 397 ff.

111) Leibholz. a.a.O., S. 232.

112) Leibholz. a.a.O., S. 233.

113) Leibholz. a.a.O.

2) 법-정치 이원론을 극복하려는 견해

이 견해의 대표적인 주장자는 바로 Otwin Massing이다. 그는 근본적으로 법과 정치를 완전히 분리시켜 이원적으로 인식하는 것이 가능한가라는 의문을 기초로 하여 논의를 전개한다.114) 그는 전술한 Leibholz의 논문에 대하여 신랄한 비판을 가하고 있다. 즉 그는 Leibholz가 적극적인 정치적 심급과 헌법합치적으로 집행되는 의무적합적인 헌법적 통제 사이에 나타나는 대립을 정치의 본질과 법의 본질 사이의 관념적 유형의 구조차이에서 생기게 된다고 함으로써 헌법재판의 진정한 성격을 호도한다고 주장한다.115) 아울러 헌법재판소를 정치적 논쟁으로 끌어들이려는 모든 시도로부터 이러한 이원론적 사고가 방패의 역할을 함으로써 헌법재판을 순수한 해석과정에만 한정하는 것도 헌법재판의 정치적 성격을 둔화시킨다고 한다.116) 그는 또한 Leibholz가 헌법재판은 정치적 영역으로 진입한다는 근거만으로 헌법재판을 다른 재판과 구별하려는 것은 헌법재판의 진정한 정치적 성격을 오해한 데서 비롯된 것이라고 반박하면서, 문제되는 모든 분쟁이 동일한 정도의 정치성을 띠고 있는 것은 아니라고 한다. 그는 사법적 결정이라는 것은 정치적인 충돌과 타협을 통해 만들어진 법률을 해석함으로써 집행하며, 그것은 어떤 특정한, 법기술적으로 확정된, 그리고 유효한 것으로 선언된 정치를 집행하는 것이라고 한다.117)

또한 Massing은 Leibholz가 제시한 논제, '법에 따른 판단'과 '법에 대한 판단'의 구분에 대해서도 비판을 가한다. 즉 Leibholz가

114) Massing, Ottwin, Recht als Korrelat der Macht?: in P. Häberle(Hg.), Verfassungsgerichtsbarkeit, Darmstadt, Wissenschaftliche Buchgesellschaft, 1976, S. 411 ff.

115) Massing, a.a.O., S. 414.

116) Massing, a.a.O., S. 415.

117) Massing, a.a.O., S. 416.

이러한 논제를 통해 이성적인 기준으로서의 법규범의 존재를 지적한 점은 의미가 있지만, 모든 법규범은 정치적 결단들의 결과물로서, 법 집행이라는 것은 추상적인 법 자체를 실현하고자 하는 것이 아니라, 법 속에 내재되어 있는 정치적 목적을 실현하기 위한 것이라는 사실을 간과하고 있다고 한다.[118] 말하자면 Massing은 법과 정치가 서로 별개의 것이 아니고 법 자체는 이미 정치적인 것을 내포하고 있기 때문에 헌법을 포함한 모든 법률이 그의 정치성을 가지고 있다고 하는 것이다.

이러한 견해는 법과 정치를 엄격히 이원론적으로 인식하고 정치의 부분과 법의 부분을 분리하여 각각의 규율원리가 다르다는 사고방식으로는 도저히 받아들일 수 없는 것이며, 법과 정치의 상관관계를 별개로 놓지 아니하고 동전의 양면처럼 서로가 서로를 떼어 놓고서는 설명할 수 없는 관계로 인식함으로서만이 이해가 가능하다.

3) 사 견

헌법재판에 있어서 법과 정치의 관련에 관한 위의 여러 견해들은 나름대로의 논증방식으로 각각의 논리를 전개하고 있지만, 각 논의의 핵심은 결국 헌법적 분쟁을 법적 분쟁으로 보느냐 아니면 정치적 분쟁으로 보느냐에 달려 있는 것으로 보인다. 그리고 이 문제는 결국 헌법을 어떻게 이해하느냐, 즉 헌법관이 어떤 것이냐에 달려 있는 것 같다. 그럼에도 불구하고 위의 각 견해들이 공통적으로 가지고 있는 논의의 방식은 정치의 관점과 법의 관점 중의 어느 한 쪽을 전제로 하여 전개되고 있다는 점이다(단 Otwin Massing은 제외). 바로 이 점 때문에 헌법재판의 진정한 의미를 정확히 파악하기 힘들게 되는 것이 아닌가라는 의심이 있다. 말하자면 헌법의 개념요소로서의 법과 정치라는 두 요소 중 어느 한 쪽의 관점만을 강조할 것이

---

118) Massing, a.a.O., S. 417.

아니라 법규범성과 정치성을 모두 갖는 총합개념으로서의 헌법이라는 관점에서만이 헌법재판의 진정한 의미를 이해할 수 있을 것이며, 또한 헌법재판에 있어서의 법과 정치의 관련의 문제를 이해할 수 있을 것으로 생각된다. 논의의 차원을 이와 같이 다른 시각에서 바라본다면, 헌법분쟁은 이를 크게 두 부류로 나눌 수 있을 것 같다. 그 첫 번째는, 헌법내적 분쟁이며, 그 두 번째는, 헌법외적 분쟁이다. 전자는 헌법적인 분쟁이기는 하지만, 기존의 헌법의 틀 속에 포섭될 수 있는 분쟁이며, 후자는 헌법적 분쟁이기는 하지만, 기존의 헌법의 틀로는 포섭할 수 없는 새로운 분쟁이라 할 수 있다.

첫째의 헌법내적 분쟁은 정치적 산물로서의 헌법규범의 실효성이라는 측면에서 보면, 바로 헌법의 해석문제로 귀착된다. 헌법 자체가—뿐만 아니라 입법부에 의해 제정되는 법률까지도—정치적 타협물이자 가치배분을 위한 정책결정의 최고기준인 점에 비추어 보면, 타협의 당사자인 각각의 정치세력들이 타협의 내용으로서의 헌법—내지 법률—의 내용에 구속되어 이를 준수하여야 한다는 점은 당연하다 할 것이다. 그리하여 정치현실에서 문제된 사안이 현행의 헌법의 규율대상으로 될 수 있다면, 그에 대한 해결은 이미 헌법이 예정하고 있다는 것이 되며, 따라서 헌법이 가지고 있는 의미내용이 무엇인가를 확정하기만 하면, 당해 문제는 해결될 수 있는 것이다. 다만, 헌법자체가 근본규범으로서 상세한 규정을 두고 있지 아니하고, 또 추상적이고 다의적인 개념을 사용하기 때문에, 그 해석에 있어서도 상이한 견해가 나타날 수 있고, 이 때 그 해석을 유권적으로 확정하는 것은 동시에 중요한 정치적 문제를 결정하게 된다. 이 단계에서는 불확정적인 헌법의 의미내용 중에서 어떤 것을 선택하느냐 하는 것이 중요하게 되고, 따라서 현실적인 정치세력들이 각각의 이해관계 혹은 영향력의 확대나 축소와 관련하여 헌법적 판단 자체에 영향을 미칠 가능성이 존재하는 것이다.

두 번째의 헌법외적 분쟁은 현행의 헌법이 전혀 그에 관한 판단을 하고 있지 않아서 법규범적 규율을 예정하고 있지 아니한 경우이다.[119] 말하자면 가치배분을 위한 정책결정의 기준을 설정하고 있지 아니한 경우이다. 헌법재판이 행해질 때 이와 같은 문제가 헌법분쟁으로 되어 헌법재판의 대상이 되면, 그것은 곧 헌법제정권력의 정치적 결단의 문제로 귀착되고, 또한 헌법재판의 담당기관의 한계의 문제로 귀착된다. 현재의 헌법이 전혀 예상하고 있지 아니하고 또 헌법자체에서 이러한 사항에 관한 규율을 하고 있지 아니하다면, 결국에는 헌법제정권력자인 국민의 판단에 맡겨질 수밖에 없는 것이다. 그러나 헌법재판을 담당하는 기관이 이에 관한 권한을 헌법으로부터 위임받았거나 혹은 해석적으로나 관행적으로[120] 그러한 위임을 받은 것으로 본다면, 이러한 종류의 헌법분쟁은 헌법재판기관에 의하여 새로운 헌법적 판단을 받는 것으로 될 것이다. 또한 이 작용은 곧 헌법제정권력자에 대신하여 장래의 정치적 방향을 결정하여 입법을 억제하게 되고, 헌법재판기관의 판단 자체가 헌법으로 기능하게 된다.

4. 맺 음 말

지금까지 헌법의 정치성 내지 정치적 법으로서 헌법이라는 논제와 관련하여 정치적인 것의 의미 그리고 헌법재판에 있어서의 법과 정치의 관련의 문제를 살펴보았다.

정치적인 것이 무엇을 의미하느냐에 대해서는 헌법을 보는 시각에 따라 여러 견해들이 있지만, 법적인 것에 대응하는 의미에서의

---

119) 바로 이러한 경우를 헌법분쟁이라고 이해하는 것이 C. Schmitt의 입장이다.

120) 미국의 연방대법원이 이러한 역할을 충실히 행하고 있는 것으로 생각된다. Stone and others, Constitutional Law. Little, Brown and Company: Boston, 1991, pp. 1-126 esp. pp. 35-54 참조.

정치적인 것의 개념을 파악하는 것이 중요하다. 그러한 입장에서 정치적인 것은 D. Easton의 견해에 따라 '한 사회의 가치들을 권위적으로 배분하는 것'으로 이해할 수 있으며, 이러한 가치의 권위적 배분을 위한 최고의 준칙으로서 헌법을 이해하는 것이 타당할 것으로 생각된다. 이것은 헌법이 갖는 정치성을 가치의 권위적 배분을 위한 정책결정에 있어서 재량성과 임의성을 의미하는 것으로 이해할 수 있게 해준다. 이러한 정책결정의 기준으로서의 헌법은 법규범으로서의 기속성을 가지고 있기 때문에, 현실정치세력들의 행위규범으로서 기능하게 되고, 만약에 헌법규범이 이와 같은 준칙을 추상적이고 포괄적으로 규정하여 그 의미내용이 명확하지 않은 까닭에, 정치세력간의 갈등과 분쟁이 발생하는 경우에는 그것은 곧바로 헌법분쟁으로 되는 것이며, 이에 관한 권위적 해결이 곧 헌법재판이 되는 것이다(헌법내적 분쟁의 경우).

아울러 가치배분을 위한 준칙이 설정되어 있지 아니한 경우에는 새로운 준칙의 설정을 위한 과정이 필요하다. 이 때 헌법재판을 담당하는 기관이 그러한 권한을 헌법으로부터 명시적으로 위임을 받았거나, 해석적으로 혹은 관행적으로 그러한 위임을 받은 것으로 본다면, 이러한 종류의 헌법분쟁은 새로운 헌법을 제정하는 것과 같은 효과를 가질 것이다(헌법외적 분쟁).

여기서 한 가지 분명히 하여야 할 것은, 헌법규범의 내용이 명확하여 그 의미상 다양한 해석을 허용하지 않는데도 불구하고, 헌법현실의 힘의 논리에 따라 억지로 헌법규범을 자의적으로 해석하는 것은 그 형식상 헌법재판이라는 외형을 가지고 있더라도 결코 진정한 의미에서의 헌법재판이라 할 수가 없다는 점이다.[121] 이것은 규범의 실효성의 문제이자 헌법규범과 헌법현실 사이의 괴리를 극복하

121) 이런 점에서 2004년, 헌법재판소의 신행정수도건설특별법에 대한 위헌결정에서의 '관습헌법'이론은 헌법이론적 규범논리성을 결한 것으로 평가된다.

려는 정치문화 내지 국민의 헌법의식의 문제임을 잊지 말아야 할 것이다.

V. 정치적 사법(Politische Justiz, political justice)의 문제

1. 서 언

1) 용어의 사용례

근대 이후에 확립된 권력분립원리는 개인의 기본권보장을 위한 자유주의적 원리로서[122] 국가작용을 입법·행정·사법의 3개의 다른 작용으로 나누어 각 작용을 각기 다른 구성을 가진 독립기관에 담당하게 하여 기관상호간의 견제와 균형을 유지하도록 함으로써 국가권력의 집중과 남용을 방지하고 국민의 자유를 보호하기 위한 원리이다. 이들 작용 가운데 사법작용은 입법이나 행정작용과는 달리 법규범을 선언하고 확인하는 작용으로서 엄격히 헌법과 법률에 의하여서만 그 작용을 행하게 되어 있다. 이것은 국가작용 중 사법작용은 엄격히 규범적 작용임을 의미하는 것이며,[123] 그러기 위해서는 법규범의 체계성과 독자성이 전제되어야 함은 말할 필요도 없다. 그런데 이러한 사법작용이 행해지는 과정에서 법규범 이외의 요인에 의하여 영향을 받게 되는 경우가 역사적으로 많이 있어 왔고, 특히

---

122) Schmitt, Carl, Verfassungslehre, Berlin, Duncker & Humblot, 1983, S. 182 ff.

123) 국가작용을 사실적 작용과 규범적 작용으로 크게 나누어 본다면, 입법작용은 법규범정립작용으로서 사실에서 무엇을 법규범으로 할 것인가를 결정하는 작용이므로 사실적 작용이라 할 것이며,행정작용은 법규범집행작용으로서 역시 사실적 작용이라 할 것이다.이에 대하여 사법작용은 대상으로서의 사실관계를 법규범에 따라 판단하여 권리의무관계를 확정하거나 법규범에의 합치여부를 결정하는 작용이므로 규범적 작용이라 할 수 있을 것이다.

정치적 요인에 의한 사법작용의 침해는 권력분립원리를 근본적으로 파기하는 결과가 되어 왔다.

그리하여 사법작용과 관련하여, 정치적으로 오염된 사법작용이라는 의미로 '정치적 사법작용'이라는 용어를 사용하기도 하고,[124] 정치적 권력이나 영향력을 획득하거나 제한 혹은 파괴하려는 목적을 위해 사법적 절차를 이용하는 것을 일컬어 정치적 사법이라고 하기도 한다.[125]

이와 함께 20세기에 들어와서 헌법재판제도가 도입되어 헌법재판의 본질 내지 법적 성격이 문제되고 있는데, 이는 헌법재판이 정치적 성격을 갖는 헌법의 해석적용이라는 점에서 정치와 사법 사이의 상관관계가 어떠한 것인가의 문제를 야기하는 것이다. 우리나라의 경우 헌법재판소의 지위에 관하여 사법적 헌법보장기관이라고 하기도 하고,[126] 정치적 사법기관이라고 하기도 하여[127] 견해가 나뉘는데, 다수의 견해에서[128] 정치적 사법기관이라는 용어를 쓰고 있다.

2) 「정치적 사법」의 용어의 구조

정치적 사법이라는 용어를 살펴보면, 서로 의미가 대립하는 말이 결합되어 있는 것처럼 보인다. 즉 사실과 규범이라는 두 대립적 개념을 전제로 하여 살펴볼 때, 정치적이라는 말은 사실로서의 정치

124) 허영, 헌법론, 박영사, 2007, 817면. 허 교수님은 헌법재판의 본질을 입법작용, 행정작용, 사법작용과는 다른 제 4 의 국가작용으로 이해하므로(동, 796-797면), 정치적 사법작용이라는 의미도 일의적인 것 같다.

125) Kirchheimer, O. v., Political Justice; in International Encyclopedia of Social Sciences, McMillan, 1974, v.12, p. 246.

126) 김철수, 개론, 1652면.

127) 권영성 교수님은, 헌법재판작용의 성질을 정치적 사법작용이라 하면서 헌법재판소의 지위를 정치적 사법기관이라고 하였으나(1996년판), 2007년판에서는 정치적 사법기관이라는 표현은 삭제하였다(동, 원론, 1113면 참조).

128) 문홍주, 한국헌법, 해암사, 1987, 595-596면; 구병삭, 신헌법원론, 박영사, 1988, 1091-1093면; 안용교, 한국헌법, 고시연구사, 1989, 1024면 등.

에 관련된 것이라는 의미를 가지며, 사법은 법규범을 선언하고 확인하는 국가의 규범적 기능이라는 점에서 의미상 서로 모순된 표현인 것처럼 보이는 것이다. 여기에서 두 말이 어법상 어떤 관계에 있느냐에 따라 용어의 의미가 명확해진다고 할 수 있다.

2. 정치적 사법의 개념

1) 정치적 권력에 의한 사법을 의미하는 경우

이 의미의 정치적 사법은 정치적 권력이나 영향력을 획득 혹은 유지·확대하거나 제한 혹은 파괴하려는 목적을 위하여 사법적 절차를 사용하는 것을 말한다.[129] 이은 「정치적 사법」의 개념요소 중 「정치적」이라는 요소에 대하여 중점을 두고 사법에 미치는 사실적·정치적 영향이라는 시각에서 바라보는 개념이다. 다시 말하면 사법기관의 판단에 사실적·정치적 힘이 작용하는 경우이다.

이 의미의 정치적 사법은 국가의 사법작용 및 이를 담당하는 사법기관이 형식적으로는 존재하고 있으나, 실질적으로는 전혀 독립성을 가지지 못하고 정치 내지 사실적 힘에 의하여 좌우되는 경우이다. 헌법이 마련되어 있고 그 헌법에 따른 사법부가 구성되어 있다고 하더라도, 국가의 사법작용이 정상적으로 행해지기 위하여 사법기관에게 요청되는 사실적인 독립성과 규범적인 독자성을 사법부가 전혀 가지고 있지 못하고, 국가권력을 장악하고 있는 사실적 권력에 의하여 사법작용이 남용되는 경우인 것이다. 이는 사실적 힘에 의하여 규범이 압도당하여 규범이 가지고 있는 체계성, 논리성이 전혀 기능하지 못하는 것이며, 극단적으로는 무규범적 상태라고까지 할 수 있다. 또 사법작용의 작용기준으로서의 규범이 사실적 권력에 의하여 결정 또는 변경되므로 민주적 정당성과 합리성이 결여되어 있

129) Kirchheimer, id., p. 246.

다. 아울러 사법절차가 갖는 최소한의 절차상의 원칙, 즉 당사자 간의 무기대등의 원칙, 구두변론주의, 공개주의, 입증책임의 분배, 증거재판주의, 자유심증주의 등을 허용하지 않는 경우가 많다.[130)]

이와 함께 법규범의 독자성이 불완전하고—이것은 Loewenstein에 의할 때, 명목적 헌법(Die nominalistische Verfassung)인 경우가 많다[131)]—사법기관의 독립성이 불완전한 국가에서 사법작용이 현실적인 제 세력에 의하여 영향을 받는 경우가 있는데, 이 경우도 그 한도에서 정치에 의하여 사법이 좌우되는 것이라고 할 수 있다. 바로 정치에 의하여 오염된 사법작용이라 할 수 있는 것이다.[132)]

정치에 의하여 사법기능이 좌우된다는 의미의 정치적 사법은 전체주의독재국가(totalitarian dictatorship)나[133)] 권위주의독재국가(authoritarian dictatorship)의[134)] 경에 흔히 볼 수 있는 것이다. 과거 1930년대와 1940년대의 소련의 스탈린시대의 정치적 재판이 그 예이다. 즉 스탈린주의자들은 그들의 정적들을 숙청하기 위하여 미리 정적들의 범죄사실과 관련증거들을 조작하여, 재판에 회부하였던 것이다. 형식적으로는 사법적 절차를 갖추고 있었지만, 피고들로 하여금 전혀 반대의 주장을 할 여지를 주고 있지 않았던 점에서 철저히 정치적 재판으로서의 성격을 가지고 있었다. 또한 재판의 대상이 된 범죄사실은 과거의 범죄적 행동이었으나, 그 판단은 과거의 행동을

---

130) Kirchheimer, id., p. 247.

131) Löwenstein, Verfassungslehre, J.C.B.Mohr, Tübingen, 1959, S. 152.

132) 허영, 헌법론, 98면 참조.

133) Friedrich와 Brzezinski에 따르면, 전체주의적 독재국가는 ① 공식적 이데올로기, ② 단일대중정당, ③ 폭력적 경찰지배체제, ④ 매스미디어의 독점, ⑤ 군부세력의 독점, ⑥ 중앙통제지시경제 등의 여섯 가지의 특징을 갖는다고 하고, 나중에 팽창주의와 법과 법원에 대한 행정적 통제를 추가하였다. 구영록 외, 정치학개론, 박영사, 1986, 111면 이하 재인용.

134) Lipson에 따르면, 권위주의적 독재를 군부독재와 전제주의적 정권의 두 가지로 나누고, 모든 권위주의정권에서는 국가의 권력이 권력을 제한할 수 있는 제도(예컨대, 야당과 언론 및 법원)를 통해 견제되는 것이 아니라, 정권의 자제를 통해 견제된다고 한다. 구영록 외, 앞의 책, 113면 이하 재인용.

미래로 투영하여 가정적인 미래의 사건에 대한 책임이라는 형태로 행해졌던 것이다.[135)]

또 하나의 예는 붕괴된 과거의 정치적 제도의 지도자와 중요 구성원들에 대한 재판의 경우이다. 정치적 제도가 빈번히 교체되는 경우, 새로운 정치적 제도의 담당자들이 새로운 법령을 제정하여 이전의 제도의 지도자와 구성원들을 재판함으로써 그들 자신의 정당성을 확보하려고 하는 것이다. 프랑스 제 3 공화정의 지도자들에 대한 리옹의 재판, Nüremberg와 동경에서 있었던 제 2 차 세계대전의 전범재판, 1950년대 후반과 1960년대 초기에 터키, 우리나라, 쿠바 등에서 있었던 정치적 재판들이 이에 속한다. 이들 재판에서는 헌법규범의 위반이나, 불법적인 개인적 부의 축적, 비인간적이고 악랄한 행위 등에 대한 책임으로 성공하지 못한 정치적 행위에 대한 책임을 일괄하여 다루었다.[136)]

이러한 형태의 정치적 사법의 특징은, 특별(ad hoc)법원을 설치하는 점, 피고의 방어의 자유를 제한하고 어떠한 항소관할도 인정하지 않는 점, 재판의 기준이 되는 법률이 소급효를 가지는 경우가 많다는 점, 재판이 장래의 정치적으로 유용한 형상을 만드는 데에 기여한다는 점, 절차적 흠결보다 재판대상인 행위의 비난가능성을 더 강조한다는 점 등이다.[137)]

2) 정치적 목적을 위한 사법을 의미하는 경우

이것은 사법작용의 독립, 즉 법규범의 독자성과 사법기관의 독립성이 확립되어있는 국가에서 정치적 목적을 달성하기 위하여 사법절차를 사용하는 것이다. 정치적 권력에 의한 사법과는 달리, 최소한

135) Kirchheimer, id., p. 247.

136) Kirchheimer, id. 이들 재판의 경우 변호인들이 가장 강력하게 주장한 것은 바로 형법상의 죄형법정주의의 원칙이었다(Rider, Nürnberger Prozesse; in Staatslexikon, Verl. Herder, Freiburg, 1960. SS. 1131-1135 참조).

137) Kirchheimer, id., p. 247.

법규범의 독자성이 확보되어 있고, 재판과정에 참여하는 당사자들에 대하여 사법절차자체의 중립성이 확보되어 있기는 하지만, 사법의 판단기준이 되는 헌법 또는 법률이 정치적 목적을 담고 있어서 정치적 반대자에 대한 억압에 이용되는 경우이다. 이 경우 헌법 또는 법률의 해석에 의하여 사실관계를 규율하게 되므로, 때로는 정치적 목적의 달성자체가 불가능할 수도 있다. 왜냐하면 사법권의 독립이 확립된 나라에서는 사법재판은 그 재판의 결과가 창설적인 것이며, 예측하기 어려운 것이기 때문이다.138) 이 점에서 재판의 결과를 미리 결정해 놓고 형식적으로 절차를 거치거나, 사법절차에 사실적 힘이 개입하여 일정한 판결결과를 이끌어내는 것에 불과한 정치에 의한 사법과 구별되는 것이다.

이 의미의 정치적 사법은 내란죄, 외환죄, 위증죄, 의회모독죄 등의 정치적 형법에 의하여 규제되는 경우가 많지만, 반드시 이들에 한정하지는 아니한다. 즉 헌법재판이나 행정재판, 민사재판, 노동재판 등의 영역에서도 직접 정치적 논쟁의 맥락에 있을 때에는 정치적 사법이라고 할 수 있다.139)

이러한 의미의 정치적 사법은 과거의 서독에서 특히 잘 볼 수 있다. 즉 1950년대와 60년대의 법적 급진주의나 학생폭동 등에 대한 사법절차, 그리고 공산주의에 대한 탄압 및 그 수단으로서 독일공산당(KPD)에 대한 해산과 그 후속조치들이 그것이다.140) 서독에서는 1951년에 정치적 형법(politische Strafrecht)이 발효하였고 1968년까지 그 효력을 지속하다가 개정되었다.141) 공산주의자에 대한 정치적 사법은 독일역사에서 일정한 정치적 상황의 표현이었지만, 법치국가

138) Kirchheimer, id., p. 246.

139) Brünneck, A.v., Politische Justiz gegen Kommunisten in der BRD 1949-1968, Suhrkamp Verlag, 1978, SS. 11-12.

140) 자세한 내용은 Brünneck, a.a.O. 참조.

141) Strafrechtsänderungsgesetz vom 30. August 1951(BGBl. 1, S. 739), §§ 80-101, 128-129a.

에서 정치적 사법을 필요로 하는 것이 실제상 어떠한 효과를 가졌는가에 대하여 의문이 제기되고 있다.[142]

서독기본법에서는 법치국가의 규범적 보장이 완벽하게 만들어졌다. 그것은 반대집단의 정치적 자유권을 보장하기 위한 것이었지만, 처음부터 기본법 제9조 2항, 18조, 21조 2항 등에서 그 표현을 볼 수 있는 투쟁적 민주주의(Die streitbare Demokratie)의 원리에 의하여 제한되었다. 이러한 기본법상의 규정은 과거의 국가사회주의(Nationalsozialismus)가 재등장하는 것을 막기 위한 것이었으나, 제2차 세계대전 후의 냉전체제에서 공산주의에 대한 탄압을 위하여 사용된 것이다. 특히 1950년 여름의 한국전쟁이 발발하자 공산주의에 대한 탄압은 기본법의 주목표가 되었다. 그리하여 정치적 사법의 실제에서 투쟁적 민주주의의 원칙이 법치국가원리에 의하여 보장된 정치적 자유권의 제한에 대한 중요한 근거로 되었다.

이러한 정치적 사법에 대해서는 특히 세 가지 점에서 비판이 가해졌다.[143] 즉 첫째로, 정치적 형법의 구성요건이 매우 포괄적으로 규정되어 있고, 법원은 이를 다양하게 확대해석함으로써 형법의 보장기능을 공동화하였다. 특히 1956년 이래로 적용된 KPD의 금지에 대한 위반행위에 관한 형벌규정은 구성요건이 정확히 확정되지 않은 일반조항(General Klausel)이었다. 독일연방헌법재판소는 나중에 이러한 개별적인 구성요건의 확대를 비난하였고 KPD금지의 위반의 중심적 구성요건을 조직과 관련된 행위로 제한하였다.[144] 둘째로, 유죄판결을 내리기 위하여 특별히 강력한 심문과 조사가 행해졌는데,[145] 이는 법치국가적인 형사절차의 조직과 권력분립의 원칙이 실현하고자 하는 자유의 보장을 부분적으로 어렵게 하는 것이었다. 셋

142) Brünneck, a.a.O., S. 359.
143) Brünneck, a.a.O., SS. 360-362.
144) BVerfGE 33, 78.
145) Brünneck, S. 243, S. 246 참조.

째로, 정치적 사법의 실제는 상당성의 원칙(Verhältnismäßigkeitsprinzip)에 합치하지 않는다는 의심이 있다.

3) 정치적 문제에 대한 사법을 의미하는 경우

이것은 정치적인 문제에 대하여 사법적 절차에 따라 이를 심사하는 것을 말한다. 전술한 정치적 목적을 위한 사법과 대비할 때, 「정치적 사법」의 개념요소 중 「사법」이라는 요소에 중점을 두는 개념이다. 다시 말하면 국가기능 중 사법기능이 정치적인 문제에 대하여 어떠한 역할을 할 것인가를 문제 삼는 것이다. 우리나라 현행헌법상 헌법재판소의 지위에 관하여 다수의 견해에서 정치적 사법기관이라고 하고 있는데,[146] 이 때의 「정치적」의 의미가 「정치적 문제에 대한」 사법기관을 의미하는 것으로 보인다. 그러나 엄격히 말하면 이러한 의미에서는 정치적 사법기관이라는 표현은 적절하지 않은 것으로 보인다. 왜냐하면 이때의 정치적 문제는 사법심사의 대상을 말하는 것이지 사법심사의 판단기준은 아니기 때문이다.

정치적인 문제에 대하여 사법기관이 심사하는 것이 타당한가에 대하여는 권력분립의 원칙상, 그리고 사법권의 성격상 적절하지 아니하다고 하여 사법권의 범위에서 제외하는 것이 전통적인 견해이었다고 할 수 있다. 즉 근대헌법의 기본원리의 하나인 법치국가원리는 일반적으로 국가행위가 법에 근거하고 법에 따라야 할 것을 요청함과 함께, 국가행위가 합법성의 요청에 적합한가의 여부를 법원이 심사할 수 있을 것을 요청한다. 그러나 모든 국가행위가 당연히 사법심사의 대상이 된다는 것을 의미하는 것은 아니며, 오히려 국가행위 중에는 그 성질상 법원에서 심사하는 것이 합목적적이 아닌 것이 있으며, 이처럼 사법심사의 대상에서 제외되는 행위를 통치행위(프랑스), 재판에서 자유로운 고권행위(독일), 정치문제(미국), 대권행위

146) 앞의 주 128) 참조.

또는 국가행위(영국)라고 하여 판례상 혹은 학설상 인정되어 온 것이다.147) 그러나 오늘날에는 실질적 법치국가원리가 확립되고 최고규범으로서의 헌법의 규범성을 실질적으로 확보하기 위한 헌법재판제도가 확립됨으로써 과거에 인정되었던 통치행위 내지 정치문제의 범위가 축소되는 경향이 있다.148) 특히 헌법재판제도의 확립은 과거의 통치행위 내지 정치문제에 대하여 최소한의 규범적 통제를 할 것을 요청하는 것이다.149)

정치적 문제에 대한 사법심사에서 중요한 것은 사법심사의 기준이 무엇인가 하는 점이다. 왜냐하면 사법심사는 헌법과 법률의 해석적용작용이며, 이는 하나의 법적 가치판단을 의미하는 것이고, 따라서 심사의 대상과 심사의 기준이 서로 분리될 것을 요청하는 때문이다. 다시 말하면 사법심사의 대상은 사실적 혹은 정치적 문제이지만 그의 적헌성 내지 적법성을 판단하는 기준은 규범적인 것이 되어야 하는 것이다. 특히 헌법을 기준으로 하여 심사를 하는 헌법재판의 경우에는 헌법이 가지는 정치적 성격으로 말미암아 정치적 합목적성이 그 기준으로 될 가능성이 크다. 그러나 이 정치적 합목적성이라는 기준도 헌법이 가지고 있는 체계성, 논리성의 범위 내에서 인정되는 것이어야 하며, 비록 헌법이 정치적 문제에 대한 결정을

147) 자세한 내용은 김철수, 현대헌법론, 박영사, 1979, 888-910면 참조. 이러한 견해는 근대 이후에 특히 법과 정치, 법적인 것과 정치적인 것, 법의 영역과 정치의 영역 등을 구별하는 데에서 나오는 것이다. Laufer, Heinz, Politische Kontrolle durch Richtermacht; in Verfassung, Verfassungsgerichtsbarkeit, Politik, M. Tohidipur(hrg.), Suhrkamp Verl., 1976, S. 95 참조.

148) 小林 節, 政治問題の法理, 芦部信喜 編, 講座 憲法訴訟 第1券, 有斐閣, 東京, 1987 所收, 352-354面 참조. 김철수, 개론, 962-963면. 동, 962면에서는 기본권의 보장에 관한 한 통치행위의 이론은 부인되어야 할 것이라고 하고 계시다.

149) 헌법재판제도의 선구적 역할을 한 미국의 헌법재판제도에서도 과거에 정치적 문제라고 하여 사법심사를 배제하였던 것(Colegrove v. Green, 328 U.S.549 (1946))을 다시 정치적 문제가 아니라고 하여 사법심사를 할 수 있는 것으로 한 판례(Baker v. Carr, 369 U.S.186(1962))가 있다. 이것은 정치적 사건을 사실적 부분과 규범적 부분으로 나누어 규범적 부분에 대한 헌법적합성을 판단한 것이라고 생각된다.

유보하거나 결하고 있더라도 기존의 헌법이 가지고 있는 제 원리들과 상충하는 합목적성을 인정할 수는 없다고 할 것이다.150) 만약 헌법상의 원리와 상충하는 합목적성을 정치적 문제에 대한 심사의 기준으로 한다면, 이것은 해석에 의한 헌법의 침훼(Verfassungsdurchbrechung)를 초래할 수도 있을 것이다. 그러므로 정치적 문제에 대한 사법심사, 특히 헌법재판의 경우에는 사실적인 정치권력에 의하여 영향을 받아서는 안 되며, 헌법의 규범내용과 규범구조를 기초로 하여 행해져야 할 것이다. 다시 말하면 헌법재판의 기준은 헌법의 의미내용을 확정하는 해석행위이어야 하는 것이다.151)

3. 소　　결

앞에서 살펴본 바와 같이 전통적인 사법의 개념은 오늘날 헌법재판까지도 포함하는 폭넓은 개념으로 이해할 수 있다고 하겠다. 이러한 의미에서의 사법기능이 정상적으로 운용되기 위해서는 사법권의 독립, 즉 법규범의 독자성 내지 독립성과 사법기관의 제도적·실질적 독립성이 전제되어야 한다. 이러한 전제에서, 정치적 사법의 개념적 구별을 요약하면 다음과 같이 될 수 있다.

첫째로, 정치적 권력에 의한 사법을 의미하는 경우이다. 이것은 정치적 사법의 개념 중 정치적이라는 요소에 중점을 둔 개념으로, 사법기능에 사실적 내지 정치적 권력이 영향을 미쳐서 정상적인 사법기능이 행해지지 못하는 것을 의미한다. 이러한 경우는 사법기능이 전적으로 정치적 권력에 예속하는 경우와 사법권의 독립이 불완

150) 이는 헌법상의 체계적합성(Systemgerechtigkeit)의 문제라고 할 수 있다. 이에 대해서는 F. J. Peine, Systemgerechtigkeit, Nomos Verl., Baden-Baden, 1985 참조.

151) 물론 해석행위를 담당하는 재판관들의 개인적 요소—혈통과 교육, 학문적 소양과 법학적 수련, 직업적 성장과정 및 정치적 경험, 역사인식, 정신적 태도 등—는 헌법의 해석에 매우 큰 영향을 미치는 요소들이다. Laufer, a.a.O., S. 98.

전한 국가에서 사법작용이 현실적 제 세력에 의하여 영향을 받는 경우를 포함하는 것이다.

둘째로, 정치적 목적을 달성하기 위하여 사법절차를 이용하는 경우이다. 이것은 사법권의 독립과 사법절차의 중립성이 확보되어 있기는 하지만 사법판단의 기준이 되는 헌법 또는 법률 자체에서 정치적 목적을 담고 있어서 정치적 반대자를 억압하는 데에 사법절차가 이용되는 경우이다. 이러한 의미의 정치적 사법은 정치적 형법에 의하여 규제되는 경우가 많지만 다른 재판의 영역에서도 인정되는 경우가 있다.

셋째로, 정치적 문제에 대한 사법을 의미하는 경우이다. 위의 두 경우와는 달리 사법작용의 대상이 정치적 문제인 경우로서 전통적인 사법개념에서는 제외되어 왔던 것이다. 오늘날에는 실질적 법치국가원리와 헌법의 실효성을 보장하는 헌법재판제도의 확립으로 정치적 문제에 대한 사법심사가능성이 확대되고 있으며, 이에 따라 헌법재판의 본질 내지 법적 성격이 무엇인가 하는 문제를 제기한다. 앞에서 본 바와 같이 헌법재판은 전통적인 사법개념을 폭넓게 이해함으로서 사법작용으로 볼 수 있을 것이다. 또한 우리나라의 경우, 헌법재판소의 법적 지위를 어떻게 이해할 것인가의 문제에서도 다수의 견해에서 말하는 정치적 사법기관이라는 표현보다는 사법적 헌법보장기관이라는 표현이 더 적절한 것이라 하겠다.

정치적 사법을 위와 같은 세 가지의 의미로 이해할 때, 그 각각의 경우에 우리나라의 사법기능을 분석하는 도구로서 사용될 수 있다고 생각된다. 즉 첫 번째의 의미에서의 정치적 사법은 그 동안 우리나라의 사법권의 행사가 법규범의 독자성과 사법기관의 독립성에 기초하여 이루어졌는가를 분석하는 도구개념이 될 수 있으며, 두 번째의 의미에서의 정치적 사법은 이데올로기적 대립상황하에서의 정치적 목적을 담고 있는 법률, 예를 들면 과거의 반공법이나 현재의 국가보안법을 분석하는 도구개념이 될 수 있을 것이다. 아울러 세 번째 의미의 정치적 사법은 현행 헌법하에서 행해지는 헌법재판제도의 본질 내지 법적 성격을 이해하는 데에 도움이 될 것으로 생각된다.

제 2 장

법과 정치의 분화과정

Ⅰ. 영국의 정치와 법치주의

1. 영국헌정에 있어서의 사법기능의 분화과정

중세 영국의 통치는 관습에 의하여 이루어졌고, 모든 관습 중에서 가장 중요한 것은, 국왕의 법정(curia regis)에서 채택되는 관습이었다. 이 관습은 사법조직을 통하여 선언되고 확인되는 것이었다고 할 수 있다. 그리고 국왕은 그의 권리이자 의무로서 「법」을 공포하는 기능을 가지고 있었으며, 법을 만드는 것이 아니었다. 그러므로 국왕의 신성성은 그 기초를 이러한 의미에서의 사법적 권능에 두었던 것이다.[1)] 이 관습의 선택·적용을 통하여 확립된 common law

1) 13세기 영국의 법조를 대표하는 Henry de Bracton(1216-1268)은 그의 법이론 가운데에서 「법의 우위」의 사상을 이론적으로 인식하여 〈gubernaculum〉(統治)와 〈juridictio〉(法=權利)를 준별하고 있는데, C. H. McIlwain은 17세기의 영국 입헌투쟁 직전, 즉 16세기 말의 영국의 국가제도를 〈juridictio-gubernaculum〉의 이론에 따라 파악하여, 국왕은 어떠한 자 아래에도 서지 않지만, 법 아래에는 있고, 私的인 權利는 법에 의하여 정해지고 실현되며, 법원=의회의 관할하에 있다. 이와 달리 국사와 나라의 변혁에 관련하는 사항은, 법원·의회가 언급할 수 없는, 국왕의 대권에 속하는 것으로, 이 분야에서는 국왕의 권력은 「절대적」이다. 즉 16세기 말에 있어서 영국은 〈juridictio〉과 〈gubernaculum〉과의, 즉 「法=私的 權利」와 「통치=대권」과의 균형을 얻는 제도를 보여주고 있었다는 것이다. C. H. McIlwain, Constitutionalism: Ancient and

는 중세 영국에 있어서 기본법 내지 고차법(the higher law)으로서 기능하고 있었다. 이와 같은 common law를 확인하고 선언하는 것이 초기의 parliament이었다. 따라서 parliament는 원래 국가의 최고법정으로 간주되었던 것이었다.

17세기 후반에서 18세기에 걸친 의회주권의 확립과정은, 또 common law 법원의 독립과정이기도 하였다. 1628년의 권리청원과 1660년 이후의 크롬웰의 집정기를 거쳐 1688년의 명예혁명이 성취되는 과정에서 parliament는 상설의 기관이 되었고, 확실한 입법기능을 행하게 되었다. 이에 따라 법원은 순수히 사법기능을 행하게 되었고, 정치적 목적에 이용되는 것을 꺼려하게 되었다.

17세기 후반에 들어서, Charles 2세의 치하의 내란의 시대에 common law 법원의 법관을 역임한 Mathew Hale은 〈법의 3중의 효력〉론을 전개하여,[2] 중세 이래의 통치의 분야에 있어서 국왕의

Modern, Cornell Univ., 1947, 67-92면, 특히 81면 참조(김준환 역, 헌법과 정치—입헌이론의 사적 전개—서울, 법문사, 1973, 136-176면 참조).

2) Hale은 법의 3중의 효력을 다음과 같이 전개한다. 즉 ① Potestas Coerciva—이것은 국왕의 전 신민에게 미치는 것이지만, 국왕에게는 미치지 않는다. 국왕은 법의 강제력 하에 있지 않다. ② Potestas Directiva—이것은 국왕을 의무지우는 것으로, 국왕이 대관식에서 행하는 엄숙한 서약, 대헌장에 관한 반복적 확인, 신민의 제특권에 관한 법과 제정법 등이 그것을 입증하는 것이다. ③ Potestas Irritans—많은 경우 법은 국왕을 구속하는 것이고, 그 행위가 법에 반하면 무효로 된다. Hale의 견해에 따르면, 국왕은 법의 강제력에 복종하는 것은 아니지만, 법에는 그에 반하는 행위를 무효로서 취소하는 힘이 내재한다. 이것은 법의 강제력은 국왕의 인격에 있어서 신성성과 존엄성에는 미치지 않는다는 원칙과, 불법한 행위에 대하여서는 구제가 이루어지지 않으면 안 된다는 현실의 요청과의 조정을 법의 효력의 차별로부터 이끌어내려는 입장이다. Hale의 법의 효력론은 「합법화」된 악에 대한 구제가 초법적 수단에 호소하는 정치적 제재로서가 아니라, 법의 틀 내에서 문제가 해결되어야 한다는 방향을 시사하는 것으로 해석할 수 있을 것이다. 또 그것은 「국왕은 악을 행할 수 없다」라든가, 「국왕이 행하는 바는 악이 될 수 없다」라든가, 「국왕은 그 행위에 관해서의 책임을 지지 않는다」는 등의 격언과 구체적 사실과의 조정이 필요할 때에, 불법한 행위에 관하여는 직접적인 행위자가 강제에 복종해야 한다(실현된 사항은 국왕의 행위가 아니라 각료 내지 실현기관의 행위이다)고 하는 견해이다. 井上茂, 司法權の理論, 東京, 有斐閣, 1960, 152-154面 참조.

책임을 인정하는 이론을 전개하고, jurisdictio의 분야의 특질이었던 「법의 지배」를 gubernaculum의 분야에까지 확대하였다. 이것은 개인의 권리를 보장하기 위한 것으로서, 이를 실질적으로 제도화하고 확립하기 위해서는 법관의 지위가 국왕으로부터 독립하고, 또 독립한 법원을 제도적으로 확립하는 것이 통치권력에 대한 법적 제약에 실효성을 주는 불가결한 조건이었다.

이와 같은 영국의 정치과정을 이론화하여 권력론을 전개한 John Locke는 1690년의 「정부이론(Two Treatises of Government)」의 제 2 논문에서, 사회계약에 기초하여 입법권(the Legislative Power)을 최고의 권력으로 하고 다른 권력으로 집행권(the Executive Power)과 동맹권(the Federative Power)을 인정하여[3] 이 집행권과 동맹권을 하나의 기관에 의하여 행사되는 것으로 하고 있다.[4] 말하자면 Locke에 있어서 사법기능은 집행권의 일부분으로 생각되고 있는 것이다. Locke는 사법기능을 행사하는 권능을 그 자체로서 정면으로 특별히 취급하지는 않고,[5] 당시의 현실에 따라서(이 논문을 썼을 때는, 왕위계승법은 제정되지 않았다), 집행권의 일부라고 하고 있다. 그러나 Locke는 통치기구에 앞서는 개인의 제 권리를 명백히 하고, 나아가 최고권력으로서의 입법권에 내재하는 한계를 제시함으로써, 개인의 권리와 그 제도적인 보장을 위한 「사법」의 기본적 의의 및 기능을 명확히 하는 기반을 구축하였던 것이라고 말할 수 있다. 즉 Locke는 입법권이 가진 한계를 다음과 같이 기술하고 있다.[6] 첫째로, 모든 형태의 정부는 공포되어 성립된 법률에 의하여 통치하

3) Cf. Locke, J., Two Treatises of Government, ed. by Peter Laslett, New York, Cambridge Univ. Press, 1992, Chap. XI-XII, §§134-148(pp. 355-366).
4) Locke, id., §148(p. 366).
5) 따라서 Locke의 논문에서는 재판권 혹은 사법권이라는 용어가 쓰이고 있지 않다.
6) Locke, id., §142(p. 363).

여야 한다. 그 법률은 특정 사건의 경우에 달라지는 것이어서는 안 되고, 또한 사회의 모든 계층에게 동일한 규준의 것이어야 한다. 둘째로, 이들 법률은 또 인민의 복지 외에 궁극적으로는 어떠한 목적을 위하여서도 정립되어서는 안 된다. 셋째로, 입법부는 인민 자신이 부여하거나 그의 대표가 부여하는 동의 없이는, 인민의 재산에 대하여 세를 부과해서는 안 된다. 넷째로, 입법부는 입법의 기능을 다른 어떠한 것에도 이양해서는 안 되며, 또 그러한 것은 할 수 없다. 즉 입법부는 입법권을 인민이 정한 바 이외에는 위임해서는 안 되는 것이고, 위임할 수 없는 것이다.

한편, 명예혁명의 결과로 권리장전(1689)이 만들어졌음에도 불구하고, 국왕의 대권은 여전히 인정되고 있었는데, 이 국왕의 권한 속에는 법관을 파면할 수 있는 권한도 포함되어 있었다. 법관의 독립은 혁명에 있어서 목표로 된 원리의 하나이었지만, 권리장전에는 규정되지 않았다. 따라서 왕위계승법(1701)에 의하여 법관의 독립조항이 규정되기 전까지는 법관을 파면하는 권한은 국왕에게 속해 있었다. 그리고 법원의 독립을 해칠 우려가 있는 또 하나의 요소는 바로 귀족원(House of Lords)으로부터의 위협이었다. 말하자면 영국에 있어서 사법의 독립에 관한 위협은, 국왕으로부터의 그것과 함께 귀족원으로부터의 그것이 중대한 것이었다. 귀족원으로터의 위협에 대해서는 1692년에 이르러, 그 때까지 국왕하에 있던 법원과 귀족원과의 사이의 관계에 관한 중요한 두 개의 원칙을 확립하여, 그 관계를 일응 명확히 하였다. 즉, 첫째로, 법관은 그 판결이유를 양원의 어느 것에 대하여도 설명 내지 석명할 의무를 지지 않는 것, 둘째로, 귀족원은 최고법정으로서 기능하지만, 그 기능의 범위는 상고에 의하여 제출된 사건에 한정된다고 한 것이다.7)

1701년의 왕위계승법(Act of Settlement)은, 영국의 왕위를 신

7) 井上茂, 前揭書, 156-157面 참조.

교도인 국왕 내지 여왕에 의하여 계승시키기 위하여 제정되었지만,[8] 그 제 3 조의 말미에서 「… 법관의 임명은 죄과가 없는 한(during good behavior) 계속하는 것이며, 그들의 급여는 확정되고 확립된다. 그러나 의회의 양원의 요구가 있는 때, 법관을 파면하는 것은 합법이다(… judge's commissions be made quamdiu se bene gesserint,[9] and their salaries ascertained and established ; but upon the address of both houses of Parliament it may be lawful to remove them)」라고 규정하였다. 이 규정에서 비로소 법관의 신분이 국왕과 귀족원으로부터 독립하는 것으로 보장된 것이었다.

집행권으로부터 사법기능을 분리하는 것은 혁명 후에는 당연한 것으로 받아들여졌지만, 이 경우의 분리는 사법과 집행과의 기능적 이질성이 인식되어서가 아니라, 국왕과 의회와의 관계 및 집행권의 행사에 있어서 법관에 대하여 인적으로 특별히 고려함으로써, 집행권을 해체하여 사법기능을 분화시킨 것이다.[10]

결국 18세기 초까지의 영국의 헌정사에서 국가의 사법기능은 그 자체 독자적인 권력의 기반을 가지고 있었다기보다는 국왕과 귀족 사이의 권력의 균형 사이에서, 다시 말하면 국왕과 귀족의 권력 분점에 대한 반사적 효과로서 사법기능의 독립성이 확보되었던 것이다. 이와 같은 영국의 헌정사는 뒤이어 Montesquieu의 권력분립이론에 지대한 영향을 미쳤으며, 특히 사법권의 독립성 내지 독자성에 대한 Montesquieu의 사법관에 그대로 반영되는 결과가 되었다.

---

8) Carl Stephenson and Frederick G. Marcham, The English Constitutitonal History, New York, Harper & Row, 1972, pp. 610-12 참조.

9) Stephenson and Marcham, id., p. 612에서는 다음과 같이 주를 달고 있다. 「That is to say, they shall be appointed to hold office during good behavior」.

10) 井上茂, 前揭書, 157面.

2. 법의 지배의 확립을 위한 Edward Coke의 역할

Sir Edward Coke(1552-1634)는 common law를 집대성하고 common law의 우위를 위하여 투쟁을 전개했던 인물이다. 일면으로는, 코먼 로를 절대군주제, 종교개혁, 문예부흥이라는 시대의 파도에 견디게 하여 이후에 지속되도록 공헌하였고, 타면으로, 근대적인 법의 지배의 확립에 계기로 되었던 절대군주에 대한 항쟁에 있어서 지도적인 역할을 하였다.

Coke는 common law법원의 수석법관의 지위에 있는 동안(1606-1613; 민사법원, 1613-1616; 왕실재판소), 동 법원의 관할권 및 법해석권의 확보를 둘러싸고, 국왕과 교회법원, 형평법법원을 상대로 하여 놀랄 만큼 완강하게 다투었다. 특히 왕권의 개입에 대한 저항은 로마법적인 힘의 지배에 대하여 게르만법적인 법의 우위를 주장하는 상징적 항쟁으로 주목된다.

Stewart왕조 때에는 봉건제가 차츰 동요하고 있었지만, Elisabeth 1세를 이어 Scotland로부터 파견된 James 1세는 국민의 신망은 얻지 못하였다. 대외관계는 이전보다도 비교적 평온하였고, 종교적으로는 국왕 혹은 국교에의 충성을 강요하여 신구교 양파의 반감을 사고 궁정생활은 사치하고 방탕하였다. 정계에는 전매권과 관직의 매매, 수뢰 등의 악폐가 횡행하였다. 스페인과의 결혼외교 등의 유연한 평화외교는 도리어 국민의 반감을 불러일으켰다. 그렇지만, James 1세는 왕권신수설의 신봉자로 정치론을 저술하여 국왕은 지배해야 하고, 국민은 복종해야 하는 것으로서 정해져 있다고 설명하였다. 국왕은 법률의 위에 있고, 다만 모범을 보이기 위하여 법률에 복종하지만, 복종해야할 경우인가 아닌가는 왕 자신이 결정하는 것이다. 이러한 태도로 의회를 경시하여 궁정비용지출의 적자대책 혹은 스페인과의 전쟁 비용으로 충당하기 위하여 부득이 소집한 의회

(1611년과 1621년)와 충돌하였다. 재판권에 관해서도 결국은 국왕의 대권에 속하는 것으로, 재판관을 대권의 대행자로 보지 않고, 대권의 이름하에 재판관할권, 법해석권의 문제로 종종 개입하였다. Coke는 이와 같은 국왕과 상대하여 Common law법원의 독립, 법의 우위를 주장하고 관철한 것이다.

1610년의 Dr. Bonham 사건은 common law 지상주의를 의회제정법에 대한 우위로까지 철저하게 한 Coke의 해석을 보여주는 대표적인 것이었다.

당시, 런던 지역에서 의사를 개업하기에는 미리 왕립의사회에 가입하는 방침으로 되어 있었지만, Dr. Bonham은 미가입의 상태로 개업하였기 때문에, 1606년 심문이 있은 후 국회로부터 벌금과 동 의사회의 허가가 있기까지의 의료업중지처분을 받고, 아울러 이에 따르지 않는 경우에는 구금에 처한다는 뜻의 통지를 받았다. 그러나 Bonham은 이 통지를 무시하였다. 이에 인해 의사회는 재차 벌금을 과하고 그를 투옥하였다. 이에 대하여 Bonham이 불법구금의 소를 제기한 사건이다. 왕립의사회의 항변서에는, 동 의사회가 Henry 8세의 특허장에 따라 런던 지역의 의사에 대한 감독권을 부여받고 있고, 미가입인 상태로 개업한 자와 동 의사회의 규율위반자에 대하여 벌금 및 금고형을 과하는 권한을 인정받았으며, 벌금은 국왕과 절반으로 분배할 것과, 이 특허장이 Henry 8세와 Mary 여왕 시대에 의회제정법으로 확인되었다는 것, 나아가 동법에서 의사회로부터 이송된 자를 교도소는 보석 없이 구금할 것을 명하고 있는 것 등을 적시하고 있었다. 긴 논의 끝에 한 법관이 특허장과 의회제정법을 근거로 하여 의사회에 편드는 의견을 말하였다. Coke는 이 의견에 반대하여 원고를 지지하고, 의사회는 예를 들어 동 의사회에 가입하지 않은 자라도 유능한 의사에게는 소정의 처분은 취할 수 없으며 (Bonham은 Cambridge 대학의 학위를 가졌다), 만약에 처분을 내릴 수 있는 권한이 있었어도 본 건의 경우는 그 행사방법을 잘못하였다는 두 가지 점에서 원고승소의 판결을 내렸다. 의회제정법에 대한 common law 우위의 소견은 위의 제1점의 이유에 관련하여 그 방론(orbiter dicta)으로서 진술된 것이었다. 즉, 벌금의 반을 받는 의사회는 사건의 당사자로 간주해야 하고, 이러한 당사자는 동시에 심판관으로 될 수는 없다고 한 것이다. Coke는 이것이 common law상 확립된 원칙이라고 말하고, 의사회에 이와 같은 권한을 부여한 의회제정법의 효력에 관하여, 의회제정법이 정의와 이성 혹은 코먼 로에 반하는 경우 혹은 집행이 불가능한 경우에는, common law는 당해 제정법의 효력을 제한하고, 무효로 선언할 수 있다고 하였다.

이러한 Coke의 주장, 즉 common law의 의회제정법에 대한 우위라는 주장은 명예혁명 후 의회제정법의 우위의 확립에 의해 사라지게 되었지만, 오히려 미국에 커다란 영향을 미쳐서, 약간의 이론(異論)이 있기는 하지만, 미국의 위헌법률심사제의 확립에 크게 기여하였다고 평가되고 있다.

Ⅱ. 미국—Marbury v. Madison 사건

1. Marbury v. Madison Case 사건 이전

미국 식민지인의 영국에 대한 항쟁은 지극히 법적인 색채를 띠고 있었다. 항쟁의 중심에 있었던 것이 미국의 법조이었다.[11] 항쟁의 논거는 그들도 영국인이라는 입장에서의 common law상의 권리

11) 당시의 미국식민지의 법관들은 식민지에 따라 다양하게 그 권한을 행사하고 있었는데, 주로 식민지행정부와 지방공동체 사이의 중재역과 지방공동체에서의 주도세력의 역할을 하였다. 식민지사법의 독립성은 법관이 단지 법을 발견할 뿐이라는 전제로 인해 제한되었다. White, G. Edward, The American Judicial Tradition, New York, Oxford Univ. Press, 1988, pp. 7-8.

이었다. 특히 Magna Carta 제39조가 말하는 「國法(lex terrae=the law of the land)」이 그들이 의거하고 있는 것이었다. 나아가 유럽의 자연법사상의 영향에 의한 자연권의 관념이 그들에게 저항과 독립의 도의적 원리를 부여하였다. 식민지의 법적 성격과 본국과의 법적 관계가 불명료하였기 때문에 본국과의 법적 분쟁이 발생할 때에는 그들은 영국인으로서의 common law상의 권리를 가진다고 생각하여, 영국인으로서의 자유의 증서인 common law—마그나 카르타, 인신보호율, 권리장전, 왕위계승법 등—의 성격에 호소한다는 생각이 강하였다.[12] 다만 본국 및 식민통치기구와의 충돌에 있어서는 국왕의 특허장(royal charter)이 그들의 권리보장의 문서적 증거이었고, Charles 1세의 Massachusetts의 특허장(1628/9)은 중요한 의의를 갖고 있었다.

그러나 이들 증서들은 그대로 활용되지 않고, 특히 Magna Carta 제39조의 규정에서 말하는 「國法」은 식민지 의회에서 제정된 법이라는 주장이 대두되었다. 영국 본국에서 제정된 제정법도 식민지 의회에서 채택되지 않는 한, 여기서는 「국법」이 아니라고 하였다. 이 견해는 영국 국왕의 거부권에 의하여 저지되었으나, 식민지인들은 앞서 말한 「국법」에 관한 해석으로 대항하였다.[13]

미국의 혁명과 독립으로 이끈 논쟁의 포구를 넓힌 것은 1761년 James Otis의 팸플릿(Writs of Assistance Case, 1761)이었다고 한다.[14] 거기서의 문제는 다음의 점이었다. 「의회 제정법에 관하여. 헌법에 반하는 제정법은 무효이다. 자연적 형평에 반하는 제정법은 무효이다. 나아가 의회 제정법이 청원의 형태로 만들어지게 된다면, 그것은 무효일 것이다. 식민지의 법원은 이와 같은 제정법을 폐기하지

12) Smith, Page, The Constitution, A Document and Narative History, New York, Morrow Quill, 1980, p. 41.

13) Corwin, E. S., Court over Constitution, New York, Peter Smith, 1950, p. 6.

14) Corwin, id., p. 77.

않으면 안 된다.」 이 소론에 대하여 Corwin은 「여기서 미국 헌법은 생겼다. 왜냐하면 Otis의 주장은 Coke의 그것을 훨씬 넘어서는 것이기 때문이다. 통상의 한 법원이 특별히 정립된 의회의 의지를 부인하게 되는 것이고, 그 부인의 판결이 최종적인 것인 것이기 때문이다」15)라고 하고 있다. Otis는 Coke의 이론을 넘어서 한 지방의 법원이 「영국인의 제 권리」를 옹호하기 위하여 헌법 및 형평을 침해하는 의회에 대항할 수 있는 것이라는 점을 시사한 것이다.

Otis는 명확히 사법심사의 관념을 주장하는 것이고, 사실 그것은 초기의 미국 제 헌법에 사법심사의 원리를 도입하는 중요한 시사로 되었다. Otis를 지지하는 사람들은 이 입장에서 1765년의 인지조례에 반대하여 성공하였다. Otis는 식민지인이 본국의 영국인과 같은 권리를 가진다는 것과 이들 권리와 특허장에 기초한 특권이 무시되어도, 인간으로서의, 그리고 시민으로서의, 자연적인 고유하고 불가양의 권리는 존재한다고 서술하고 있다.16) 혁명에 이르기까지의 식민지에 있어서는, 이와 같이 영국인으로서의 권리에 관한 법이론과 인간에 고유한 자연권에 관한 철학이 본국에 대한 저항의 논거로서 활용된 것이다.

미국의 혁명 및 독립은 권리와 자유를 위한 투쟁임과 동시에 자주입법을 위한 투쟁이고, 이 두 동기는 相補的인 관계에 있었다. 개인의 권리의 보장을 위해서는 영국정부 및 의회, 그 식민통치기관에 대항하여 식민지 입법부의 자주성을 확립할 필요가 있었다. 이것은 식민지에 있어서 정치적 체험에서 논리적으로도 나오고 있는 것이었다. 식민지 입법부의 자주성을 확립하려고 하는 요청은, 그들의 「헌법」 내지 「통치의 조직」으로 되었다. 그것은 식민지의 제조건과 그 풍토에서 생긴 제도적 전개의 표현이었다. 1776년의 「독립선언」은,

15) Corwin, id.

16) James Otis, The Right of British Colonies Asserted and Proved, 1764 (Smith, id., p. 42 재인용).

미국 식민지인의 역사적인 정치적 체험에서 나온 것으로, 개인의 권리를 적극적으로 확립하려고 하는 것이었다. 그것은 「기본법」의 기능을 소극적인 그것에서 적극적인 그것으로 전환시키는 것이었다. 고차법으로서의 「기본법」의 관념이 영국에 있어서 작용한 것은 주로 정치권력을 제약한다는 소극적인 기능에 있어서이었다. 그러나 미국식민지에서 이와 같은 관념이 추구되는 것은 인민으로서 그의 권리를 확보하고 발전시키기 위하여 새롭게 보장되는 조직을 창설하는 적극적인 기능으로 작용한 것이다.

식민지에 있어서 성문법이 채택된 것은 식민지의 현실의 제조건에서 생긴 관념과 제도를 실정법적으로 확립할 필요가 있었기 때문이었다. 전제에 대한 제약을 강한 국민적 전통으로 하고 있었던 영국에서는, 기본적인 헌법원리를 변경하여 형식적인 법전으로 하지 않으면 안 될 필요도 이유도 없었던 것이지만, 본국에 대한 식민지의 혁명과 독립은 영국 고유의 법의 연속성을 단절한 것이고, 이 사회적인 구조변화를 문서상의 선언으로 명시하여, 그 기본원리를 성문의 법전으로 할 필요가 있었다. 따라서 미국에서의 헌법은 통치기구의 법이 아니라, 통치기구를 만드는 인민의 법이었고, 따라서 헌법은 헌법에 의하여 설치된 통치기구의 법령보다 우위에 있는 것이다. 우위에 있다는 것은 헌법이 정부에 시간적으로 선행하기 때문은 아니다. 헌법의 시간적 선행은, 미국의 현실의 경험에서 그러한 것이고, 일정한 시기에 인민에 의하여 의식적으로 작성된 헌법──성문헌법──이라는 점에서 인정된다. 그러나 미국의 제 헌법에 있어서 인간에 고유한 권리가 선언되고, 그 확보를 위하여 통치기구는 설립된다. 그것은 인민의 헌법제정권에 의하여 「창조」된 것이다. 헌법의 구체화로서, 인민이 만드는 통치기구의 형태와 한계가 제도화된다. 이것은 헌법이 통치기구에 시간적으로 선행한다고 하기보다도, 헌법이 통치기구의 법령에 대하여 성질상 우위에 있기 때문이다. 헌법의 아래에 있어서 통치기구가 한계를 가진다는 것은, 헌법에 기본적인 사항이다. 이것은 통상의 법절차에서는 변경할 수 없다는 의미에 있어서 「기본적」인 것이다.

미국에 있어서 소위 권력분립론의 원천으로서는, 먼저 Montesquieu에 이르기까지의 유럽의 정치 및 법이론, 특히 「선한 정치」의 원리를 추구하는 노력의 성과를 들 수 있다. 다음에 영국에 있어서 헌법의 존재방식에 관한 지식과 경험을 들 수 있다. 나아가서는 무엇보다도, 가까운 경험으로서 George 3세 및 그 관료들과의 사이에 가졌던 식민지인으로서의 심각한 체험을 들 수 있다.

근대헌법의 체계가 권력분립원칙 위에 서있는 것은 사실이고, 추상적으로는 그러하지만, 구체적으로는 이 원칙을 구체화하고 있는 특수한 내용과 이 원칙을 체현하고 구체화하는 여러 통치부문이 기능하는 역사적 사회적 제 조건이 그 헌법체계를 결정하는 것이다. 따라서 미국헌법의 경우에, 본래 주의 헌법이든, 연방헌법이든 그들의 헌법의 조직원리로서의 권력분립의 원칙과, 19세기에 이르러서부터 연방대법원에 의하여 해석되고 적용된 권력분립의 원칙과의 관계는, 추상적 원칙의 특수한 구체화로서, 또 역사적 사회적 제조건에 제약된 실질적 전개로서 취해져야 한다. 해석에 의하여 헌법을 「변용한다」는 Hammilton의 방법은, 사법심사의 법률적 개념을 전개하는 것이고, 사법권의 기능은 역사적인 제 권력의 균형조정자로서의 그것으로부터, 실제적인 역사적·사회적 제 조건 중에서 현실적인 사회철학과 결부되어 작용하게 되었다. 미국에 있어서 사법권의 존재방식은 통치의 제 부문 사이의 권력균형의 유지 및 주와 연방과의 사이의 권력균형의 유지라는 관할권적 기능에서, 주 및 연방에 있어서 입법행위 내지 행정행위에 대한 감사라는 방향을 취하고 있었다. 헌법기초 당시에 있어서 Montesquieu의 권력분립론이 고려되고 있었던 것은 현실의 통치작용에 실제적 영향은 거의 주지 않았다. 3권은 자유로이 교착하여 입법부는 최종적 발언을 주는 법정으로서의 역할을 하고 있었다. 즉 권력분립이라는 것이, 통치부문의 하나의 전 권력을 가진 것이 타부문의 전 권력도 가지지는 않는다는 의미로 해석되고 있었기 때문에, 그 후 일반적으로 말해지는 권력분립과는 개념이 다른 것이다.

2. The Federalist Papers의 사법관

미국 헌법에 관한 가장 권위적인 주석서로 인정되고 있는[17] The Federalist Papers는 미국 헌법상의 사법권에 관하여 다음과 같이 말하고 있다.

먼저 연방제도(Union)가 갖는 이점이 파벌의 폭력을 방지하고 이것을 억제하는 데에 있음을 지적하고,[18] 공화정(The Republic)이 곧 이 파벌의 효과를 교정하는 데에 중요한 방안이라고 하고 있다.[19] 그리고 이 공화정을 구성하는 정부의 3부문의 구성원리로서 각 부문이 각각의 자기 자신의 의지를 가지지 않으면 안 되며, 따라서 각 부문의 구성원은 다른 부문의 구성원의 임명에는 될 수 있는 한 관여하지 않도록 해야 하고, 만약 이 원칙에 강하게 집착한다면, 행정, 입법, 사법 각 부문의 최고 담당자의 임명은 동등한 권위의 원천인 인민에 의하여 서로 아무런 교섭이 없는 수단을 통하여 행해지지 않으면 안 된다고 하였다.[20] 그러나 사법부를 구성하는 원리는 이 원칙을 약간 벗어나는 것이 필요한데 그것은 첫째로, 구성원상 특수한 자격을 갖는 것이 필수적이기 때문에, 이러한 자격을 가지는 자를 가장 잘 확보할 수 있는 선택의 방법을 생각해 내어야 하고,

---

17) Hamilton/Madison/Jay, The Federalist Papers, ed. by Clinton Rossiter, Mentor, 1961, p. vii.
18) Madison, The Federalist No. 10, id.,(FN 17), p. 77.
19) Id., p. 81.
20) Madison, No. 51, id., p. 321.

둘째로, 사법부의 구성원이 갖는 종신의 임기는 임명권자에 대하여 의존하지 않게 하기 때문이다.[21] 이러한 전제에 서서 사법부의 기능과 법관의 임기에 관하여 Hamilton은 정부기구 중의 사법부문에 대한 검토를 하고 있다. 특히 Hamilton은 다른 부서에 대한 사법부의 특성에 대하여, 「사법부는 칼이나 돈지갑에는 인연이 없고 사회의 힘과 부도 이것을 좌우할 수는 없으며, 어떠한 실체적인 결정도 내릴 수가 없는 것이다. 사법부는 요컨대 힘도 의사도 가지지 않고 다만 판단하는 데에 지나지 않는다고 해서 잘못이 없을 것이다」라고 하고 있다.[22] 그러면서도, 「헌법의 명백한 취지에 반하는 일체의 입법행위를 무효로 선언하는 것은 법원의 고유한 임무인 것이다」라고 하여[23] 입법행위를 무효로 선언하는 법원의 권한을 인정하고, 그 근거로, 「위탁된 권리에 근거하는 어떠한 행위도 그 권한이 행사되는 근거로 되어 있는 위임자의 취지에 반하는 한 무효」라는 견해를 들고 있다.[24] 즉, 「제정법의 형식으로 표명된 입법부의 의사가 헌법의 형식으로 표명된 인민의 의사에 위배할 때에는 법관은 제정법에 의해서가 아니라 헌법에 의해서 지배되어야 할 것이라는 점을 의미한다」고 하고 있다.[25]

혁명이 성취되어 헌법이 제정된 후에도, 미국의 사법제도는 1801년 John Marshall이 대법원장으로 취임하기 전까지는 크게 달라지지 않았다.[26] 1790-1801년까지 연방대법원은 단 55건만을 판결

---

21) Id.
22) Hamilton, The Fedralist No. 78, id.(FN 17), p. 465.
23) Id., p. 466.
24) Id., p. 467.
25) Id., p. 468.
26) 1789-1801년의 시기의 미국 사법에 대하여 Goebel은 세 가지 현상으로 특징짓고 있다. 즉 첫째로, 법원업무의 최소화, 둘째로, 법원 자체의 무질서와 불통일—가장 유명한 것으로 의회의 입법을 합헌으로 승인하는 그의 권위의 문제에 관한 것, 셋째로, 법원이 점차로 정파정치에 물드는 것 등을 지적하고 있다. Goebel, History of the Supreme Court of the United States: Antecedents and Beginnings to 1801, 662-793(1971)(White, id.,(FN 11), p. 8에서 재인용).

하였다. 정치과정으로 되돌아가는 것이 아니라, 법률과정에서 그리고 협의의 그것으로서의 사법과정에서 처리하여 헌법의 적응성을 실현하려고 하는 것이 다음에 서술하는 Marshall의 판결이론의 의의이다. 그에 의하여 헌법의 적응성은 법률의 힘에 따르는 유효성을 수반하는 것이 가능해졌기 때문이다. 물론 이것에도 흠결은 여러 가지 있지만, 어쨌든 협의의 법률과정에 있어서 헌법의 적응성을 만드는 방식을 확립한 의의는 크다.

Marshall은 연방대법원의 장으로서 1801-1835년까지 재직하면서, 그 판결을 통하여, 헌법의 해석과 이론에, 따라서 소위 헌법적 법률의 형성에 중요한 기여를 하고 있다. 그의 판결 가운데 특히 유명한 것의 하나가 바로 1803년의 Marbury v. Madison 사건에 대한 판결이다.

3. Marbury v. Madison Case(1803)

1) 사건 개요

1801년 3월 대통령 Adams는 퇴직이 가까워지자, Washington D.C.(미국정부소재지. 헌법 제 8 조 17항에 의하면, 연방의회의 직할하에서 이 지역에 대하여 어떠한 사항에 관해서도 전속적 입법권을 행사할 수 있는)의 치안판사(justices of the peace)를 지명하였다. 그들의 지명은 상원(연방주의자가 다수를 차지하고 있었다)에 의하여 확인되었고, 임명장도 서명이 되었으며, 국무장관(당시는 Marshall)에 의하여 날인증서도 그것에 덧붙여졌다. William Marbury도 이 임명을 받은 판사의 한 사람이었다. 그렇지만 Marbury의 경우는, 이 임명장이 전달되지 않은 사이에(Marshall 국무장관의 과실로 전해지고 있다), Adams는 대통령의 직을 떠났다. 그래서 새 대통령 Jefferson하에서의 신임 국무장관 Madison은 이 사령장을 교부하는 것을 거부하였다. 전 장관 Marshall 혹은 그 직무관계의 누군가의 과실이 이 사령장불교부의 직접원인이었다는 것도 이 문제를 미묘한 것으로 하였다. Marbury를 포함한 임명을 받은 4명의 관계자는 Madison 장관으로 하여금 임명장을 교부하도록 연방대법원에서의 직무집행영장(writ of mandamus)을 연방대법원에 직접, 즉 연방대법원을 제 1 심으로 하여, 요구하였다.

2) 사건의 배경과 전개

이 사건은 연방주의자의 관점에서 본다면, 명확히 중대한 난점을 포함한 것이었다. 법원이 이 영장을 발한다고 하여도, 행정부가 이것을 무시하는 것은 거의 확실하고, 법원이 이 영장에 행정부를 따르게 할 수 없다고 스스로 확인하게 된다면, 법원의 위엄은 손상받게 되기 때문이다. 그러나 Marshall은 이 딜레마를 극복하는 방도를 찾아냄과 함께, 연방의회의 제정법을 무효로 하는 기회도 포착하였던 것이다. 이것은, 원고 Marbury의 주장의 논거에 연방의회 제정의 법원법(The Judiciary Act; 1789)의 제13조가 들어지고 있었기 때문이다. 그 규정에 의하면, 연방대법원은 「미합중국의 권위하에(under the authority of the United States) 임명된 어떠한 법원에 대하여도, 이 권위하에 관직을 보유하는 어떠한 자에 대하여도, 법률의 원칙과 관례에 따라서 인정되고 있는 경우에 있어서, 직무집행영장을 발할 수 있는 권한도 가지고 있다」고 하고 있다. Marshall은 원고 Marbury가 주장하는 임명장요구의 권리를 시인함과 동시에, 그것을 실현하지 않은 정부당국을 비난한다. 그러나 법원이 정부에 직무를 행하게 하는 영장을 낼 수는 없다고 주장한다. 왜냐하면 이 법원법 제13조는 연방헌법 제 3 조를 위반하여 위헌이기 때문이라는 것이다. 그런데 이 법원법은 연방헌법회의에 참여하였고 나중에 연방대법원에서 Marshall의 전임자로 된 O. Ellsworth가 위원장이었던 상원특별사법위원회를 거친 것이고, 연방헌법의 제정에 참여한 사람들을 많이 포함한 연방의회에 의하여 승인되어(J. Madison 포함 18인의 헌법제정회의(The Constitutional Convention)의 멤버를 포함한다), 헌법회의를 주재한 대통령 Washington의 서명을 받은 것이다. 따라서 연방대법원에 직무집행영장을 발하는 권한을 부여하는 것이 위헌이라고는 생각되지 않았다.

말하자면, 헌법의 기초자들 자신이 만든 것이라고 할 수 있는 법원법이 헌법에 저촉한다고 하기에 이른 것이었다. 이 수수께끼를 이해하는 관건은 Hamilton과 같은 사고방식을 가진 사람들과 Jefferson을 지지하는 사람들과의 권력투쟁에서 찾아볼 수 있는 것이다. 즉 인민은 정열을 가지고 있어서 이러한 정열에 의하여 동물과 같이 된다는 사고방식을 가진 Hamilton과 보통의 인민의 상식이 지상에 있어서 가장 위대하여 건전한 힘이라고 생각하는 Jefferson과의 대립이다. 물론 이 추상적인 표현에 의한 대립의 배후에, 통상과 농업 그 외의 것에 관한 경제적·사회적인 견해의 대립이 있다.

연방헌법은 순수히 법적인 의미에 있어서 새로운 국민국가를 창조하였지만, 그것이 유기체로 되는가 혹은 문서상의 관념에 그치는가는 당시의 정치가에 있어서 최대의 문제이었다. Hamilton 및 그에 이은 연방주의자들의 사고방식은 한 마디로 말하면, 미국을 중심으로 하는 중상주의정책이고, 프랑스 혁명 후에는 친영반불의 외교정책을 취하는 것이었다. 그러나 영국의 중상주의가 반대파를 가졌던 것과 같이, 연방주의자들의 경우도 소농을 비롯하여 전인구의 90%를 구성하는 사람들에게 용인되지 않았다. 그들은 그 대변자를 Jefferson으로 정하였다. Jefferson파의 공화주의자들은 프랑스 혁명의 자극을 받고, 또 영국의 새로운 경제적 역공인 자유방임주의의 사고방식에 자극받아서, 미국의 혁명은 아직 완성되고 있지 않다고 하여, 「투표에 의한 혁명」을 부르짖었다. 거기서는 연방주의자들의 중앙집권주의, 국가주의, 중상주의에 대항하여, 주권의 존중, 농업주의, 민주주의가 강조되었다. 연방주의자들에 있어서의 일대위기이었다. 이러한 상황에서 그들은—Jefferson의 표현에 의하면—연방통치부문에 있어서, 〈nonelective branch〉로서의 사법부에서 특수한 가치를 발견하여, 이것을 근거로 하여 공화주의자들의 공세를 저지하려고 하였다. 1800년 11월의 선거에서 연방주의자는 패하였지만, 수정 제12조가 아직 존재하지 않았던 당시에 있어서, 그들은 여전히 4개월 동안 정권에 있었다. 그 사이 1801년의 법원법이 채택되고, 연방법원의 관할권의 확대와 연방법관의 증원이 실현되었다(선거에 패한 후 임기가 아직 있는 사이에 만들어졌던 것이기 때문에, The lame-duck Judiciary Act라고도 부른다. 1802년의 the Repeal Act에서 폐지되었다). 연방주의의 지지자가 임명받는 것은 당연하였다. 이 동기 중에서 포함되고 있었던 것은, 오랫동안 막연하였던 사법심사의 관념과 권능을 현실화한다는 생각이었다. 통치기구의 정치적 부문을 억제하는 법원의 권능으로서의 사법심사권이 Marshall을 장으로 하는 연방대법원에서 Marbury v. Madison 사건에서 확립되는 단계로 된 것이다.[27)]

3) 사건의 해결

Marbury는 연방대법원에 직접, 즉 제 1 심으로 하여 소를 제기하였다. 그러나 연방헌법 제 3 조 2절에 규정되고 있는 연방대법원의 제 1 심 관할권에 포함되는 사건에는, Marbury의 사건은 명확히 해당하지 않았다. 따라서 연방대법원으로서는 관할권에 포함되지 않는 것으로서 각하하여 하급심법원에 제소하게 하는 것이 당연하였다. 그렇지만, 그는 연방주의자의 정치적 입장이어서 불리하였다. 그럼에도 소를 받아들인다면 연방대법원은 앞서 말한 딜레마에 직면한

---

27) Smith, id., p. 315.

다. Marshall과 그의 연방대법원은 이 딜레마를 회피하여, 연방주의자의 목표인 사법심사를 수립하였다. 먼저 Marshall은 Marbury가 임명장을 받을 권리를 갖는 것, 그 권리를 위한 구제가 직무집행영장이라는 것을 명확히 한다. 그러나 연방대법원은 헌법에 의하여 규정되고 있는 연방대법원의 제 1 심 관할권에 해당하지 않는 사건을 재판할 권한은 갖고 있지 않다. 그런데도, 법원법 제13조는 Marshall의 해석에 의하면, 연방대법원의 상소심의 재판관할권에 포함되는 사건을 연방대법원의 제 1 심 관할권으로 부여하고 있고, 따라서 위헌이라고 하게 된다.

Marshall은 연방대법원의 관할권에 관하여 헌법 제 3 조 2절 2항을 일부 인용하고 있다. 즉 연방대법원은 「연방의회가 정하는 예외의 경우를 제외하고, 또 그것이 정하는 규칙에 따른 법률 및 사실에 관하여」 상소심의 재판관할을 갖는다고 헌법에 규정되어 있다. 그러나 Marshall은 이 예외라는 것을, 재판관할권의 축소로 되는 변경의 경우에만 해당하는 것으로 생각하고, 관할권의 확대로 되는 변경에는 해당하지 않는다고 생각하고 있었던 것이다. 법원법 제13조는 법원이 관할권을 가진 경우에만 영장을 발하는 권한을 부여하고 있는 것이라고 해석할 수 있었기 때문이다. Marshall은 이 의회제정법인 법원법을 무효로 선언하는 것으로부터 연방대법원의 권한을 강화하는 기회를 포착하려고 한 것이다.

4) 이후의 영향

결국 미국에서 연방대법원의 위헌심사권은 곧 정치적 권력투쟁의 과정에서 반대세력에 대한 정치적 견제의 수단으로 확립된 것이다. 물론 이 정치적 견제의 수단은 사실적인 힘의 논리가 아닌 헌법의 해석 · 적용이라는 규범적 논리에 따라 행해진 것이고, 또 이러한 연방대법원의 판결이 수용된 것은 정치적인 힘의 균형에 따른 보장이 있었기에 가능한 것이었다.

Marshall이 그의 헌법에 관한 신조를 가장 체계적으로 전개할 기회를 가졌던 것은 McCulloch v. Maryland 사건에 대한 판결이었다고 말해진다. 주가 연방통치기구가 설정한 기관에 과세할 수 있는가의 문제이지만, Marshall은 이 기관이 제 1 조 제 8 절 제18항의 「필요하고 적당한(necessary and proper)」에 해당하는 헌법상 유효한 기관으로 보고, 적당한 수단, 목적에 명확히 적응하는 수단, 헌법의 명문 및 정신에 일치하는 수단 등은 합헌적이라고 하였다. 또 그것은 헌법의 최고법규조항의 귀결이기도 하였다. 최고성의 본질을 이루는 것은, 그 자체의 권능분야에 있어서 그 행위를 방해하는 모든 것을 제거하여, 그 기능이 그 아래에 위치하는 통치기구가 가진 모든 권능으로부터 영향을 받지 않도록 이들을 수정하는 것에 있다고 하였다.

Marbury 사건 이후 Marshall이 행한 판결들을 통하여 나타나고 있는 Marshall의 헌법에 관한 신조를 요약하면,[28] 1) 헌법은, 미국인민으로부터 생긴 것이기 때문에, 헌법의 해석은 그 여러 규정이 부여한 이점을 완전히 인민을 위하여 확보한다는 관점에 서서만 행해져야 한다. 이것은 제 1 조 제 8 절 제18항에 의하여 강조되고 있다. 2) 주의 권능은 연방의 권능의 구성요소는 아니다. 또 후자에 대하여 독자적인 제약을 과하는 것도 아니다. 이것은 최고법규조항(The Supremacy Clause; 헌법 제 6 조 2항)에 의하여 명확한 사실이다. 3) 연방대법원의 주된 역할은 연방의 우위의 최종적 발언기관이라는 것이다. 미합중국의 헌법 및 법률에 관한 이 해석은 어떠한 사실에서든 모두 해당하고, 모든 주를 구속한다. 4) 헌법은 장래의 시대에 걸쳐서 지속되는 것으로 의도되고 있었다. 따라서 이로부터 논

28) McCulloch v. Maryland, 4 Wheaton 316(1819); Gibbons v. Ogden 9 Wheaton 1(1824); Dartmouth College v. Woodward 4 Wheaton 518(1819) 등의 판결 참조.

리적으로, 헌법을 해석하는 연방대법원의 기능은 인간사에서의 여러 국면에 이 헌법을 적응시킨다는 책임을 포함한다.

그렇지만, Marshall의 사후 후임자인 Roger B. Taney 대법원장의 연방대법원은 수차례의 구성원의 변화가 있었고,[29] 새로운 헌법인식이 연방대법원을 지배하였다.[30] 그것은, 1) 헌법은 먼저 여러 주의 인민 사이의 계약이다. 부차적으로만 각주의 법률의 일부임에 그친다. 2) 연방통치기구의 특유한 영역은, 대외관계의 그것이다. 주의 특유의 영역은 대내통치의 그것이다. 후자의 영역에 있어서 국가의 우위의 원리(national supremacy)는 타당하지 않다.[31] 3) 연방대법원은 그러므로 최고의 국가기관은 아니지만, 대등한 권력의 두 자리 즉, 주의 통치기구와 국가의 통치기구 사이의 불편부당한 심판관이다. 4) 헌법은 고정적이지만, 그 기초자들에 의해 만들어진 때와 항상 같은 말로 말하는 것은 아니고, 같은 의미와 의도를 가지고 말하고 있는 것이다.

즉 이 헌법인식에 있어서는 연방적 균형의 관념이 핵심을 이루고 있다. 말하자면 어느 특정한 시기에 존재한 연방의 통치기구와 주의 그것 사이의 권능의 분배가 항구적으로 지속되어야 하는 것으로서 채택될 것이 요청되고 있다. 따라서 거기서 사법심사를 필요로 하는 이유는 이 지속성을 보장하는 것에 있었다. 이 의미에서 이와 같은 사법심사의 기능을 행하는 것으로서의 대법원의 역할이 높이

---

29) 1863년에 9명에서 10명으로, 1866년에 10명에서 7명으로, 1869년에 다시 7명에서 9명으로 변경되었다. 이 시기는 남북전쟁기였고, 대통령 Lincoln이 지배한 시기이다.

30) Roger B. Taney(1835-1865), Salmon P. Chase(1865-1874), Morrison R. Waite(1874-1888) 등의 대법원장 시기이다. 특히 1871년 Grant 대통령기에는 대통령의 "마음에 드는 사람들로써 대법원이 구성되었다(packed)"고 한다.

31) Corwin은 이 시기의 연방우위의 부정을 극단적으로 보인 판결로서 Dred Scott v. Sandford 19 Howard 393(1857), Kenturky v. Dennison 65 U.S.(24 Howard) 66(1861), Ableman v. Booth 21 Howard 506(1859)의 셋을 들고 있다. Corwin, id., p. 103.

평가된 것이다. 따라서 연방입법부의 권능은 제약하면서 대법원의 역할은 강조된 것이다. 국가의 통치기구의 최고성이라는 것은 실은 이 의미에서 대법원의 최고성으로 되는 것이다.

그러나 이러한 헌법인식은 Melville W. Fuller(1888-1910 재임) 대법원장 시기에 다시 극복되었으며, Edward D. White(1910-1921), William H. Taft(1921-1930) 대법원장 시기를 지난 후, Charles E. Hughes(1930-1941) 대법원장 재임시에는 Roosevelt 대통령의 New Deal 정책관련 입법을 무효화함으로써 행정부의 정책을 저지하기도 하였으며, 이에 Roosevelt 대통령은 대법원의 구성을 자기마음에 드는 사람으로 하려는(packing) 시도를 하기도 하였으나, 실패하였다. Roosevelt의 시도는 1941년에 비로소 성공하여, 과거의 법원(Old Court)을 완전히 자신의 의사에 맞는 사람들로 구성할 수 있게 되었다(New Court). 그러나 비록 Roosevelt 대통령에 의해 대법관 전원이 임명되기는 했어도, 대법원의 분위기는 자유주의적 적극주의자(libertarian activists)들이 지배하였고, 이 시기는 1940년대 말까지 지속되었다.

Ⅲ. 대륙법계 국가—독일 · 프랑스의 경우

18세기부터 19세기의 근대법의 시대에 프랑스, 독일 등의 대륙법계 국가에서는 사법의 의미를 압도적으로 법의 적용의 측면에만 중점을 두고 있었다.

1789년의 프랑스 혁명을 거쳐 성립한 1791년의 헌법은 사법을 법률의 기계적 적용에 엄격히 한정하였다. 즉 사법은 Montesquieu 사상의 강한 영향 하에 입법 · 집행 양권으로부터 기관으로서의 독립적 지위를 부여받아, 「국민에 의하여 정기적으로 선거된 법관에 위임된다」(1791년 헌법 3장 5조)는 것이었지만, 작용으로서는 독립이라고는 말하기 어려운 한정된 것밖에 인정되지 않았다. 사법은 법률의 단순한 적용이라고 이해되고, 더욱이 적용이라 함은 해석을 포함하지 않는 문자 그대로의 기계적인 적용을 의미하였다. Montesquieu의 「법의 정신」에서 「공화정체에 있어서는, 헌법의 성질상 법관은 법의 문자를 준수하여야 한다. 어떠한 시민에 대해서도 그 재산, 명예 또는 생각이 문제될 때, 법을 해석하는 것은 허용되지 않는다」고[32] 하는 사상이 당시의 지배적인 생각이었고, 그것이 법제도에도 구체화된 것이다. Vile은 Montesquieu의 위의 주장에 관하여, 그것이 그 후의 사법의 관념에 대하여 지극히 중요한 의미를 가졌다고 하면서, 다음과 같이 기술하고 있다. 즉, 「영국에서는 중세에 있어서, 법관은 법을 해석하는 것이라는 것을 잘 자각하고 있었다. 또 『해석』을 통하여 법을 형성한다고 하는 것도 때에 따라서 자각하고 있었다. 법관의 법형성의 역할은 17세기에 있어서도 인정되었다. 그러나 Montesquieu는, 법관에 재량의 행사를 허용하는 것은 법관의 개인적 의견으로 인해 법을 불확실한 것으로 하여, 국민이 자기의 의무의 성격을 정확히 알지 못하는 사회에서 생활하게 된다는 위험에 스스로를 드러내는 것이라고 주장한다. 법관은 법의 말을 하는 입에 지나지 않고, 법의 힘 또는 엄정함을 적절히 억제할 수 없는, 단순한 수동적인 존재이지 않으면 안 된다」고 강조하였다.[33]

그러나 이상과 같이 사법을 기계적인 법적용작용에 한정하는 사상이 제도를 지배한 것은, 비교적 짧은 기간에 불과하였다. 법률의 해석을 사법작용으로부터 제외한 입법은 폐지되고, 머지않아 법관은 법률의 해석자로 되고, 나아가 소송관계자에만 그치기는 하지만, 법을 창설할 수 있게 되어, 혁명 당시의 사상은 현저히 붕괴하게 되었

32) Montesquieu, De L'Esprit des Lois, L. XI. Ch. 6.
33) Vile, M. J. C., Constituonalism and the Separation of Power, Oxford, Clarendon Press, 1967, p. 89.

다. 이 전환은, 사회학적 법학과 자유법론의 융성과 함께 크게 진전되었지만,[34] 제3공화국 시대는 법실증주의의 사고방식이 지배적이고, 나아가 사법에 대한 전통적인 불신이 강하게 깔려 있었던 것으로, 프랑스에서는 사법이 입법·행정 양권과 같은 「권력」이 아니었고, 또 미국법에서와 같이 광범위한 법창조기능이 인정되지 않는 것이 일반적이었다.

이와 같이 사법을 법적용작용으로 좁게 이해하는 프랑스적 관념은, 역사적인 경험을 달리 하는 독일, 오스트리아, 이탈리아 등 다른 대륙제국의 모델로 되었다. 예를 들면 독일에서는, Bachof에 의하면, 18세기부터 19세기에 걸쳐, 「법관이 엄밀한 논리적 사고과정에 기초하여 법률의 집행적인 적용에 스스로를 한정하여, 모든 자기의 의사결정을 억제하지 않으면 안 되는 것, 또 법관이 시간을 초월한 정의의 힘에만 구속되며, 자기의 사회적 힘을 보이거나 행사하거나 해서는 안 되는 것은, 법학상의 신앙선언이라 해도 좋았다.」[35]

19세기 후반에 법질서의 무흠결의 도그마가 확실히 극복되면서부터 특히 Bülow, Rümelin, Reichel 등의 저명한 연구를 통하여, 법관은 실제로는 결코 단순한 「법의 말을 하는 입」이 아닌, 즉 법관은 법실증주의가 지배하는 하에 있어서도 항상 적지 않게 법창조에 관여하여 온 것이 명확하게 되었다.[36] 그러나 19세기에 있어서 사법은, 긴 기간 동안 집행권의 영향하에 위치지어져서, C. Rotteck과 같이, 단순한 사고기능이라고 하여 판결에 국가권력의 특성을 인정하지 않는 설이 유력하였다. 그래서 20세기에 이르러서도, 사법은 법적용권능, 보조적 권력이라고 일반적으로 생각되어 왔다.[37] 이것

---

34) E. Ehrlich, F. Geny, H. Gmelin, G. Kiss 등.

35) Bachof, Otto, Grundgesetz und Richtermacht(Tübingen: J.C.B. Mohr, 1959), S. 7.

36) Wassermann, Rudolf, Die Richterliche Gewalt, Heidelberg, C.F. Müller, 1985, S. 4 ff. 참조.

37) Stern, Klaus, Das Staatsrecht der Bundesrepublik Deutschland, Bd. II,

은 독일 입헌군주정의 제 헌법이 권력분립에 관하여 철저하지 못하여, 사법을 입법·집행 양권에 나란한 제 3 의 국가작용으로서 명확하게 자리매김하여 구성하지 않았던 것과도 밀접하게 관련하지만, 위와 같은 사법의 성질에 관한 기본적인 사고방식은, Weimar 헌법(제102조 이하 「사법(Rechtspflege)의 章」 참조)하에서도 본질적으로 변화하고 있지 않다. 확실히 「사법」의 장에는 민사·형사의 통상의 재판만이 아닌, 군사재판소·행정재판소·국사재판소에 관한 규정이 있고, 또 헌법의 자유주의·민주주의적 성격, 법원의 법해석에 관한 유력설과 그에 따른 소수의 판례의 존재 등, 사법을 둘러싼 상황도 크게 변화하였다. 그러나 지배적인 법사상은 여전히 법실증주의이었으며, 사법은 입법자의사를 존중하고 문리에 충실히 법을 해석하여 그것을 구체적 사건에 적용하는 것이 추구되었다.[38]

전후의 기본법에서 비로소 헌법재판권을 포함한 모든 사건·쟁송에 최종적인 심판을 내리는 권력이, 입법·집행 양권과 동격의 국가작용으로서, 새로운 재판권(Die rechtsprechende Gewalt)이라는 이름으로 포괄적으로 이해되어, 법관은 단순한 기능만이 아닌 권력보유자(Macht- od. Gewaltinhaber)로 위치지어지고,[39] 이 사실은 시민들에게 의심 없이 받아들여지게 되었다.[40] 이는 사법이 광범위한 법창조·정책형성의 기능을 영위하게 되었다는 것과, 특히 판결이 법률적 효력을 갖기에 이른 헌법재판권이 「권력성」을 갖게 되었음을 의미하는 것이었다.

München, C. H. Beck, 1984, S. 890.

38) Kommers, Donald, Judicial Politics in West Germany: A Study of Federal Constitutional Court, Beverly Hills, Sage, 1976, pp. 35-45 참조.

39) 이 점에 관한 상세히는, Bettermann, Karl August, Die rechtsprechende Gewalt, in HbdStR, Bd. Ⅲ, Heidelberg, C. F. Müller, 1988, Rdnr. 1(S. 776) ff. 참조.

40) A.a.O.

제 3 장

외국에서의 법과 정치—독일과 일본의 경우

Ⅰ. 독일의 사례—통일정책과 법치주의

2차 대전 이후 독일기본법은 사법권을 재구성하여 사법의 장에서 헌법재판소를 설치하였고, 이후 헌법재판소는 적극적으로 그 권한을 행사하여 많은 정치적 문제에 관하여 판결하여 왔다. 이에 대하여 연방헌법재판소의 정치적 역할에 관하여 정치인들과 헌법재판소 재판관, 그리고 학자들 사이에 많은 논쟁이 전개되었던바, Tutzing논쟁은[1] 그 대표적인 예이다.

전후의 독일에서는 통일의 문제가 가장 중대한 정치적 문제이

1) 1978년 10월 1일, Tutzing에서 열린 Die Evangelischen Akademie에서 당시 서독의 정치지도자들(연방대통령 W. Scheel, 연방의회의장 K. Carstens(CDU), 연방수상 H. Schmidt(SPD), 연방헌법재판소 E. Benda(CDU))이 모두 모인 자리에서 독일민주주의에 대한 논의가 있었다. 여기서 연방수상인 Schmidt는 연방헌법재판소를 포함하는 모든 헌법기관이 취해야 할 〈자기제한의 필요성〉을 언급하고, 모든 국가기관이 그의 권한을 한계선상에까지 행사할 수는 없으며, 헌법재판소는 그에 관한 입장을 명확히 하여야 한다고 하였다. 이에 반대당 소속의 연방헌법재판소장 E. Benda는, 분개하여 주장하기를, 헌법재판관은 누구에 의해서도 교정될 수 없고, 교정할 것이 아무 것도 없도록 행동한다고 하고, 수상의 주장이 헌법적으로 유지될 수 없는 것이라고 반박하였다. 이 논쟁은 3시간가량 지속되었으나, 결론이 내려지지 않았고, 이후에도 헌법재판소는 그 권한을 최대한 행사하여 다른 헌법기관의 권한에 간여하였다. R. Lamprecht/W. Malanovski, Richter machen Politik, Frankfurt am Main, Fischer, 1979, S. 9 참조.

었던바, 통일문제에 관한 연방헌법재판소의 판결에 대한 검토는 독일에서의 법과 정치의 문제에 대한 좋은 사례로 검토될 수 있다.

1. 서 언

한 국가의 통일의 문제는 국가의 성립을 위한 필수조건의 하나인 영토의 변경을 초래하는 것이고, 이것은 주권자인 국민의 정치적 판단을 필요로 하는 사항이기 때문에 매우 중요한 헌법적 문제를 야기한다. 따라서 독립별개국가의 연합이든 분단국가의 통일이든 하나의 국가로 되는 과정은 법률적인 규율대상이 아니라 헌법적 규율의 대상이 되는 것이다. 특히 분단국가의 통일의 문제는 각 분단국가들의 지상의 명제로 되어 있고, 이에 대해서 여러 가지 헌법상의 규정을 두고 있는 것도 그 때문이다. 그러나 통일문제는 새로운 정치적인 형성을 요하는 문제이기 때문에 헌법에서 구체적인 사항에 이르기까지 규정하기는 매우 어려운 문제이다. 장래에 전개될 새로운 정치적 사태에 대하여 헌법이 구체적으로 미리 예상하는 것은 불가능하고 또 어떤 측면에서는 무의미하기 때문이다. 그러나 장차 수행될 통일정책의 기조나 기본원리 등은 헌법제정권력자가 근본적인 정치적 결단으로써 미리 규정할 수 있을 것이다.

문제는 그러한 헌법상의 규정들이 어느 정도의 실효성을 갖고 한 국가의 통일정책을 규범적으로 규율할 수 있는가 하는 점이다. 이것은 단순히 헌법상의 규정에서 논리적으로 귀결하는 문제는 아니며, 우선적으로는 해당국가의 국민들의 정치적, 사회적, 헌법적 의식수준의 문제라 하겠다.

이와 함께 국가기관에 의해 통일정책이 수행되는 경우 그러한 정책이 헌법이 정하고 있는 규범내용과 어느 정도 합치하는가에 대한 심사가능성을 헌법자체에서 개방해 놓을 필요가 있다. 통일정책이 특정집단의 정치권력유지의 수단이나 경제적 이익을 획득하는 수단으로만 이용된다면, 그것은 전체국민의 의사와 상치될 수 있고, 중대한 헌법침해를 야기할 수 있는 것이다. 따라서 통일정책의 합헌성 여부를 심사하는 것은 헌법의 보장 차원의 문제일 뿐만 아니라 헌법의 수호자에게 주어진 중대한 과제이다. 특히 헌법의 수호자의 하나로서의 헌법재판소에 의한 합헌성의 심사는 통일정책이 헌법에 적합하게 수행되게 하는 데에 어떤 다른 수단보다도 효과적이라 하겠다.

여기서는 국가중요정책의 하나로서의 통일정책에 대한 합헌성의 심사와 관련하여 특히 40여 년간의 분단상황을 극복하고 지난 1990년 10월 3일 통일을 달성한 독일의 예를 참고로 하여, 통일 전의 서독연방헌법재판소가 독일통일의 문제에 관하여 그때그때의 역사적 상황하에서 어떠한 입장을 취했으며, 그로 인해 독일통일문제는 어떠한 영향을 받았는가를 살펴봄으로써 현재 지구상에서 몇 안 되는 분단국가로 남아 있는 우리나라의 통일문제에 조금이나마 보탬이 되고자 한다.

여기서는 독일이 제 2 차대전의 패전국으로서 연합국에 의하여 분단이 되는 때로부터 1990년 10월의 동서독 통일을 거쳐 1992년 현재까지를 시간적 범위로 한 것이다. 그리고 독일의 통일이 서독을 중심으로 흡수통합의 형식으로 이루어졌기 때문에 구 서독을 중심으로 하여 살펴본다. 물론 연구의 범위를 위 시간대의 통일과 관련한 모든 정치적 사건으로 하지 아니하고, 통일정책과 관련하여 의미를 갖는 중요한 정치적 사건들 중에서 헌법적으로 문제되어 서독연방헌법재판소에 제소된 사건들만을 중심으로 살펴본다. 이것은 뒤에서 보는 바와 같이 서독의 통일정책의 각 과정이 그만큼 선명한 정책적 차이점을 가지고 있고 각 시대마다 그 시대의 통일정책을 대표할 수 있는 정치적 사건들에 대하여 연방헌법재판소에 의해 그 적헌성이 심사되었기 때문에 이에 대한 연구는 곧 서독의 통일정책의 특성을 연구하는 것과 동일한 것으로 될 수 있기 때문이다.

2. 기본법의 통일조항과 독일통일과정의 시대구분

1) 기본법[2)]의 통일조항

서독 기본법에서는 독일통일의 문제에 관하여 전문의 재통일규정과 제23조와 제146조를 두어 장래의 통일에 대비하고 있었다. 먼저 전문에서는 기본법의 의결이 참여를 거부당하고 있는 독일인들을 대신하여 독일국민에 의해 행해졌음을 밝히고 모든 독일국민에게 자유로운 자기결정에 따라 독일의 통일과 자유를 성취할 것이 요청된다고 하고 있다. 다음으로 기본법 제23조는 「이 기본법은 바덴, 바이에른 … 의 제 주의 영역에서 적용된다. 독일의 다른 부분은 그 가입(Beitritt) 후에 효력을 발행한다」고 하여, 서독이 영토적으로 불완전하게 성립하고 있음을 밝히고, 이전의 독일영역에서 서독에 속하지 않는 부분에 대한 재통일요구(Wiedervereinigungsgebot)를 담고 있다.[3)] 그리고 이 조항은 서독연방에의 가입을 가입자의 자유의사에

---

2) 1945년 5월 8일 베를린에서의 독일의 무조건항복 이후 동 6월 5일 4개 전승국에 의해 독일 통치권이 접수되고 동 8월 2일 포츠담에서 전후처리의 근간이 되는 포츠담협정을 체결하였다. 이 협정은 전후독일의 지위를 결정하는 가장 기본적인 법적 문서이었다. 이 문서에 의하여 독일은 동서독으로 분단되게 되었다. 서독에서는 1946년 말 3개 주(Bayern, Hessen, Baden-Würtemberg)에서 각주의 헌법이 제정되었다. 이 3개 주의 주지사들은 분단을 영구화하는 것을 우려하여 제헌의회(Verfassungsgebende Versammlung) 대신에 의회평의회(Parlamentarischer Rat)를, 헌법(Verfassung) 대신에 기본법(Grundgesetz)이라는 용어를 써서 이 기본법의 잠정성(Provisirium)과 국가재통일(Wiedervereinigung)의 의지를 명시하였다. 1948년 Herrenchiemsee에서 헌법초안이 작성되고 1949년 5월 8일 통과되어 1949년 5월 23일 공포되었다. 이어서 1958년 5월 5일까지 기본법과 함께 시행하기로 되어 있었던 연합국의 점령조례를 1952년의 Bonn협정과 1954년의 Paris의정서를 통해 폐기시킴으로써 서방 3개국에 의한 독일점령체제가 종료되고 서독의 주권이 회복되었다. 법제처, 독일통일관계법연구, 법제자료 제156집, 1991. 14면 이하 참조.

3) Leibholz-Linck, GG Kommentar, Art. 23, Rn. 11. 이 규정에 의하여 1956년 12월 자아르란트(Saarland)가 편입되었다.

맡김으로써 연방에의 가입의 문호를 법적으로 개방하여 평화적 통일에의 길을 열어 두고 있다.[4] 다음으로 기본법 제146조는 「이 기본법은 독일국민이 자유로운 결정으로 의결한 헌법이 효력을 발생하는 날에 그 효력을 상실한다」고 하여, 독일국민의 자유로운 결정으로 의결된 헌법이 효력을 발생하기까지 기본법이 충분히 효력을 가지고 있다고 하고 있다.[5] 이 규정은 동서 양 독일이 해체되어 새로운 하나의 국가가 수립되고, 이 국가의 헌법을 독일 국민전체가 민족자결에 따라 새로이 정하는 방법에 따른 통일방법이며 기본법전문에 따른 방법이기도 하다.

1989년 Berlin장벽의 붕괴 후 논의된 독일통일의 방법들은 위의 두 규정을 포함하여 새로운 방법이 논의되었다. 즉 양 독일이 각각의 주권을 독자적으로 지니는 동시에 연방을 구성하여 통일을 하는 방안이었다.[6] 이 방안은 점진적인 통일방안이었으나 채택되지 못했다.

어쨌든 동서독은 기본법 제23조의 가입이라는 방법으로 갑작스럽게 통일이 달성되었지만, 그렇게 되기까지에는 많은 대내외적인 여건의 변화와 성숙이 요구되었고, 동서독 양국 특히 서독의 통일에 대한 노력이 오래 전부터 꾸준히 지속되어 온 결과이었다고 할 수 있다.

2) 독일통일과정의 시대구분

독일 통일의 과정은 크게 나누어 편의상 세 가지 단계로 나누어 볼 수 있다. 그 첫째 단계는, 독일이 2차대전에서 패퇴하여 연합국에 의하여 동서독의 양국으로 분단된 시기에서부터[7] 1969년 Brandt

4) Ch. Degenart, Verfassungsfragen der deutschen Einheit, DVBl. 1990. 9. 15., S. 974 ff.

5) BVerfGE, 5, 128.

6) 1989년 11월 17일 동독의 Modrow 수상이 제안했던 조약공동체론이나 1989년 11월 28일 서독의 Kohl 수상이 제안했던 연방구성 10개항계획도 이에 속한다. 이에 대해서는 장명봉, 독일통일에 관한 서설적 연구—법적 측면에서—, 법제연구원, 법제연구 창간호(1991), 165면 이하 참조.

7) 독일에 대한 전후처리의 문제에 관해서는 외교연구원, 통일문제연구 제 2 집,

수상에 의하여 Hallstein원칙이 수정되기까지이며, 둘째 단계는, 1969년 Brandt의 동방정책이 시작되어 동서독기본조약의 체결을 거쳐 양독간의 교류협력이 증대되어 1989년 11월 9일, Berlin장벽이 무너지기까지의 시기, 셋째 단계는, Berlin장벽 붕괴 후 1990년 10월 3일의 흡수통일을 거쳐 통일이 완성된 단계까지의 시기로 나누는 것이다. 이 세 단계는 각 단계마다 독일 외적인 변화와 맞물려 있으며, 서독정부의 통일정책의 특징을 잘 보여주는 헌법재판소의 판결들이 있는데, 이하에서는 각 판결을 중심으로 하여 이 판결들이 그때그때의 통일에 관한 헌법적 상황들을 어떠한 법적 논리로써 변화하는 현실에 대응하여 서독기본법의 논리와 합치시켰으며, 헌법재판소가 정부의 통일정책에 관하여 어떠한 태도를 가졌는가를 중심으로 하여 연구를 진행하고자 한다.

3. 제 1 기: SRP 및 KPD 해산판결

1) 역사적 배경

기본법 제정 이후 서독은 초대수상인 Adenauer(1949-1963)에 의해 냉전의 기수로써 힘의 우위를 통한 통일정책을 강조하면서 정부차원의 실질적 교류를 부인하고 Hallstein원칙에[8] 따라 반공이념을 분명히 하였다. 동서독간의 적대적 대결을 통해 동서독 모두 어느 한 체제에 의한 다른 체제의 흡수, 합병을 강요하면서 서독의 경우 UN하에서의 자유선거, 전 독일에 대한 단독대표권주장, Oder-Neide강 국경 불인정, 동독의 불승인 등이 내세워졌고,[9] Adenauer

11-29면 참조.

8) Hallstein 원칙(Hallstein Doktrin)은 1955년 9월 당시 서독의 외무차관이던 Walter Hallstein이 선언한 것으로, 서독만이 독일의 대표권을 갖는 유일한 합법정부이므로 다른 나라가 동독을 승인하는 것을 서독에 적대적인 행위로 보고 그 나라와 외교관계를 단절하겠다는 내용의 원칙이다.

9) 이장희, 서독의 통일정책의 법적 기초(1), 법률신문 1990. 5. 3. 참조.

의 뒤를 이은 Erhard(1963-1966), Kiesinger(1966-1969) 수상들에게서도, 약간의 변화가 있기는 했지만, 그대로 이어졌다. 이 시기에는 서방세계에서의 서독의 고립을 피하기 위하여 헌법에 표방된 자유민주주의의 원리가 철저히 구현된 친서방정책이 수립된 시기이었다. 이러한 정책들은 기본법 상의 예방적 혹은 진압적 헌법보호(Der präventive oder repressive Verfassungsschutz)의 수단, 즉 기본권의 실효, 정당의 금지 등에 의해 뒷받침되었고, 하위법률인 형법의 규정에서도 내란죄(Hochverrat)와 국가를 위태롭게 하는 죄(Staatsgefährdung), 헌법반역죄(Verfassungsverrat), 정당금지의 침해죄(Verstoß gegen Parteiverbot), 주반역죄(Landesverrat) 등이 규정되어 있었다.[10] 이러한 기본법 및 정치적 형법상의 규정들에 의한 헌법의 보호는 '투쟁적 민주주의(die streitbare Demokratie)'로 특징지어졌으며,[11] 이 규정들에 의하여 1952년에 SRP(Sozialistische Reichspartei)가, 1956년에는 KPD(Kommunistische Partei Deutschlands)가 해산되었던 것이다.

2) SRP 해산판결(BVerfG 1952. 10. 23. Urt. BVerfGE 2, 1)

(1) 사실의 개요

2차대전 이후 독일에서는 SRP(Sozialistische Reichspartei)가 결성되어, 나치스의 후계정당으로 활동하였다. 연방정부는 공산주의자에 대한 최초의 행정처분으로, 1950년 9월 19일 SRP를 포함하여 13개 조직에 참여하고 있는 사람들을 공직에서 추방하기로 결정하였다. 연방의 관리직원, 노동자 등 공적 직무를 수행하는 자들의 민주적 기본질서에 반하는 정치적 행위에 대한 결정을 내렸던 것이

10) Das I. Strafrechtsänderungsgesetz vom 30. August 1951(BGBI. I. S. 739), §§ 80-100, §§ 128-129a. 이와 함께 연방헌법재판소법에서도 관련규정이 있었다. BVerfGG vom 12. März 1951(BGBl. I. S. 243), § 42, § 46, § 47 등.

11) K. Hesse, Grundzüge des Verfassungsrecht der BRD, 20 Aufl., 2001, Rn. 694. 714.

다.[12] 그러나 SRP는 계속하여 각 주마다 기관지를 발행하고 연방정부의 정책에 반대하는 입장에 있었으므로, 연방정부는 SRP에 대하여 1951년 11월 19일 연방헌법재판소에 기본법 제21조 2항에 따라 위헌정당해산을 제소하였다. 헌법재판소에 제소한 시기는 1951년의 형법개정법률이 발효한 지 3개월이 채 되지 않은 시기이었다.

(2) 판결내용

연방헌법재판소는 판결주문에서 ① SRP가 위헌이며, ② 해산되고, ③ 대체조직을 만들거나 현존조직을 계속하는 것은 금지되며, ④ SRP의 공천으로 의원이 된 자 혹은 판결공고시까지 SRP에 속한 의원은 연방의회 및 주의회 임기는 대체 없이 중지되며, ⑤ SRP의 재산은 몰수된다고 하였다. 이와 함께 연방헌법재판소는 정당해산의 원인으로서의 자유민주적 기본질서의 내용에 관하여 상세히 기술하였다.[13]

3) KPD 해산판결(BVerfG 1956. 8. 17. Urt. BVerfGE 5, 85)

(1) 사실의 개요

1945년 재건된 독일공산당(Kommunistische Partei Deutschlands)은 마르크스주의를 이론적 기초로 하는 노동자계급의 전위정당으로서 49년부터 제군비반대와 평화조약체결 및 독일재통일의 요구를 내걸고 활발히 활동하였다. 당시 KPD는 1949년 8월의 연방의회선거에서 선출된 15명의 의원을 갖고 강령과 규약을 지닌 정당이었다. 그러나 서방점령당국은 48년 및 50년에 KPD의 제 기관지의 금지를 명했고, Adenauer를 수상으로 하는 서독연방정부도 1950년

12) Beschluß der Bundesregierung vom 19. 9. 1950(GMBI. S. 93) mit Erlaß des Bundesinnenministers vom gleichen Tage(GMBI. S. 93/4).

13) BVerfGE 2, 12 ff.(13): 기본법에 구체화되어 있는 기본적 인권, 특히 생명과 그 자유로운 발현을 위한 인격권의 존중, 국민주권주의, 권력분립, 정부의 책임성, 행정의 합법률성, 사법권의 독립, 복수정당원칙과 합헌적인 야당의 결성과 행동권을 가진 모든 정당의 기회균등 등이다.

9월 19일의 정부결정에 따라 KPD는 자유민주적 기본질서를 파괴하는 조직이므로 연방관청의 관리, 직원 또는 노동자가 KPD에 속해 있는 것은 국가에 대한 충성의무와 일치하지 않는다고 선언하고, 51년 4월 24일의 결정에서는 재군비반대의 국민투표운동이 KPD가 지지하는 계획적 행동이어서 연방의 헌법질서에 대한 적극적인 반항이라는 뜻을 확인하였다. 연방정부는 이른바 좌익정당의 추방정책을 결심한 것이다.

이에 따라 연방정부는 51년 11월 22일 연방헌법재판소에 제소하여 KPD가 '그 목적 또는 그 당원의 태도에 의해 자유민주적 기본질서를 침해하거나 폐지하며, 또는 독일연방공화국의 존립을 위태롭게 하는 정당은 위헌이다'고 정한 기본법 제21조 2항의 의미에 따라 위헌이라는 취지의 확인을 구하였다. 이 제소는 SRP에 대한 제소가 있은 후 3일 만에 제기된 것이다.

(2) 판결내용

연방헌법재판소는 판결주문에서 ① KPD가 위헌이며, ② 해산되고, ③ 대체조직을 만들거나 현존조직을 계속하는 것은 금지되며, ④ KPD의 재산은 몰수된다고 하였다.

연방헌법재판소는 다음과 같이 판결 이유를 제시하였다.

첫째, 기본법의 전문은 정치적 및 법적 의미를 가지며, 모든 국가기관은 독일통일을 위하여 노력할 법적 의무를 가지고, 그 처분을 이러한 목적에 두어야 하며, 재통일을 법적으로 방해하거나 사실상 불가능하게 하는 모든 것은 중지되어야 한다.

둘째, 연방정부가 모든 상황을 고려하여 헌법적 보호의 요청에 따라 BVerfGG 제43조에 따른 제소를 하거나 이를 유예할 것인가의 여부는 정치적 재량의 문제이다.

셋째, KPD의 금지는 전독일통일의 선거의 경우에 있어서 공산당의 재인정을 당연히 부인하는 것은 아니다.

넷째, 기본법 제21조 2항은 직접적으로 적용할 수 있는 법이다.

다섯째, 자유민주적 기본질서의 최고원리를 승인하지 않는다는 것만으로 곧 위헌이 되지는 않으며, 현존질서에 대한 적극적인 투쟁적 공격적 태도가 부가되지 않으면 안 된다.

여섯째, 기본법 제21조 1항은 형법 제81조처럼 구체적인 착수를 요구하지 않는다. 그것은 당의 정치적 방침이 원칙적이고 지속적인 경향을 가지고 자유민주적 기본질서와 투쟁하려는 의도에 의해 결정되면 충분하다.

일곱째, 기본법 제5조 3항에 의해 보호되는 학문적 이론과 제21조 2항에서 말하는 정치적 목적사이의 한계는, 숙고하여 얻어진 인식이 정당에 의해 그 자신의 의사로 채택되고 그 자신의 정치적 행동의 동기로 되는 데에 있다.

여덟째, 정당은 그것이 모든 자유로운 민주적 기본질서일반을 손쉽게 배제하기 위한 과도기로서 이용하기 위하여 독일에서의 현재의 그것과는 다른 자유로운 민주주의의 사회적 정치적 각인을 추구할 때는 이미 위헌이며, 이러한 배제는 재통일과 관련하여 혹은 재통일이후에 비로소 행해져야 할 것이다.

아홉째, 정당을 기본법 제21조 2항의 의미에서 위헌으로 하는 견해에는 어떤 경우든 정당을 실현하려고 생각하는 것뿐만 아니라 상황이 유리할 때에만 정당을 구체화하려고 하는 것까지도 포함된다.

열째, 기본법상 저항권은 다음과 같은 요건하에서 실현될 수 있다. 즉 저항권은 보전적인 의미에서, 즉 긴급권으로서 법질서의 유지나 재건을 위해서만 사용될 수 있다. 저항으로 투쟁대상이 되는 불법은 명백하여야 한다. 법질서에 의해 규정된 모든 법적 수단이 실효성 있는 구제의 가능성을 제공하지 못하고 저항의 실행이 법의 유지나 재건을 위하여 마지막으로 남아 있는 수단이어야 한다.

위와 같은 여러 이유에서 KPD는 그 목적과 태도에 있어서 위헌성을 가지기 때문에 해산되었던 것이다.

4) 검 토

1952년의 SRP해산판결과 1956년의 KPD해산판결은 냉전체제하에서 서방진영의 이데올로기를 고수하고 Adenauer의 친서방정책을 강화하는 데에 큰 힘이 되었던 것은 사실이다. 위 판결의 내용에서도 상세히 나타나고 있는 것과 같이 자유민주적 기본질서를 수호하기 위하여서는 동질서를 파괴하려는 정치집단에 대해서는 이를 허용하지 않는다고 하여 방어적 내지 투쟁적 민주주의의 논리가 확립된 것이다.[14] 그리고 연방헌법재판소는 이러한 정당의 금지가 기본법에 의해 시간적으로 그리고 물적으로 지배되는 영역에 대해서만 타당하다고 하여[15] 기본법 제21조 2항과 제146조 사이의 긴장관계를 해소하였다.

이 판결들을 포함하여 1950년대의 공산주의자 및 공산주의정당에 대한 정치적 탄압은 정치적 목적을 달성하기 위하여 사법적 수단을 사용하는 정치적 사법으로서의 성격을 가졌던 것으로 평가되었다.[16] 1951년 개정형법의[17] 규정과 함께 강화되었던 공산주의자에 대한 정치적 탄압에 대하여 그 재판과정에서,[18] 그리고 국제사면위원회에서[19] 기본법 제21조 2항의 적용을 엄격하게 할 것을 요청하였고, 50년대 말과 60년대에 들어와서는 정치적 사법에 대한 공개적이고 활발한 논의에 이르게 되었다.[20]

---

14) BVerfGE 5, 139.
15) BVerfGE 5, 131.
16) Alexander von Brünneck. Poltische Justiz gegen Kommunisten in der BRD 1949-1968, SV, Frankfurt am Main, 1978, S. 11.
17) 앞의 주 9)의 법률.
18) A. v. Brünneck. a.a.O., S. 313.
19) A. v. Brünneck. a.a.O., S. 314, S. 320 ff. 전술 참조.
20) 물론 이러한 논의는 당시의 국제 및 국내의 정치적 상황과 무관하지 않은 것이었다. 즉 1960년대에 들어와서 미·소간의 핵무기의 경쟁과 균형은 동·서간

이에 따라 1962년의 형법전 개정초안이 마련되었으나 개정되지 못하였고, 1968년 6월 25일 제 8차 형법개정법률에서 비로소 여러 문제점들이 개정되어 1968년 8월 1일 효력을 발생하게 되었다.[21] 그리고 동년 6월 28일 연방의회는 그때까지 정치적 형법에 의해 공산주의의 탄압에 관련되었던 사람들에 대한 사면을 결정하였다.[22] 아울러 독일공산당에 대한 재허용문제도 논의되었는데,[23] 1968년 9월 26일 Kurt Bachmann에 의하여 DKP(Deutsche Kommunistische Partei)라는 이름으로 독일공산당이 재건되었다.

결론적으로 공산주의에 대한 탄압의 형태로서 SRP 및 KPD에 대한 해산판결을 포함하는 정치적 사법은 서독의 자유민주주의의 이데올로기 형성에 지대한 역할을 하였고, 반공산주의 정착에 크게 기여하였으며, 객관적으로 정치적 인식의 형성을 위한 기능을 행할 수 있었던 것이다.[24]

의 평화공존을 강요하게 되었고, 따라서 2차대전 이후 형성된 국제정치의 현상이 변화되는 것을 단념하게 하였다. 1961년의 베를린장벽 설치의 결과는 중유럽에서 소련의 현상유지를 확고히 하였고, 1962년의 쿠바위기의 결과는 서방의 세계정치적 위치를 확고히 했다고 보는 것이다. 미국과 프랑스는 유럽의 긴장완화정책을 구상하여 소련과의 접근을 시도하고 있었고, 소련은 이를 서독의 고립을 위한 기회로 이용하고자 하였다. 이러한 정치적 상황하에서 서독은 Erhard 수상정부(1963~66)에 의해 루마니아('63), 헝가리('63), 불가리아('64), 체코슬로바키아('67) 등과 무역대표부를 설치하는 협정을 체결하였고, Kiesinger 수상 정부는 1967년 루마니아와 외교관계를 수립함으로써 Hallstein Doktrin을 사실상 폐기하였다. 이영기, 빌리 브란트의 동방정책, 형성사, 1990. 33면 이하 참조

21) BGBI. I, S. 741.

22) Gesetz über Straffreiheit vom 9. Juli 1968, BGBl. I, S. 773.

23) K. Adenauer, Spiegel 1966, Heft 36, S. 14: W. Brandt, Die Welt vom 11. 11. 1967, S. 1: H.D. Genscher, NJW 1967. S. 1647 등에서 모두 공산당의 재허용을 강조하고 있다.

24) A. v. Brünneck. a.a.O., S. 342 ff.

4. 제 2 기: 동서독 기본조약판결

1) 역사적 배경

1969년 20년 만에 집권한 사민당의 Willy Brandt 수상은 그 시정연설에서부터 '1민족 1국가론'을 역설하고, 서독의 단독대표권을 철회하며, 무력포기정책을 천명하고, 동독과 협상 및 무역의 확대를 제안하였다.[25] 바야흐로 Brandt의 동방정책이 시작된 것이다. 대외적으로는 동·서양진영간의 데탕트정책이 진행되어 미국과 중공 및 소련등의 냉전체제가 현저히 화해무드로 접어들고 있었고, 대내적으로는 동방정책과 대동독정책에 있어서 강경자세를 가졌던 기민당이 연정에서 물러나고 사민당과 자민당이 연정을 구성함으로써 Brandt 수상/Scheel 외상의 체제가 되어 동방정책과 대동독정책을 적극적으로 추진하는 계기가 되었던 것이다.[26]

Brandt는 본격적인 통일정책의 추진을 위하여 우선 주변국가의 우려와 견제를 불식시키고,[27] 양독간의 우편, 전신전화, 통행, 교통 등에 관한 조약을 체결하여 통독에의 실질인 기틀을 다져나갔다. 1972년 12월 21일 역사적인 동·서독간의 기본조약(Vertrag über die Grundlagen der Beziehungen zwischen der BRD und DDR: 약칭 기본조약(Grundvertrag))이 체결되어 다음해인 1973년 6월 21일 발효하였다. 1973년 9월의 UN총회에서는 동·서 양 독일이 동시에 UN에 가입하였고, 1973년 이래 헬싱키, 제네바 등에서 개최된 유럽안보협력회의(CSCE)에 동서독이 참여하여 독일통일의 제 원칙을 확립하게 되었다(헬싱키원칙: 1975. 8.).[28] 이와 같은 국제적인 협력

---

25) 이장희, 서독의 통일정책의 법적 기초(1), 법률신문 1990. 5. 3.: 국토통일원, 동서독 관계발전에 관한 보고 및 문서(동서독관계자료 II), 77면 이하 참조.

26) 이영기, 앞의 책, 33-39면 참조.

27) 독·소불가침조약(모스크바조약: 1970. 1.), 독·폴란드불가침조약(바르샤바조약: 1970. 12.), 미소영불 4대국 베를린협정(1971. 9.) 프라하조약(1973. 12.) 등.

28) 이 헬싱키원칙은 제 1 부에서 국경의 불가침과 자결권의 인정을 포함하여 10

속에서 양 독일은 서로 상주대표부를 설치하고(1974. 3.), 이후 1989년 11월 9일 베를린 장벽이 무너지기까지 보건, 체육, 우편전화, 자유통행, 경제, 문화, 환경 등 제 분야에 관한 협정을 체결하여 상호교류와 협력을 계속하게 된 것이다.[29]

2) 기본조약에 관한 판결(BVerfG 1973. 7. 31. Urt. BVerfGE 36, 1)

(1) 사실의 개요

동·서 양독일은 오랜 협상을 거친 후 1972년 11월 8일 Bonn에서 전문 및 10개 조의 기본조약에 가조인하고 동년 12월 21일 정식으로 조인하였다.[30] 이에 대해 서독의 연방참의원에서 이를 의결하여 법률로 확정하였다.[31] 이 법률에 대하여 Bayern 주정부는 곧바로 연방헌법재판소에 조약의 합헌성여부에 대한 심사를 신청하고, 동의법률의 부서와 공포를 정지하는 가처분신청을 하였으나, 1973년 6월 4일 연방헌법재판소는 이를 기각하였고,[32] 다시 조약의 비준서 교환을 본안판결이 있을 때까지 중지시켜 달라는 가처분신청을 제출하였으나, 연방헌법재판소는 동년 6월 18일 이를 기각하였다.[33] 그리고 동조약은 동년 6월 20일에 발효하였다.

Bayern 주정부의 제소이유는 다음과 같다.[34]

첫째, 기본법의 전문은 독일의 민족적 및 국가적 단일성을 유지하여야 한다고 표현하고 전독일국민은 자유로운 자결권을 통하여 독

개항의 지도원칙을 정함으로써 독일통일의 길을 열고 있으며, 제 3 부에서 인적교류에 관한 원칙을 둠으로써 사회주의체제의 기반을 흔들어 놓을 우려가 있었다.

29) 이들 협정에 관해서는 이장희, 동서독 통행협정에 관한 연구, 통일문제연구, 통일원, 제 2 권 1호(1990); 통일원, 동서독간의 통행·통신·통상에 관한 연구, 1990; 신용철, 독일통일과 문화 및 교육의 교류, 통일문제연구, 통일원, 제 2 권 4호(1990); 법제처, 앞의 책, 45-53면 등 참조.

30) 동 조약의 내용에 대해서는 김철수, 현대헌법론, 박영사, 1979, 56-57면 참조.

31) 기본조약의 동의법률의 제정결과에 대해서는 김철수, 앞의 책, 30-32면 참조.

32) BVerfGE 35, 193.

33) BVerfGE 35, 257.

34) 자세한 내용은 김철수, 앞의 책, 32면 이하 참조.

일의 단일성과 자유를 완성하도록 요청되고 있다고 함으로써 독일국민의 의사를 표현하고 있다. 독일의 국가적 단일성은 독일연방공화국이 독일제국(Deutsches Reich)의 계승국가라는 데에 근거한다. 그리고 독일제국은 1945년의 패전에 의하여 몰락한 것이 아니며, 독일연방공화국은 이와 동일하다.

둘째, 이 조약은 독일제국이나 전체독일에 관한 언급이 없기 때문에 독일제국의 몰락이나 불계속에서 출발하였다고 볼 것이고, 또 동 조약 제14조에서 서독의 단독대표권을 포기하여 두개의 주권국가를 인정하고 있는 데서 출발하므로 기본법 전문에 표현된 헌법제정자의 의사에 합치하지 않는다.

셋째, 이와 같은 독일국가의 계속성의 부인과 기본조약 제 4 조의 전체독일을 위한 행위의 금지는 기본법에 합치되지 아니한다.

(2) 판결내용

연방헌법재판소는 Bayern 주정부의 제소에 대하여 먼저 기본조약이 동의법률의 형태로 의회의 통제를 요구하는 것임을 인정하고, 사법자제원칙의 목적과 기본법상의 재통일요구의 의미를 설시한 후, 동 조약에서 나타내고 있는 양독의 국가적 지위에 관하여 언급하고 있다.

첫째로, 기본법은 1945년 패전 이후 독일제국이 계속 존속하며,[35] 독일연방공화국은 이 독일제국과 동일하고, 따라서 독일민주공화국은 독일제국에 속하며, 독일연방공화국과의 관계에 있어서 외국으로 간주될 수 없고,[36]

둘째, 기본법이 독일연방공화국의 단독대표권에 대하여 법적으로 근거지우고 있는가에 대하여 헌법재판소에서 심사하고 결정할 하등의 계기가 존재하지 않으며,

35) BVerfGE 2, 266(277): 3, 288(319 f.): 5, 85(126): 6, 309(336, 363).
36) BVerfGE 11, 150(158): 18, 353(354).

셋째, 독일민주공화국은 국제법상의 주체이지만, 독일연방공화국이 긴장완화정책의 수행과정에서 독일민주공화국과 조약을 체결하였다고 하여 독일민주공화국을 법적으로 승인한 것은 아니고, 단지 특별한 성격의 사실상의 승인으로 이해되어야 하고,

넷째, 이 조약은 그 형식에 따라서는 국제법적 조약이며, 그 특수한 내용에 따라서는 무엇보다도 국가자체의 내부관계를 규율하는 조약이며,

다섯째, 이 조약은 독일연방공화국이 기본법에서 요청하고 있는 재통일정책을 추진할 법적 권원(Rechtstitel)을 상실케 하는 것은 아니며, 오히려 연방정부가 독일민족의 국가적 단일성을 재조직할 수 있는 모든 가능성을 추구하는 것을 배제하지 않고, 따라서 위 조약은 독일민족을 하나의 국가로 재통일하는 것을 실현시키는 방향으로 나아가는 제일보이다.

3) 검 토

위에서 나타난 연방헌법재판소의 견해는 독일의 법적 지위에 관하여 계속설을 채택하고 있다.[37] 이 경우에도 동일설을 채택하되 완전동일설이 아닌 부분동일설을 취하고 있다.[38] 그리고 동·서독간의 관계를 전체국가 내의 두개의 국가로 봄으로써 지붕이론(Dachtheorie)에 입각하고 있는 것으로 보인다.[39] 이러한 연방헌법재판소의 판결은 그 때까지 논의되어 온 독일의 법적 지위에 관한 논의에

37) 당시까지의 동서독의 법적 지위에 관한 논의는 첫째로, 독일제국과의 관계에서 계속설, 불계속설이 주장되었고, 둘째로, 국제법주체의 수에 따라 1국가설, 2국가설, 3국가설(지붕설)로 나뉘어 있었다. 계속설은 다시 부분국가설, 동일설, 분리설 등으로 나뉘고, 2국가설은 등가설, 분리설, 핵심국가설로 나뉘었으며, 3국가설은 부진정한 국가연합설, 국가연합설로 나뉘어 있었다. 상세한 내용은 김철수, 앞의 책, 21-25면 참조.

38) Martin Kriele, Einführung in die Staatslehre, RTVG., Hamburg, 1975. 국순옥 역, 헌법학입문, 종로서적, 1983, 79면.

39) 김철수, 앞의 책, 37면.

종지부를 찍는 것처럼 보였으나, 명확성이 결여되어 있어서 이론상의 흥미를 가중하였다. 즉 연방헌법재판소는 과거로부터 내려오는 동일설에 근거한 판례를 변경할 수 없어서 동일설과 부분동일설 그리고 2개국가설 등을 종합하고 있지만, 이는 논리적으로 상호 모순되는 것이었다.[40]

결국 독일의 법적 지위에 관한 문제는 순법률적으로만 해결될 수 없는 난점을 제공하였고, Schuster나 Kriele와 같이 동독의 지위에 관하여 법적 해결을 구하지 아니하고 정치적 문제로 인식하기까지에 이르는 것이다.[41]

어쨌든 동서독기본조약에 대한 연방헌법재판소의 판결은 Brandt 수상정부의 동방정책을 헌법적으로 합리화, 정당화시켜 주는 결과로 되었고, 이후의 동방정책의 구체적인 추진에 있어서 생겨날 수 있는 문제들을 미리 차단하는 효과를 가지게 되었던 것이다.

5. 제 3 기: 선거법 및 토지개혁판결

1) 역사적 배경

1989년 11월 9일 베를린 장벽이 철폐되고 그 다음날 서베를린의 시청 앞에서는 Brandt 전 수상과 Kohl 현 수상이 참가하는 대규모의 시위가 벌어졌다. 이 시위에서 냉전종식을 확인하면서 소련의 고르바초프 대통령의 페레스트로이카를 찬양, 지지하였으며, 독일민족이 하나로 될 가능성을 제시하였다. 이어서 동독에서는 1990년 3월 18일 자유의회선거가 실시되어 자유민주주의, 사회적 시장경제의 도입 및 조기통일을 구호로 내세운 동독기민당이 자유총선에서 승리하였다.[42] 서독의 Kohl 수상과 동독의 de Maizière 수상, 그리고 4

40) 김철수, 앞의 책, 39면.

41) 김철수, 앞의 책, 38면.

42) 동독에서의 무혈혁명에서 자유총선에 이르기까지의 과정은 박성조 · 양성철

대 전승국들은 Bonn에서 제1차 2+4 회담을 개최하여 독일의 민주적인 자결권을 인정하였고 양독 수상은 일차적으로 통화 및 경제통합을 위한 조약체결을 합의하였다. 그 결과로 1990년 5월 18일 화폐·경제·사회동맹을 창설하는 조약(Vertrag über die Schaffung einer Wähurngs-, Wirtschafts und Sozial Union: 약칭 제1국가조약)을 체결하였고, 이 조약은 동년 7월 1일에 발효하였다.[43] 이 제1국가조약은 완전한 통합을 위한 과도적인 것으로서 동독의 주권을 완전히 소멸케 한 것은 아니고 서독에 의하여 부분적으로 흡수당한 상태에 놓이게 하는 것이었고, 잠정협정(Modus Vivendi)의 성격을 가지고 있었다.[44] 이어서 1990년 6월 22일 및 7월 17일 제2차 및 제3차 2+4회담이 개최되었다.

통독과정에서 동서독 정당간에 격렬한 논쟁의 대상이 된 것 중의 하나가 서독의 선거법을 동독에 그대로 적용할 것인가의 문제이었다. 상당기간의 논쟁 끝에 1990년 8월 3일 선거조약(Vahlvertrag)이 체결되고 동서독의 의회를 통과하여 법률로 확정되었다. 이 선거법은 연방헌법재판소에 의하여 위헌으로 판결되어 1990년 10월 8일 개정되었고 이에 따라 동년 12월 2일 총선이 치루어졌다.

제1국가조약에 의하여 1990년 7월 1일을 기해 양국간의 화폐 및 경제의 통합이 이루어지고 이어서 동년 8월 31일 독일통일실현을 위한 동서독간의 조약(Vertrag über die Herstellung der Einheit Deutschlands: 약칭 통일조약(Einigungsvertrag) 혹은 제2국가 조약)이 체결되었다. 이 조약은 9장 45개조와 3개의 부속규정으로 이루어져 있다.[45] 이 조약의 체결과정에서 특히 기본법의 개정과 관련하

공저, 독일통일과 분단한국, 경남대 극동문제연구소, 1991. 3-57면에서 자세히 설명되어 있다.

43) 동 조약의 원문은 K. Stern u. B. Schmidt-Bleubtreu, Staatsvertrag zur Währunds-, Wirschafts- und Sozialunion, C.H. Beck München, 1990, SS. 79-99참조. 번역은 법제처 앞의 책, 272-296면 참조.

44) 법제처, 앞의 책, 69면.

여, 연방정부가 기본법 개정을 조약의 내용으로 할 권한이 없고 연방의회에서 헌법개정법률의 형태로 기본법 개정이 이루어져야 한다는 이유로 기관쟁송이 제기되었으나, 연방헌법재판소는 이를 기각하였다.

독일통일과정에서 야기된 또 하나의 문제는 통일이전 체제에서 문제된 재산권박탈조치에 대한 법적 규율의 문제이었다. 이 문제는 전승국의 하나인 소련과도 밀접하게 관련되어 있어서 2+4 회담에서도 소련에 의하여 논의된 바가 있었는데, 동서독은 통일조약 제41조 및 부속서 Ⅲ에서 이에 관한 합의를 내용으로 포함시켰다. 이에 대하여 기본법 제14조의 재산권수용에 대한 보상규정과의 괴리를 이유로 연방헌법재판소에 위헌여부의 헌법소원이 제기되었다.

이와 같은 동서독간의 내적 통일의 과정이 완결된 후, 1990년 9월 12일 모스크바에서 제 4 차 2+4회담이 개최되어 독일에 관한 최종해결조약(Vertrag über die abschließende Regelung in Bezug auf Deutschland)이[46] 체결됨으로써 통일의 국제적인 확인이 이루어졌고, 마침내 1990년 10월 3일 동서독의 통일을 달성하게 되었다.

2) 기본법개정에 관한 기관쟁송판결(BVerfG 1990. 9. 18. Urt. BVerfGE 82, 316 Ⅱ)

(1) 사실의 개요

1990년 8월 31일 체결된 통일조약(제 2 국가조약)은 그 제 4 조에서 '기본법의 가입조건부 개정(Beitrittsbedingte Änderungen der Grundgesetzes)'을 규정하고 있었다. 그리고 같은 날 기민당(CDU)과

---

45) 동 조약의 원문은 K. Stern u. B. Schmidt-Bleubtreu, Einigungsvertrag und Wahlvertrag, C. H. Beck München, 1990, SS. 91-113 참조. 번역은 법제처, 앞의 책, 297-325면 참조.

46) 전문 및 10개 조로 구성되어 있다. 원문은 K. Stern u. B. Schmidt-Bleubtreu, Zwei-Plus-Vier Vertrag, C. H. Beck München, 1991, SS. 83-87 참조. 번역은 법제처, 앞의 책, 256-261면 참조.

기사당(CSU)연합과 자민당(FDP)은 기본법 제59조 2항에 따라 통일조약에 대한 동의법률을 연방의회에 제안하였다. 이에 대한 제1차 독회가 1990년 9월 5일에 행해졌고, 제 2 차 및 제 3 차 독회가 9월 20일에 예정되어 있었다. 이에 대하여 H. Cazja를 포함한 연방의회의원 8인이 다음과 같은 이유로 연방정부 및 연방의회에 대하여, 기본법개정을 목적으로 하는 회의와 투표에 대한 협력권(Mitwirkungsrechte)의 침해를 확인하는 기관쟁송을 제기하고, 나아가 연방헌법재판소의 결정이 있기까지 연방의회에서 통일조약동의법률 초안에 대한 회의와 투표를 중지하라는 가처분신청을 연방헌법재판소에 제기하였다.

첫째, 통일조약의 합의와 의회에서의 취급은 기본법 제38, 42, 76, 79조에 따라 연방의회 규칙(GOBT) 제82조에 허용된 협력권을 침해하였다. 기본법은 국가조약에 대한 단순한 동의의 영역에서가 아니라, 기본법의 문언을 명백히 변경하거나 보충하는 독자적인 법률에 의해서만 개정될 수 있다. 따라서 통일조약 제 4 조에 기본법 개정을 집어넣는 것은 연방의회규칙 제82조에 따른 개정제안이 기본법 제59조 2항에 따른 조약에는 허용되지 않기 때문에 제소자들의 협력권을 침해하였다.

둘째, 조약이라는 형식이 기본법상의 재통일요구를 충족시키는 유일한 방법은 아니며, 따라서 기본법 제23조 2항에 따른 법률이 요구된다.

(2) 판결내용

연방헌법재판소는 연방헌법재판소법 제24조 1호에 따라 구두변론 없이도 명백히 이유 없는 신청을 기각할 수 있다고 한 후, 연방정부가 '기본법의 가입조건부 개정'을 통일조약에 넣을 수 있는 권한을 가지고 있으며, 또 연방의회는 그에 따라 기본법 제52조 2항의 동의법률의 형태로 인정하였기 때문에, 제소자들의 협력권을 침해하지 않았다고 하였다. 그리고 이 권한은 기본법의 재통일요구와 관련하여 기본법 제23조 2항에서 그 헌법적 근거를 갖는다고 하였다. 또한 이 권한은, 통일조약이 제23조 2항에 따른 가입의 전제조건을 정하는 것이고 따라서 직접적으로 독일통일의 달성에 기여하는 것이며, 이러한 방법으로 독일의 국가적 통일의 재달성을 목표로 하는 헌법적 의무에 적합하다는 데에서 나오는 것이라고 하였다.

이에 따라 신청은 기각되었고, 가처분에 대한 신청은 자동적으로 해결되었다.

3) 연방선거법판결(BVerfG 1990. 9. 29. Urt. BVerfGE 82, 322 II)

(1) 사실의 개요

1975년 9월 1일 제정되고[47] 1990년 6월 11일, 제 9 차로 개정된[48] 서독연방선거법(Bundeswahlgesetz: BWahlG)은 제 4 조에서 비례대표제를 규정하여, 선거권자가 제 2 투표에서 정당의 주후보자명부(Landesliste)를 선택할 수 있다고 하고, 제 6 조 6항 1문에서 이른바 5%저지조항(Sperrklausel)을 두어 제 2 투표의 경우 총유효투표수의 5% 이상을 획득한 정당에만 비례대표의석을 배분하도록 규정하였다.[49] 이 규정을 동서독 전체 선거영역에 똑같이 적용할 것인지의 여부에 대하여 동서독의 사민당과 자민당은 찬성하고, 서독의 기민당, 기사당, 녹색당 등과 동독의 대부분의 정당들은 이에 반대하였다.[50] 이러한 논쟁이 상당기간 계속되다가 1990년 8월 3일 동서독

47) BGBl. I S. 2325.

48) BGBl. I S. 1015.

49) BwahlG 제 6 조 6항: 주후보자명부(Landesliste)에서의 의석배분은 선거영역에서 투표된 유효한 제 2 투표의 최소한 5%를 유지하거나 최소한 3개 선거구에서 하나의 의석을 획득한 정당에만 고려된다. 제 1 문은 소수민족의 정당에 의해 제출된 명부에는 적용되지 않는다.

50) 반대의 이유는 첫째, 1989년의 무혈혁명을 완수한 동독의 정당들이 통일된 의회에서 활동할 수 있게 해야 하고, 둘째, 5%저지조항은 동서독간에 대단히 차이가 있어서 동독의 의원이 얻는 득표수는 서독의 의원이 얻는 득표수의 1/4 정도

간 최초의 전독일의 독일연방의회 선거 준비 및 시행을 위한 조약(Vertrag zur Vorbereitung und Durchführung der ersten gesamtdeutschen Wahl des Deutschen Bundestages zwischen der BRD und DDR: 약칭 선거조약(Wahlvertrag))이 동서독의 의회를 통과하여 확정되었다. 이 선거조약은 다시 1990년 8월 20일의 개정을 거쳐 동 8월 23일에 동의법률에 의하여 동의되고,[51] 동 8월 24일의 연방참의원의 동의를 거쳐 9월 3일에 발효하였다. 이 선거조약 동의법률 제 2 조 2항에서는 선거조약부속서에서 지적된 연방선거법의 개정과, 연방선거법 제 6 조 6항의 저지조항과 관련하여 경과규정으로서 제53조 2항의 신설도 규정하였다.[52] 이 제53조 2항은 기존의 한 정당이 하나의 명부를 작성하는 주후보자명부제도(Landesliste)에 대한 예외로서 후보자명부연합제도(Listenverbindung)[53]를 정하여, 5%저지조항에 의한 서독의 군소정당과 동독지역 정당의 불이익을 방지하기 위한 것이었다. 이에 따라 동서독 정당간에 상호협조하여 각각 1개 단일정당으로 총선에 참가하기 위하여 정당통합이 이루어지기 시작했다.[54]

에 불과하며, 셋째, 서독의 연정파트너인 기사당의 동독파트너인 독일 사회연맹이 5%를 획득하지 못하게 되고 이것은 기사당의 세력이 약화되기 때문이었다. 박성조・양성철, 앞의 책, 125-126면.

51) BGB1. Ⅱ S. 813: Gesetz zum Wahlrechtsvertrag.

52) 이 규정은 1990년 9월 21일 공고되었다(BGB1. Ⅰ S. 2059).
제53조 2항: Berlin을 제외하고 어떤 주에서도 동시에 후보자선출안(Listenwahlvorschläge)을 제출하지 않은 서로 다른 정당의 주후보자명부들은 연방선거관리위원회위원장에 대한 의사표시에 의해 연합될 수 있다. 의사표시는 모든 관계 주후보자명부의 참관인과 대리참관인에 의하여 늦어도 선거 전 20일에 18.00시까지 문서로 제출되어야 한다 … 제 6 조 6항, 7항 2, 3호는 다른 정당의 연합한 주후보자명부에 대해서도 같다.

53) 후보자명부연합제도(Listenverbindung): 연합의회의원선거인은 그가 가진 2표의 선거권내에서 1표를 정당에 투표하여 각 정당은 그 득표수에 따라 주후보자명부에 기재된 후보자에서 선출하고, 전체의 정당의 당선자의 합계를 연방의 회의원의 반수로 하지만, 각 주마다의 투표수는 전부 합계되어, 전체의 주후보자명부도 원칙상 하나의 후보자명부로 보아 투표수를 할당하는 제도이다.

54) 박성조・양성철 공저, 앞의 책, 127면 참조.

그런데 이 선거조약 동의법률의 규정에 대해 공화당(REP), 녹색당(Die GRÜNE), 좌파연합(Linke Liste)/민사당(PDS) 등이 헌법소원 및 기관쟁송을 제기하였다. 그 제소이유는 첫째로, 독일 연방의회는 1990. 8. 3. 선거조약 및 1990. 8. 20. 개정조약에 대한 동의법률 제 1 조에서 이 조약과 개정조약에 동의하였고, 위 법률의 제 2 조 2호에서 1975년 9월 1일의 연방선거법 제 6 조 6항의 저지조항을 그대로 유지하면서 연방선거법 제53조 2항을 신설하여, 주후보자명부제도가[55] 연방선거관리위원회위원장에 대한 의사표시에 의하여 연합될 수 있다는 것을 규정함으로써 기본법 제21조(정당설립의 자유)와 관련한 기본법 제38조 1항(선거의 원칙)에서 나오는 원고들의 권리를 침해하였고, 둘째로, 연방참의원은 1990. 8. 3. 선거조약 동의법률 제 1 조와 제 2 조 2호 및 8. 20. 개정조약에 동의함으로써 기본법 제21조와 관련한 기본법 제38조 1항으로부터 나오는 원고들의 권리를 침해하였다는 것이다.

(2) 판결내용

연방헌법재판소는 동의법률에서의 연방선거법 제53조 2항이 기본법 제38조 1항에 따른 선거의 평등에 대한 권리를 침해하여 무효이고, 동의법률 제 1 조와 관련하여 연방선거법 제 6 조 6항 1문의 5% 저지조항이 최초의 전독일연방의회선거에서 전선거영역에 적용되는 한, 기본법 제38조의 선거의 평등에 대한 소원신청인의 권리를 침해하고 그 한도에서 기본법과 합치하지 않는다고 하였다. 판결이유를 요약하면 다음과 같다.

첫째, 형식적인 선거권의 평등과 정당의 기회균등의 원칙상 정

55) 주후보자명부제도(Landesliste): 연방의회의원선거는 의원정수 반수를 소선거구에서 선거권자의 직접선거로 선거하지만, 나머지 반은 각 정당이 주마다 그 정당이 추천하는 후보자의 명부를 만들고, 선거권자는 그 명부에 투표하고, 각 정당은 그가 얻은 득표를 명부에 기재된 후보자에 배분하여 득표수에 상응한 수의 의원을 당선자로 한다. 선거권자는 2표의 투표권을 가지고 소선거구의 후보자와 주후보자명부에 투표한다.

치적 단체에 대한 선거법의 규정에 있어서 입법자에게는 차별에 대한 재량의 여지가 좁다. 그 차별의 정당화에 항상 확신할 만한 근거를 요한다.

둘째, a) 저지조항이 선거의 평등의 원칙과 합치하는가의 여부는 그것이 적용되어야 하는 州의 비례가 고려되어야 한다.

b) 선거법제정자는 5%의 비율이 허용되지 않게 하는 특수한 상황하에서는 저지조항을 포기하거나 그 비율을 내리거나 혹은 다른 적절한 처분을 취해야 하며, 이러한 처분은 헌법과 합치해야 한다. 특히 선거권평등의 원칙과 정당의 기회균등을 충족하여야 한다.

셋째, 단순한 수적 공유로서 5%조항을 극복하기 위하여 정당으로 하여금 주후보명부를 연합하도록 허용되는 선거법은, 확신할 만한 근거 없이 선거권자의 투표의 결과를 불평등하게 판정하고 따라서 선거 및 기회균등의 원칙을 침해한다.

넷째, 최초의 전독일 연방의회의원선거는 특수한 상황하에서 행해진다. 이러한 선거의 특수한 조건하에서는, 전체선거영역에서가 아니라, BRD의 영역에서나 혹은 DDR의 영역에서나 그 주후보자명부에 행해진 투표의 5%에 도달할 때에, 정당을 비례조정에 참여하게 하는 것이 헌법적으로 무난하다.

c) DDR의 영역에서 선거에 처음 참여하는 정당과 정치결사들의 차별적인 출발조건들은 단지 저지조항의 지역화에 의해서는 충분히 조정될 수 없다. DDR의 지역에서 의석을 갖는 한, 정당과 정치결사에 대하여 명부통합을 허용하는 것이 조정으로서 제안된다.

(3) 경 과

이 판결이 내려지자 선거제도에 관한 논란이 있고 선거시기의 연기문제가 대두되기도 하였으나, 전독일의회는 1990년 10월 8일 연방선거법을 개정하였다.[56] 이 개정법률에서는 연방의회의원선출을

56) 제10차 연방선거법개정법률(Die zehnte Bundeswahlgesetz, BGBl. I SS.

위한 5% 저지조항을 전독일에 적용하는 대신 동독지역과 서독지역으로 나누어 두 개의 선거구로 양분하여 각각 적용하도록 함으로써 군소정당이 원내에 진출할 수 있도록 하였다. 제12대 연방의회의원선거를 위한 경과규정인 동법 제 3 조는 1990년 12월 2일의 선거를 위한 경과규정으로서의 성격을 가지고 있어서 향후 개정될 필요가 있다.[57]

4) 토지개혁 판결(BVerfG 1991. 4. 23. Urt. BVerfGE 84, 90 Ⅰ)

(1) 개 설

10월 3일 역사적인 동서독 통일이 달성되었지만, 워낙 급속도로 통일이 이루어진 까닭에 여러 가지 문제들이 완전히 해결되지는 못하였다.[58] 그 중에서도 과거 동독지역에서 행해진 재산권몰수조치에 대한 반환 내지 배상의 문제는 통일과정에서도 중요한 이슈로 대두되기도 하였던 문제이었다. 전후 동독지역에서의 재산권몰수조치는 시기적으로 보아 두 단계로 나누어질 수 있다. 즉, 첫째는 1945년부터 동독정권이 수립된 1949년 10월까지이고, 다음으로 1949년 동독정권수립 후의 시기이다. 전자는 소련에 의해 동독지역이 점령되고, 점령당국에 의해 토지개혁조치와[59] 사회화, 징발 등이 행해졌던 시기이며, 후자는 동독정권에 의해 주재산, 망명자 또는 서독거주자재산, 서베를린거주자재산 등이 강제수용 또는 몰수되었던 시기이다. 이와 같은 몰수 혹은 강제수용에 대해 서독 혹은 외국에 거주하는 과거의 소유자 및 그 승계자들과 동독의 현 재산점유자나 보유자들

2141-2142).

57) 장명봉, 앞의 글, 179면 참조.

58) 김학성, 독일의 통일후유증과 내적통합의 제문제, 통일문제연구, 통일원, 제 4 권 3호(1992), 210명 이하 참조.

59) 토지개혁은 1945년 10월 소련점령지구의 5개 주에서 공포된 포고령에 근거한 것으로 100ha를 초과하는 모든 대지주가 토지개혁의 대상이 되었고, 해당 토지는 무상몰수되어 주로 소농에게 재분배되었고, 일부는 국가, 군, 지방자치단체에 분배되었다.

사이에 심각한 법률적 문제를 야기할 우려가 있고, 나아가 동독에 대한 투자를 위축시킬 우려가 있기 때문에 통독과정에서 명확하게 해결될 필요성이 있었다.

이 문제에 대해서 양독은 1990. 6. 15의 공동성명에서 재산권처리에 관한 합의를 도출하고 이를 통일조약의 부속서 Ⅲ으로 포함시켰다. 그리고 통일조약 제41조 규정에서 이를 확인하고 재산권문제의 처리기준으로 삼았다.[60] 서독은 특히 통일조약상의 재산권처리의 규정이 기본법의 규정에 위반될 가능성을 피하기 위하여 먼저 기본법의 관련규정을 개정할 것을 통일조약에서 정하였다. 그 하나는 기본법 제135a조에 제 2 항을 추가하는 것이다. 기본법 제135a조는 원래 2차대전 후 국가 혹은 공법인의 의무를 폐지 혹은 축소할 수 있는 가능성을 열어 주는 헌법적 근거로 제정된 것이었는데, 통일 후 동독으로부터 재산권이 이전되면서 발생할 수 있는 동독 혹은 동독 공법인의 조치에 기한 모든 의무로 부터 통일정부가 자유로워질 수 있는 헌법적 근거를 마련한 것이다. 그 두 번째는 기본법 제143조 3항의 신설이다. 기본법 제143조는 통일독일의 법적 통합을 위한 경과규정으로 동독지역에서의 기본법의 적용을 잠정적으로 배제하여 동독의 법을 적용하되 基本法 제19조 2항(기본권의 본질적 내용침해금지)과 제79조(기본법 제 1 조 및 20조의 침해금지)에 반해서는 안 된다는 제한을 두고 있는데, 동 3항에서는 통일조약 제41조에 규정된

60) 제41조(재산문제에 관한 규정) ① 1990년 6월 15일 발표한 미해결재산문제에 관한 양독정부 공동성명서(부속의정서 Ⅲ) 내용은 이 조약의 일부를 구성한다. ② 특별법규정에 따라 특정토지나 건물이 긴급하고 구체적으로 확정적인 투자목적에, 특히 산업체의 설립에 소요될 때와 이러한 투자결정의 시행이 전체 경제적인 차원에서, 특히 고용을 확보하고 창출하는 데에 필요하다고 판단될 때에는, 해당토지나 건물의 반환은 이루어지지 않는다. 이 경우 투자가는 투자내역요지를 명기하는 계획서를 제출해야 하는데, 계획의 실제 이행은 반드시 이에 바탕을 두어야 한다. 이 법안은 과거 소유자의 보상문제를 또한 규정할 수 있다. ③ 독일연방공화국은 전 제 1 항에 제기한 공동성명에 위배되는 여타 법률 규정을 발할 수 없다.

수용재산권의 반환을 배제하는 조치는 위 제 1 항 및 2항 규정의 적용을 받지 아니하고 존속력을 갖는다고 함으로써 동 규정에 헌법적 효력을 부여한 것이다.

이러한 문제의 해결방식에 대해서는 여전히 의문이 제기되고 있었는데,[61] 그 하나는 신의성실에 따른 선의의 취득재산이 공동성명상의 반환 또는 배상의 요건에 해당하는 경우, 현점유자와 구 소유자 또는 그 승계자의 법적 지위는 어떻게 되는가의 문제와 보상 내지 배상의 경우 그 방법, 가액산출, 재원충당 등이 문제된다.[62] 다음으로는 국가조약상의 재산권조항과 기본법간의 법적 관계의 문제이다. 즉 기본법 제143조 3항은 재산권의 보장을 규정한 기본법 제14조에 위반하는 것이 아닌가 하는 것이다. 바로 이 문제에 관하여 연방헌법재판소가 판결한 것이 다음의 토지개혁판결이다.

(2) 사실의 개요

헌법소원을 제기한 원고들은 Sachsen-Anhalt주와 Brandenburg주에서 몰수된 부동산의 소유자이었거나 그 상속인들이었는데, 이들은 기본법 제143조 3항의 규정에 의해 그들의 재산에 대한 반환이 불가능해지자, 기본법 제143조 3항의 신설을 정한 통일조약 제41조를 연방법률로 하는 동의법률 제 1 조가 기본법 제14조(재산권), 제19조 2항(기본권의 본질적 내용침해금지), 제 3 조 1항(평등권) 및 제20조 3항(법치국가원리) 등을 침해하는 위헌적인 규정이며, 이러한 통일조약의 내용을 헌법규범으로 포섭하는 기본법 제135a조 2항 및 제143조 3항은 기본법 제 1 조(인간의 존엄) 및 제79조 3항(헌법개정의 한계)에 위반되는 위헌적인 헌법규정이라고 주장하였다.

---

61) 법제처, 앞의 책, 122-125면 참조.

62) 독일재무부는 구 동독부동산의 가격을 1935년의 공정가격을 기분으로 물가와 환율 등을 고려하여 연 30%씩 오른 것으로 계상하여 보상하기로 하였다. 중앙일보 1991. 6. 12.자.

(3) 판결내용

연방헌법재판소는 위의 헌법소원을 기각하면서 1945-1949년 사이에 동독지역에서 행해진 소위 '민주적 토지개혁(Die demokratische Bodenreform)'의 시행에 관계된 자들인 원고들에게 반환청구권을 거절하고, 그 한도에서 통일조약을 인정하면서, 다음과 같이 그 이유를 제시하였다.

첫째, 통일조약 제 4 조에서의 기본법 제143조 3항은 기본법 제79조 제 3 항과 합치한다.

둘째, 기본법 제79조 3항은 기본법에서 의무지워진 입법자에게 받아들여질 수 없는 것으로 입증되는 외국권력의 몰수처분의 보상에 대해 몰수된 객체가 반환되는 것을 요구하지는 않는다.

셋째, 독일의 국제적인 몰수법에 따르면, 보상 없는 압류를 포함하는 다른 국가의 몰수처분은, 설사 이것이 고유한 헌법질서와 합치하지 않는다 하더라도, 외국국가의 영역에서의 재산과 관련하는 한, 원칙적으로 효력 있는 것으로 보인다는 것은 이의가 없다.

넷째, 기본법 제 3 조 1항은 통일조약 부속서 Ⅲ의 1호의 의미에서 점령법 및 점령고권의 근거에 의한 몰수에 대해서도 입법자가 보상규정을 마련할 것을 요청한다.

(4) 검 토

이 판결의 결론에 대해서는 거의 예상되고 있었다. 즉 통일과정에서 소련이나 동독의 입장은 이전에 행해진 개혁조치들을 변화 없이 유지할 것을 강조하였고, 연방정부도 이를 인정하는 입장에서 통일조약을 체결하였기 때문에, 연방헌법재판소도 이와 같은 정치적 상황을 변화시킬 수가 없었으며, 또한 새로운 기본법 제135a조와 제143조의 헌법규범을 무효화할 수 없는 정치적 한계 속에 있었기 때문이었다.[63] 그런데 판결에서 중요한 것은 몰수처분의 주체가 독일

63) Walter Leisner, Das Bodenreform-Urteil des BVerfG, NJW 1991. S. 1569 f.

인가 혹은 소련이었는가의 여부나 위와 같은 소원제기의 중요성의 문제가 아니라 재산권에 관한 기본명제가 문제로 되었다는 비판이 있다. 즉 외국국가권력에 의한 몰수 등이 원칙적으로 기본법에 의하여 유효한 것으로 받아들여지고 기본법에 의한 반환의무가 성립하지 않는다고 하였는데, 이것이 단지 역사적인 예외적 상황 속에서 일회적이고 우연적인 판결인가 혹은 독일에서의 소유권의 해석이 변경된 것인가가 문제로 남아 있게 된다는 것이다.[64] 그리고 소유를 이유로 한 탄압이나 소유계층에 속한다는 이유로 탄압하는 것을 종교, 인종 혹은 외국국가권력의 처분으로 인정할 수 있는가도 또한 의심스러운 것이다.[65] 이와 같은 판결의 기조는 토지개혁과 같은 사회적 질서의 변경이 문제될 때에는 언제나 매우 중요한 역할을 할 것이기 때문에 초시대적인 중요성이 있는 것이다.

어쨌든 이 판결은 재산권의 회복보다는 과거의 극복이자 전쟁결과판결로 여겨지는 것이며, 몰수재산에 대한 반환은 인정되지 않았지만, 입법자에게 반환청구권이 아닌 보상청구권의 관점에서 폭넓은 형성의 자유를 가지고 법률을 제정할 과제와 책임을 부과하는 판결이었다.

6. 맺 음 말

지금까지 독일통일과정에서 나타난 서독의 연방헌법재판소 판결들을 개괄적으로 살펴보았다. 하나하나의 판결에 대하여 상세한 법적 분석과 찬반의 견해들을 살펴보는 것도 중요한 것이겠으나, 이 글의 목적이 독일통일과정 전반에서 나타난 연방헌법재판소의 판결들을 총체적으로 고찰하는 것인 까닭에 각 판결에 대한 상론보다는

64) W. Leisner, a.a.O., S. 1570.
65) W. Leisner, a.a.O., S. 1573.

전체적인 맥락 속에서의 의미를 찾는 데에 주안점을 두고자 하였다. 이러한 관점에서 독일통일과정에서 나타난 통일정책 및 연방헌법재판소의 판결의 특징을 다음과 같이 들 수 있을 것이다.

첫째, 서독의 통일정책의 개방성이다. 독일통일의 전과정에서 특히 서독의 통일정책은 철저히 서독국민들의 비판과 감시하에서 행해진 것이라는 점을 알 수 있다. 그때그때의 국외적인 상황에 따라 통일정책의 기본적인 기조가 바뀌는 했으나, 그 변화의 과정은 국민들의 대표인 연방의회의원들에 의해 그 위헌성이 철저히 검증되어 행해졌던 것이다. 물론 연방헌법재판소가 정부의 정책을 정면으로 부인하거나 수정한 경우는 없었지만, 최소한 정부의 통일정책이 헌법정신에 합치될 수 있도록 견제하는 역할을 한 것이다.

둘째, 국가의 중요한 헌법적 사항으로서의 통일정책에 대하여 그 합헌성여부가 끊임없이 도전받고 또 그 도전의 수단이 제도적으로 확보되어 있다는 점이다. 물론 이것은 서독 특유의 헌법재판제도의 결과이지만, 서독국민들의 헌법정신이 전제되지 않고는 불가능한 것이라 하겠다.

셋째, 연방헌법재판소의 입장은 기본적으로 사법자제에 입각하면서도 가능한 한 정부의 통일정책을 헌법에 합치되게 헌법적 논리를 구성하고 정부의 정책을 뒷받침하였다는 점이다. 특히 동서독기본조약과 토지개혁판결의 경우에서 보는 바와 같이 기존의 논의와는 다른 판결을 내림으로써 비판의 여지가 있기는 하였지만, 가능한 한 정부의 통일정책을 헌법에 합치되게 해석함으로써 헌법의 테두리를 고수하였던 것이다.

넷째, 선거법판결에서 보는 바와 같이, 통일정책의 수행과정에서 그 합헌성이 의심스러운 경우에는 특정정당이나 정파의 이익에 구애되지 아니하고, 헌법정신을 확인하여 적극적으로 그 위헌성을 판결함으로써 헌법수호자로서의 헌법재판소의 역할을 다한 점을 간과할 수 없다.

다섯째, 앞에서 본 것처럼 독일통일과정에서 서독이 보여준 통일정책의 합헌성에 대한 끊임없는 도전과 그에 대한 연방헌법재판소의 적절한 대응은 서독이 동독에 비하여 사회경제적으로 우월했을 뿐만 아니라, 무엇보다도 규범적으로 훨씬 우월했음을 입증하는 중요한 사실들이라 할 것이다.

우리나라의 경우도, 비록 분단의 원인은 다르기는 하지만,[66] 독일의 경우와 유사하게 이데올로기적 대립구조 속에서 분단이 되었고, 오늘날과 같은 이데올로기의 대립구조의 와해가 진행된 시점에서 통일의 가능성이 어느 때보다도 높은 상황에 처해 있다고 할 것이다. 그 동안 역대 정권은 나름대로의 통일정책이 있기는 했으나, 적어도 현행헌법 시행 이전에는, 사법적으로는 한 번도 그 헌법적 평가가 제대로 이루어지지 못했음을 부인하기 어렵다. 그것은 무엇보다도 통일정책이 국민의 합의에 기초한 것이었다기보다는 정권의 유지나 특정집단의 이익을 고수하기 위한 수단으로 행해진 때문이 아닌가 하는 생각이 든다. 또한 그 동안 우리나라의 헌법재판제도가 형식화, 휴면화되었던 까닭에 제도적으로는 통일정책에 대한 사법심사의 가능성이 차단되어 있었던 것도 이유 중의 하나이며, 통일정책의 헌법적 적합성에 대한 국민적 요청이 활성화되지 못했던 데서도 원인이 있다 하겠다.

앞으로 우리나라에서도 통일정책의 수행이 전국민적 합의에 바탕하면서 헌법상의 기본원리에 충실하도록 함으로써, 사회경제적으로뿐만 아니라 규범적으로도 우월적인 입장에서 통일정책이 행해져야 할 것이다.

---

66) 무엇보다 독일의 경우는 두 번의 세계대전의 가해국으로서 주변국가들의 힘에 의하여 분단이 되었지만, 우리나라는 양 대전의 피해국이면서도 세계사적인 이데올로기대립의 희생으로 분단이 되었다는 점이 다르다 하겠다.

Ⅱ. 일본의 정치와 사법

1. 현대일본의 사법

1) 2차 대전 이전—천황제 사법

1954년 미국과의 통상조약을 계기로 일본이 개항한 이후, 1868년의 明治維新을 통하여 5개조의 誓文을 발포하고 천황중심의 왕정국가를 수립하였다. 반정부정치투쟁기를 거쳐, 1889년에 이토오 히로부미의 주도로 대일본제국헌법이 공포되었는데, 이 헌법은, 천황이 통치권을 總攬하는 내각, 천황이 통수하는 육해군, 비록 예산과 법안의 심의권밖에 없었지만 행정부로부터 독립된 중의원과 귀족원, 사법권을 갖춘 천황주권의 헌법이었으며, 1945년까지 일본을 지배하게 되었다.[67)]

明治憲法하에서의 천황제 사법은 그 구조상 행정권에 대하여 열위이었으며, 종속적이었다. 明治憲法은 형식상 3권분립을 채용하고 있었으나, 실질적으로 3권이 천황에게 「總攬」되어 있어서, 법원은 천황의 대리인으로서 「천황의 명에 따라」 사법권을 행사하는 것이었다(明治憲法 제57조 1항).

천황제 사법은 절대주의적 천황제 통치기구의 일환으로서의 사법이었으며, 구조적으로 다음과 같은 특질을 갖고 있었다.[68)] 즉, 첫째로, 사법권의 범위가 민사, 형사 재판권에 한정되고, 행정사건은 행정재판소의 관할에 속하였다. 또한 법원은 위헌법률심사권도 갖지 못하였다(학설상의 다툼은 있었으나, 판례는 이를 부정하였다. 단 위헌명

---

67) 일본의 개항부터 明治憲法의 성립과정에 대해서는, 筒井若水・坂野潤治・佐藤幸治・長尾龍一, 日本憲法史(3版), 東京大學出版會, 1986, 3面 以下 참조. 일본헌법사는 크게 德川幕府體制-明治維新體制-戰後體制로 나뉜다.

68) 小田中聰樹, 現代司法の構造と思想, 日本評論社, 1973, 6面 以下.

령심사권은 인정하였다). 둘째로, 법관에 대한 인사권과 감독권 등의 사법행정권은, 천황의 임명대권(明治憲法 제10조)에 기하여 행정권에 속한 司法大臣(이는 검찰관료이다)이 장악하였다. 셋째로, 각 법원에 검사국을 두고 검사를 배치하여, 시설 및 회계를 공동으로 할 뿐만 아니라, 행정관인 검사도 사법관으로 불리어지고, 법관과 마찬가지로 司法大臣의 감독하에 두어졌다. 법상으로는 검사의 재판관여를 금지하였으나, 사실상 법관의 재판사무에 직간접으로 영향을 미치는 예가 적지 않았다. 소송절차에 있어서도 권위주의적 색채가 농후한 직권주의적 소송구조를 가지고 있었다. 소송당사자인 국민의 소송활동은 지극히 제한되고, 재판비판 내지 재판투쟁은 출판법, 신문지법, 치안경찰법, 치안유지법 등에 의하여 철저히 제약되었으며, 司法은 明治 초기의 농민소요, 자유민권운동, 노동운동, 소작운동, 학생운동, 사회주의운동 등을 억압하는 데에 중요한 무기로 활용되었다.

이러한 천황제 사법에 대하여 개혁을 요구하는 목소리도 적지 않아서, 陪審法 제정 및 裁判所構成法 개정 움직임이 있어서, 배심법이 제정되었지만 사실상 무의미하였으며, 재판소구성법 개정움직임은 무산되었다. 법원 내부에서도 제도개혁의 노력이 있었으나 무산되었다. 다만, 전후의 사법개혁에 영향을 미쳤다.

1937년 만주사변 이후 치안유지법의 확대적용을 위한 실무가 회동이 있었고, 제도적으로도 국방보안법, 개정치안유지법, 전시형사특별법, 재판소구성법전시특례 등에 따라 사법부는 거의 검찰이 지배하게 되었다.

2) 戰後司法의 형성

2차대전이 패전으로 끝난 후 일본의 사법은 미국점령군에 의한 「초기대일방침(U.S. Initial Post-Surrender Policy for Japan)」과 일본

본국헌법 그리고 戰前부터 전개된 사법개혁운동 이래의 사법민주화 운동의 영향으로 3권분립에 따라 사법권의 독립을 명확히 함과 함께, 사법권의 자주성·자율성을 강화하였다. 그것은 사법부 내의 독립, 재판관의 직권의 독립으로 되어 나타났다. 이 의미에서 사법행정은 재판소의 중요한 권한 내의 하나로 되었다.

신헌법 하의 사법개혁은[69] 첫째, 사법권의 범위를 확대하여 행정사건도 포함하였으며, 위헌법령심사권도 법원에 인정하였고, 둘째, 사법권의 독립과 자주성을 강화하여 법원과 검사국을 분리시켜 사법행정권을 독립시키고, 최고재판소의 규칙제정권, 하급재판소재판관의 임명권을 인정하였으며, 셋째, 재판관회의자치를 채택하고, 넷째, 최고재판소 재판관에 대한 국민심사제를 채택하였다. 다섯째, 법조 3자(법관, 검찰, 변호사)의 통일 수습제도를 채택하여 법조양성단계에서의 법조일원화를 추구하였으며, 여섯째, 법관의 사상, 표현, 결사의 자유를 대폭적으로 보장하여 관료법관제도의 흠결을 극복하여 사법의 국민적 기반을 확대하였으며, 일곱째, 변호사자치를 확립하고, 여덟째, 소송절차를 당사자주의화하였다.

그러나 1948년부터는 점령초기의「민주화정책」이 세계정세의 변화로「반공정책」으로 변화되었고, 이에 따라 사법정책을 반동적으로 개편하기 위한 사법정책이 지배층에 의하여 기도되었다. 즉, 법관임명자문회의의 폐지, 판사보의 직권의 특례등에 관한 법률 제정 등 행정권의 최고재판관임명권을 강화하고 관료재판관제도를 확립하였으며, 헌법체제와 안보법체제가 서로 예리한 모순관계를 형성하여 일본 지배층의 대미종속의사를 법적으로 표시하였고, 군사력증강정

---

69) 小田中聰樹, 前揭書, 99面 以下 참조. 그러나 小田中聰樹는 전후의 사법제도에 대하여, 첫째, 관료법관제도를 유지하여 배심제, 참심제를 배제하고, 법조일원화를 배척하였으며, 둘째, 법관임용시 국민의사를 반영하는 수단이 미흡하며, 셋째, 법관회의자치가 채택되기는 하였으나 최고재를 정점으로 하는 계층체 내의 그것에 불과하였다는 문제점을 지적하고 있기도 하다. 同, 110面 참조.

책, 평화교육공격, 치안기구강화 등의 반동정책을 추진하였다.

지배층은 법원에 대하여 안보법체계에 합헌성을 부여하여, 반동적 제입법, 제정책을 합헌, 합법화하여 민주적 세력탄압에 합법성을 부여하고, 사법제도의 반동적 재편성을 시도하였다.[70)]

2. 전후사법정책의 전개[71)]

1) 개혁기(1945년-1954년)

앞서 본 바와 같이, 2차대전 이후 새롭게 개편된 일본의 사법제도는 친미적 지배층의 사법반동화정책으로 선회되었는데, 본격적인 사법반동화정책은 재판투쟁에 대한 규제로부터 시작되었다. 치안, 노동분야의 국내정책을 전환하고, 대중운동의 억압과 공무원의 쟁의권박탈, 독점자본부활을 위한 기업 및 인원정비를 시도하였다. 이 와중에, 많은 사건들이 조작 내지 도발되었고, 이에 대해 재판투쟁이 전개되었다.[72)] 정부는 「법정 등 질서유지에 관한 법률」을 제정하여

70) 이러한 시도는, 첫째, 위헌법령심사권행사의 규제, 둘째, 법관의 사상·표현의 자유의 규제, 셋째, 법관의 신분보장의 약화, 넷째, 법관에 대한 사법행정상의 관료적 통제의 강화(최고재사무총국을 중추로 하는 계층적(hierarchy)인 사법행정기구의 정비확대, 법관회의의 권한 축소와 형해화 등), 다섯째, 법조양성제도의 개편, 여섯째, 재판투쟁의 규제 등으로 나타났다. 이러한 시도에 대하여 대중적인 재판투쟁의 시도가 잇따랐는데, 그 대표적인 사건이 1949년의 松川사건이다. 이 사건은, 1949년에 일단의 노동조합활동가들에 의한 열차전복치사사건에 대하여, 1·2심에서 사형을 포함한 유죄판결이 있었으나, 사건이 조작된 사실이 드러나 최고재에서 무죄로 판결하였던 사건이다. 애초에 피고인들은 그들이 진범인이라는 선전의 홍수 속에서 고립무원이었으나, 1심 판결 후 옥중으로부터의 편지공개, 100만인 서명운동, 노동조합의 공정재판 요구 등으로 인하여 松川사건대책위원회라는 전국조직이 결성되었고, 작가 廣津和郞이 재판비판문을 「중앙공론」지에 장기연재하는 것을 비롯하여, 진상을 전하는 활동이 영화, 연극, 소설 등의 형태로 확산되었다. 이에 최고재의 무죄판결이 있게 되었고, 이 운동은 전후 대중적 재판투쟁의 원형으로 되었다. 프랑스에서의 Dreyfus사건에 버금가는 사건이었다.

71) 아래 분류는, 柏崎敏義, 司法行政の戰後五〇年をふりかえる―「司法の危機」は去ったか?―, 吉田善明, 縣 幸雄, 仲地 博 編, 憲法政治―軌跡と展開―, 敬文堂, 1996. 12., 155-178面 所收에 따른 것이다.

소위「재판의 위신을 해한 자」에 대하여 법원이 기소 후 비공개법정에서 변호인 없이 감치 혹은 과료를 부과할 수 있게 하였다. 또한 형사소송법 일부개정으로 구류기간의 상한을 확장하고,「법정 등 질서유지에 관한 규칙」,「재판소방청규칙」(방청권 발행, 소지품 검사 강화) 등을 제정하였다. 이는 정치권력이 재판투쟁의 봉쇄를 노린 정책이었지만, 재판투쟁 자체를 봉쇄할 수는 없었으며, 재판투쟁의 전술을 부분적으로 변화시키는 효과를 낳았다. 왜냐하면, 재판공개의 원칙과 당사자주의적 소송구조, 사상, 표현의 자유에 기한 대중운동의 권리, 인권투쟁의 발전, 재야법조의 역량의 증대, 민주적 재판관 계층의 증대 등은 재판투쟁의 규제를 배제하고 훨씬 광범한 국민적 기반을 가진 고차원적 재판투쟁의 전개를 개척하였기 때문이다.[73]

2) 전환기(1955년-1963년)

이 시기는 소위「旧安保期」라 불리는 시기로서, 군사, 치안, 교육 등의 각 분야에서 반동적 정책이 추진된 시기이다. 사법영역에 있어서도, 전후 사법제도에 관한 재검토를 거쳐 사법관료체제 확립의 방향이 정해진 시기이었다.

최고재판소는「하급재판소사무처리규칙」을 제정하여, 재판소의 部의 사무를 총괄하는 재판관(총괄재판관)의 임명을 실질적으로 재판관회의로부터 고등재판소장에게 이전시켰고,「재판관고과조서」를 통해 고등재판소장, 지방가정재판소장이 재판관의 집무능력, 법률지식, 교양, 건강, 인격성격의 특징 등을 평정하도록 허용하였다. 뿐만

72) 대표적인 사건들로서, 白鳥事件, 青梅事件, 大須事件, 下山事件, 三鷹事件, 吹田事件, 메이데이事件, 破防法事件 등이 있다. 이 중 吹田事件은, 다수의 피고인이 한반도의 휴전을 맞이하여 묵도와 박수를 신청한 것을 佐佐木 哲藏 재판장이 묵인한 것에 대하여, 최고재판소가「법정의 위신에 대하여」라는 제목으로 비난하고 재판관소추위원회를 통하여 사사키 재판장을 파면소추하려고 한 것으로, 법관의 구체적인 소송지휘에까지 정치권력이 간섭한 사례이다.

73) 小田中聰樹, 前揭書, 115面.

아니라 사법행정적으로 재판관에 대한 통제체제를 마련하여, 최고재판소(사무총국)-고등재판소장-지방가정재판소장-총괄재판관-일반재판관 등의 체계를 정립하였다.[74] 그 외에도, 재판소 일반직원의 임면과 보직을 고등재판소장과 지방재판소장 혹은 최고재사무국장에게 위임하여 일반직원에 대한 지휘감독체제도 정비하였던바, 이는 사법노조의 투쟁을 규제하고자 하는 것이었다.[75]

이 시기의 특징은, 안보체제에 따라 위헌법령심사권에 관하여 소극적인 태도를 보이기 시작한 것과,[76] 사법관료체제확립정책에 따라 사법제도를 전면적으로 개편한 것이다. 1964년에 임시사법제도조사위원회는 *砂川*판결에 충격을 받아 의견서를 제출하였는데, 그 내용은, 첫째, 법조일원화제도를 장래의 문제로 취급하고, 둘째, 사법관료화를 강화하며, 셋째, 재판관의 임용에 관하여 재판관임명자문위원회제도에 대해 부정적 태도를 견지하였고, 넷째, 법관양성제도를 개혁하여, 감독강화, 성적평정 및 고시의 엄정화를 추구하였으며, 다섯째, 변호사에 대한 규제를 강화하였고, 여섯째, 간이재판소의 사물관할을 확장할 것 등을 제시하였다.[77] 이 임시사법제도조사위의견서(이하 '임시의견서')에 대해 재야법조 등에서 강한 비판이 제기되었으나, 서서히 실시되기에 이르러, 법조양성제도개혁, 고시의 엄정화, 법조윤리과목의 도입에 의한 이데올로기 교육 실시, 국립 법무대학 구상 등 권력적인 관료법조의 양성기관을 구상하기에 이르렀다.

74) 이러한 사법행정상의 변화는 기존의 재판관회의를 완전히 형해화하는 것이었다. 柏崎敏義, 前揭書, 162面 以下 참조.

75) 小田中聰樹, 前揭書, 116面.

76) 대표적인 사례가 1959년 12월 16일의 *砂川*판결이다. *砂川*판결은 미국군대가 주둔하는 것이 헌법 제 9 조 2항 전단(전력보유금지)에 반한다고 한 하급심 판결에 대하여 최고재가, 안보조약은 고도의 정치성을 갖는 것으로 사법심사에 속하지 않는다고 하여 위헌법령심사권을 회피한 판결이다. 하급심의 판결에 충격을 받은 지배층은 사법정책의 전면적 재검토를 행하여, 임시사법제도조사위원회 의견서를 낸 것이다.

77) ジュリスト 第307号 62面 以下에 全文이 수록되어 있다.

3) 위기기(1964년-1974년)

이 시기는 우익언론이 중심이 되어 법관의 사상 및 표현의 자유에 대하여 공격을 가하면서, 사법관료 및 보수 정당들까지 이에 가세하여 소위 「편향재판」비판이 행해지고, 長沼(ながぬま)ナイキ소송에서의 平賀書翰사건과 같은 재판간섭,[78] 그에 이은 青年法律家協議會(青法協) 공격 등, 사법반동화의 시기이었으며, 한편으로 헌법소송을 통한 재판투쟁의 경향이 적극적으로 나타난 시기이다.[79]

「편향재판」비판은 1966년 이후의 공안사건, 노동사건에 있어서 위헌판결을 시초로 하여 우익잡지 「全貌」가 1967년 10월호에 「재판소의 공산당원」이라는 제목으로 특집을 꾸며, 청년법률가협회(청법협)와 전사법노동조합을 용공조직으로 공격하여 시작되었는데, 그 외에도 잡지 「경제왕래」가 1967년 10월호에 전후재판의 경향이라는

78) 「편향재판」비판은 소위 平賀書翰사건을 계기로 격화되었는데, 이 사건은 1969년 9월, 삿포로 지방재판소에서 재판 중이던 長沼(ながぬま)ナイキ소송에서 동 재판소 소장 平賀健太가 동 사건의 총괄재판관에게 보낸 서한으로부터 촉발되었다. 당시 일본정부의 제 3 차 방위력정비계획에 따라, 비핵탄두전용으로 개조된 지대공 미사일 나이키 허큘리즈 기지를 북해도 나가누마 시에 건설할 목적으로 보안림을 해제하려는 농림부고시가 있게 되자, 주민 173명이 삿포로 지방재판소에 보안림해제처분취소청구소송의 행정소송을 제기하고 소송확정까지 해제의 집행정지를 신청한 사건이었다. 이에 平賀健太 삿포로 지방재판소장은 이 사건이 어떠한 문제인지, 관할이 있는지, 그로부터 변론을 개시하는 것이 좋은지 어떤지 등과 같은 것을 미리 상의하라는 메모를 재판부 총괄재판관에게 건네주었다. 이는 사건의 법률상 및 사실상의 문제점에 관하여 자기의 견해를 표명한 것이지만, 명백히 재판에 간섭한 것이었다. 또한 또 재판결정고지일을 연기하라고 압력을 가하여 결정을 미루게 하였지만, 재판부는 보안림해제의 집행정지신청을 인용하였다. 삿포로 지방재판소 재판관들은 서한문제와 관련하여 회동하여 서한을 공표하기로 하였다. 최고재는 平賀 소장을 주의처분하고, 동경고재판사로 전출하였다. 한편, 정치세력과 우익언론 등은 平賀 소장의 재판간섭문제를 사신공개문제 및 청법협문제로 전환시켜 진보적인 법관들에 대한 비판으로 논쟁의 초점을 바꾸어 버린 것이다.

79) 이 시기의 헌법재판 중 중요사건으로는, 全遞東京中郵사건(66년), 惠庭사건(67년), 猿拂사건(68년, 74년), 都敎組사건(69년), 敎科書檢定사건(70년), 尊屬殺違憲판결(73년), 全農林警職法사건(73년), 長沼사건(73년, 76년), 衆議院定數違憲판결(76년)등 많은 헌법재판판결이 있었다.

제목으로 「편향판결」을 비난하는 기사를 실었고, 日經連타임즈 9월 28일호에 청법협 등을 비난하는 기사가 게재되었다. 사법관료들도 우익 및 재계에 동조하여, 最高裁는 잡지 「全貌」를 대량구입하여 전국 재판소에 배부하고, 1969년 신년사에서 최고재 소장 横田正俊은 편향재판 비판이 제기되었음을 지적한 후, 편향재판 비판에 동조, 영합하는 자세를 보였다. 또한 자유민주당사법제도조사회는 법원의 판결경향에 대하여 조사하고, 재판관의 임명방법을 바꿀 것과 소추제도를 활용할 것 등을 주장하기도 하였다.

이러한 「편향재판」비판은 철저한 반공의식과 반인권의식에 기초한 것으로, 민주주의적 기본적 인권존중의 재판을 전부 공산주의 사상의 산물이라 한 것이었으며, 재판을 재판 자체로 비판하는 것이 아니라, 재판관을 비판함으로서 전개되었다. 재판의 편향성 여부를 재판관이 소위 용공세력이라 하는 靑法協에 소속되어 있다는 것에 따라 결정하는 것으로 이론적 파탄에 이른 것이었다.

자민당과 우익언론을 등에 업은 사법관료들은 平賀서한을 정당화하고, 청법협회원인 재판관들에 대한 탈퇴공작을 개시하였다. 아울러, 청법협을 와해시키려는 목적의 일환으로 청법협에 가입한 22기 사법수습생의 임용을 거부하여, 당시 자민당의 정책에 동조하였다. 이는 재판관의 결사의 자유에 대한 중대한 침해이었다. 사법관료들은 이 외에도, 사상 공격, 양심적 재판관의 배제, 국민적 비판의 묵살 등을 통하여 사법부를 정치권력의 의도에 따라 무력화하려고 시도하였다.

한 마디로 말하여 이 사법반동은 군국주의 부활과정에 있어서 정치반동을 보완하는 것이었고, 군사, 치안, 교육, 노동 등의 모든 분야에서의 반동적 정책에 합헌 · 합법성을 부여하는 재판내용의 반동화를 궁극의 목표로 하는 것이었다.[80] 지배층의 이 같은 정치적 요

80) 小田中聰樹, 前揭書, 191面.

청은 특히 군사 및 치안의 면에서 강한 것이었다.

사법반동화의 경향은 형사사법의 영역에서도 마찬가지로 나타났다. 1969년에 東大사건을[81] 계기로 한 일련의 소위「집단폭력사건」에 대하여 대량체포, 대량기소가 행해지고, 천 수백 명에 대한 심리과정에서 분할심리방식이 채택되었으며, 궐석재판과 궐석판결, 국선변호인 문제, 법정경비의 강화 등의 반동화경향이 나타났다.[82]

4) 완성기(1975년 이후)

이 시기는 임시의견서 이후의 행정종속적인 관료사법체제의 확립과 그에 기인한 정책이 실현되면서도, 사회보장관계 소송, 공해소송, 교과서 소송, 합사소송 등 헌법재판소송이 적극적으로 제기된 시기이다. 그러나 전반적으로 운동의 강도가 약화되고 분산화된 시기이다. 이 시기 첫째로 문제된 것은 판검사교류에 관하여서인데, 1948년 이래 재판소와 법무성 사이에 있어서 인사교류가 이루어져 왔다. 특히 1971년 이후 급증하여, 1974년 이후는 20인 이상, 많을 때에는 60인 정도의 인사교류가 행해져 왔다. 임시의견서에서는 판사보의 연수강화를 이유로 하고 있었지만, 실제로는 재판관이 국가의 법무부문을 지원하는 결과로 되어, 재판소와 법무성(행정권)의 일체화이다.[83] 그리고 이 코스가 엘리트코스라고 하는 것이다. 권력분립에 있어서 행정권에 대한 억제와 균형기능이 상실되어 버릴 위험성이 있다. 여기서는 사법의 공정성에 대한 신뢰가 없게 될 것이다.

둘째로, 신임판사보연찬제도에 있어서 72년부터 동경연찬방식이 실시되어, 82년에 새로이 12대청(동경, 오사카, 나고야, 요코하마, 교토, 후쿠오카, 고베, 삿포로, 히로시마, 센다이, 우라와, 지바 등의 각 지방재

---

81) 1969년 1월 18일과 19일, 동경대 캠퍼스와 야스다강당에서 정부의 친미반동화 정책을 반대하여 일어난 대규모 소요사건이다.
82) 상세한 것은, 小田中聰樹, 前揭書, 191-235面 참조.
83) 柏崎敏義, 前揭書, 169面.

판소)에 있어서 2년간의 신임교육을 받는 제도로 변하였으며,[84] 참여판사보제도도 설치되었다. 이 제도는 1972년 9월 13일에 지방재판소에 있어서 심리에 판사보의 참여를 인정하는 것으로, 선배재판관이 재판처리의 기술을 습득시키는 것이었지만, 재판을 기술적으로만 처리하는 위험성이 있다는 비판이 있었다.[85]

셋째로, 재판기구의 합리화로서, 1987년 9월 간이재판소통폐합법이 제정되고, 간이・지부의 통폐합이 이루어졌다.

넷째로, 임관거부의 문제이다. 1987년(39기)의 3명에 대한 임관거부부터 6년간 행해지지 않았지만, 1994년 4월(46기) 임관희망자 105명 중, 1인이 거부된 것이다.[86] 거부이유로는 몇몇 추측되고 있지만, 그 중에서도 현저한 것은 당해 희망자가 箕面충혼비소송의 원고보조참가인으로서 협력하고 있었다는 이유이었다. 최고재의 의향에 부합하지 않는 인물의 배제라는 노골적인 인사로 평가되었다.

다섯째로, 법조양성제도와 관련하여 1996년 5월의 시험부터 사법시험제도의 개혁이 행해졌다.

5) 법조양성제도의 개편[87]

21세기를 눈앞에 둔 1999년 7월 27일 사법제도개혁심의회가 출범하면서 시작된 일본의 사법개혁은, 사법의 국제화・사법액세스・ADR・중재제도・공적 변호제도・노동관련 재판제도・행정소송제도, 지적재산소송제도에 관한 개혁은 물론이고, 일본식 참심제도인 재판원제도와 일본식 로스쿨인 법과대학원제도의 도입에까지 미치고 있

84) 비판적 견해로, 中尾正信, 新任判事補研鑽方式の問題點, 法律時報 54券 9号(1982) 40面 以下.
85) 三宅陽, 管理社會下の裁判所, 法律時報 54券 9号(1982), 22面 以下.
86) 柏崎敏義, 前揭書, 171面.
87) 이하의 내용은, 김창록, 일본 사법개혁 논의의 경과와 현황—법과대학원제도의 도입을 중심으로—, 사법제도비교연구회, 제17회 발표문(2004. 2. 4.)을 참조하라.

는, 문자 그대로 '국가적 인프라'에 대한 대대적인 수술로서 추진되었다. 일본의 사법개혁은 1997년부터 법조 3자의 바깥에서 보다 근본적인 사법개혁을 요구하는 강력한 움직임이 대두되었고, 그것이 힘을 얻으면서 일본의 사법개혁은 전혀 새로운 국면을 맞이하게 되었다. 그 움직임은 크게 두 개의 흐름으로 나누어 볼 수 있다. 하나는 정부·자민당·경제계에 의한 행정개혁·규제완화 노선 속에서의 사법개혁 움직임이고, 다른 하나는 일본변호사연합회 등 시민들에 의한 사법개혁 움직임으로 전개되었다. 1999년 6월 9일에 공포된 「사법제도개혁심의회설치법」에 따라 설치된 사법제도개혁심의회는 1999년 7월 27일에 첫 회의를 시작하여, 2001년 6월 12일에 최종보고서를 완성하여 총리에게 제출하였고, 2001년 12월부터 내각에 설치된 사법제도개혁추진본부에 의해 구체화되었다.

법과대학원은, 21세기의 일본에서 사법이 기대되는 역할을 충분히 달성하기 위한 인적 기반을 확립하는 것을 목적으로 하고, 공평성·개방성·다양성을 교육이념으로 하여, 2004년 4월부터 개원하여 오늘에 이르고 있다. 사법시험도 개편하여, 구 사법시험과 신 사법시험으로 나누어 시행하되, 2006-2011년까지 병존하도록 하고, 이후에는 신사법시험으로 통합하도록 되어 있다.

일본의 사법개혁의 가장 두드러지는 특징은 그것이 정계와 경제계에 의해 촉발되었다는 점이다. 야당을 포함하여 정당과 경단련이 각각 적극적으로 사법제도개혁에 앞장섰으며, 법조 3자 중 일변련은 상대적으로 적극적인 역할을 했다. 뿐만 아니라, 궤도에 오르기까지는 별다른 영향을 미치지 못했으나, 논의가 본격화되면서, 시민들의 활력은 급속도로 살아났다. 이러한 시민들의 활력은 그간의 활동 속에서 마련된 것이라고 할 수 있다. 배심제도의 재시행을 위한 시민들의 활동도 포함해서, 일본의 시민들은 오래 전부터 재판비판, 재판운동, 재판투쟁 등 사법의 개혁을 위한 다양한 활동을 전개해

왔기 때문에 가능했던 것이었다.

2007년 현재, 일본은 사법개혁심의회가 제시한 안건들을 폭넓게 실현시켜 가고 있다.

제 4 장

우리나라의 법과 정치

Ⅰ. 미군정기—국가부재의 법치국가?

1. 미군정기의 정치상황

1945년 8월 15일의 해방은 대한민국의 광복을 위해 애쓴 많은 독립투사들의 노고를 뒤로 한 채, 연합군의 힘에 의해 달성되었다.[1] 결국 해외 망명독립투사들의 항일전에서의 기여는 연합국측으로부터 별로 인정을 받지 못한 채, 한민족 문제는 미국과 소련 두 점령국에 의하여 국토가 분단점령된 채, 이들에 의해 결정될 수밖에 없었다. 이 비극은 곧바로 우리의 헌정사를 왜곡시키는 결과로 이어졌다.

연합군측의 남한 점령군의 최고책임자인 미국의 하지 사령관은 처음에는 일제의 조선총독정치를 그대로 유지하려 하다가 한국인들의 맹렬한 반대에 부딪혀 이를 수정하였고,[2] 1945년 9월 9일에 포

---

1) 실제 1945년 8월 중국의 西安에서는 조선본토수복을 위한 광복군의 훈련이 실시되었지만, 8월 15일 해방으로 말미암아 무산되고 말았다. 송건호, 해방의 민족사적 인식, 송건호 외, 해방전후사의 인식, 서울, 한길사, 1980, 수록, 19면 참조.

2) 당시 미점령정책의 공식명령계통은 미국정부→극동군최고사령부(SCAP)→미군정부이었고, 미국정부기구 가운데에서 정책결정의 권한을 가진 기관은 삼성조정위원회(SWNCC: State-War-Navy Coordinating Committee), 특히 그 하부기관인 극동소위원회이었지만, 미군정의 초기의 점령정책은 중요한 기본정책을 제외하고는 실제로 이러한 절차를 거치지 아니하고 현지 사령관에 맡겨져 있었던 것으로 보인다. 김운태, 미군정의 한국통치, 서울, 박영사, 1992, 87면 이

고문 제 1 호를 발표하여, "북위38도 이남의 지역과 동 주민에 대한 모든 행정권은 당분간 본관의 권한하에서 시행"한다고 하였다. 아울러 미군정은 30년 법통을 지닌 임시정부와 국내의 「건준」의 「인민공화국」을 모두 부인하고,[3] 군정일변도로 나아갔다. 이 때 미군정에 적극 협조하여 강력한 발언권을 행사한 것이 한국민주당이었다. 그리고 미군정은 구 총독부 관리인 일인들을 「행정고문」이라는 명칭으로 그대로 영향력을 행사하게 하였고, 총독시대의 한국인 경찰관리들을 그대로 유임시키는 등, 일본군국주의의 잔재를 청산할 생각을 전혀 보이지 않았을 뿐만 아니라, 오히려 附日民族反逆者들을 보호했다.[4] 이러한 상황 속에서 일제잔재인 친일세력들이 재등장하고, 미국에서 귀국한 이승만은 이들 친일세력을 정치기반으로 하여 집권을 위한 정치적 공작을 시도하였다. 1946년 6월 통일국가건설을 위한 좌우합작운동이 김규식, 여운형 등에 의해 추진되자, 이승만은 남한만의 단독정부라도 세워야 한다고 하여 합작운동을 반대하고, 한민당이 이에 동조하여 남한만의 단독정부를 수립하는 방향으로 준비를 서둘렀다. 이에 좌우합작파들은 민족자주연맹을 결성하고 김구와 제휴하여 남북협상을 추진하였다.[5]

이러한 와중에서 한민당 당수였던 송진우(1945년 12월 30일), 여

하 참조.

3) 「건준」의 「인민공화국」에 대해서는 1945년 10월 10일에 아놀드 군정장관이 이에 대한 부인성명을 발표하였고, 뒤이어 하지 주한미군사령관의 부인성명이 있었다. 또 重京 임시정부에 대해서는 망명정권으로 인정하지 않았기 때문에 나중에 이승만 및 임정요인들의 환국을 개인 자격으로 규정하였다. 미국이 이승만과 임정의 요인들을 개인 자격으로 규정한 것은 미국이 한국의 망명정권을 적법정권으로서 주권행사기관으로 인정하지 않을 뿐더러 그들을 전후처리의 협의대상으로 취급하지 않았음을 의미한다.

4) 남조선과도입법의원에서 1947년 7월에 제정한 「民族反逆者·附日協力者·奸商輩에 대한 特別法」이 미군정의 동의를 얻지 못한 채 끝내 공포되지 않았던 것이 그 한 예이다.

5) 이 민족자주연맹에는 나중에 初代 대법원장이 된 김병로도 준비위원으로 참여하고 있었다.

운형(1947년 7월 19일), 장덕수(1947년 12월 2일) 등의 정계 요인이 암살되는 사건이 발생하고, 미소공동위원회가 실패하였으며, 1947년에는 한국문제가 UN으로 이관되어 해결책을 모색하게 되었다.[6] 1948년 2월 26일 UN은 남한만의 단독 총선거를 결의하여 1948년 5월 10일 이내에 남한에서의 총선거를 실시하기로 결정하였다. 5·10 총선거를 통해 제헌의회가 구성되고, 이 제헌 국회는 7월 17일 헌법을 공포한 뒤, 미군정과 친일파를 다수 포함한 한민당을 등에 업은 이승만을 초대 대통령으로 선출하였다. 곧이어 정부각료가 조각되고, 8월 12일에는 미국에 의하여 합법정부승인을 받았으며, 이에 미군정은 대한민국이 수립된 8월 15일자로 군정을 폐지한다고 선언하였다.[7]

결론적으로 보면, 한 마디로 미군정기의 정치상황은 국가부재의 상황이자 국가형성과정의 상황이었다. 이러한 현실적인 국가부재의 상황은 미군정이 한민족의 독자적인 정치세력으로서 국외의 임시정부와 국내의 「건준」 양측을 모두 인정하지 않았기 때문에 야기된 상황이었으며, 이것은 또한 당시의 2차대전 후의 이데올로기적 대립구도가 영향을 미쳤기 때문으로 생각된다. 미군정기의 우리나라는 신국가수립이라는 시급한 과제를 안고 있었으며, 이 신국가수립은 또한 안으로는 식민지잔재의 청산과 밖으로는 냉전 이데올로기로부터의 탈피라는 두 가지의 지난한 과제를 동시에 짊어지고 있었던 것이다. 아니 이 두 가지의 과제는 오히려 적극적으로 우리나라의 장래를 결정하고 말았음을 그 후의 헌정사가 적절하게 보여주고 있다.

6) 송건호, 解放前後史의 認識, 서울, 한길사, 1980 수록, 28면에서는 해방직후의 정치노선을 4개의 노선으로 나누어, 첫째, 이승만 노선, 둘째, 김구·김규식 노선, 셋째, 여운형 노선, 넷째, 박헌영 노선으로 규정하고, 이를 압축시켜 이승만 노선과 박헌영 노선의 내립으로 집약하고 있다.

7) 김영명, 한국현대정치사, 서울, 을유문화사, 1992, 152면 이하에서는 군정기의 힘의 균형의 변화과정을 4단계로 나누어, 1) 좌파선제기(1945년 8월-12월), 2) 좌우파대치기(1946년 1월-5월), 3) 우파득세기(1946년 5월-1947년 9월), 4) 우파 승리 및 분단국 수립기(1947년 9월-1948년 8월)로 나누고 있다.

그리고 미군정이 민주주의국가인 미국의 군이었음에도 불구하고, 미군정은 형식적인 민주주의를 도입하였을 뿐, 일제잔재를 그대로 보존함으로써 장차의 우리나라의 민주주의에 무서운 독소를 남겨놓았던 것이다.[8)]

2. 사법부의 판결

1) (구)민법 제14조에 대한 무효선언판결

(구)민법 제14조는 처를 무능력자로 규정하고 있었는데, 대법원은 1947년 9월 2일 이 규정에 대하여 무효선언을 하였다. 그 판결이유를 보면,

> 「처에 대하야는 민법 제14조 제 1 항에 의하여 그에 해당한 행위에는 부의 허가를 수함을 요하야 그 능력을 제한한바, 이는 부부간의 화합을 위한 이유도 없지 않으나 주로 부에 대하여 우월적 지배권을 부여한 취지라고 인정치 않을 수 없다. 그런데 서기 1945년 8월 15일로 아방은 일본의 기반으로부터 해방되었고, 우리는 민주주의를 기초삼아 국가를 건설할 것이고 그 법률·정치·경제·문화 등 모든 제도를 민주주의이념으로써, 건설할 것은 현하 우리의 국기라 할 것이다. 그러므로 만민은 모름지기 평등할 것이고 성의 구별로 인하여 생한 차등적 제도는 이미 민주주의 추세에 기인한 변화를 본 바로서 현하 여성에 대하여 선거권과 피선거권을 인정하고 기타 관리에 임명되는 자격도 남성과 구별이 무하여 남자와 동등한 공권을 향유함에 이르른 바인즉, 여성의 사권에 대하여도 또한 동연할 것이매, 남녀평등을 부인하든 구제도로서 그 차별을 가장 현저히 한 민법 제14조는 우리 사회상태에 적합치 아니하므로 그 적용에 있어서 적당한 변경을 가할 것은 자연의 사태이다. 자에 본원은 사회의 진전과 법률의 해석을 조정함에 의하야 비로소 심판의 타당을 기할 수 있음에 감하여 동조에 의한 처의 능력 제한을 인정치 아니하는 바이다.」[9)]

---

8) 송건호, 앞의 글, 21면.

9) 대법 1947. 9. 2. 선고, 민상 제88호 판결. 전문은 법정 2권 10호(1947. 10.), 49

라고 하였다.

이러한 대법원의 판단에 대하여 법조계와 학계는 의견이 분분하였는데, 그 대표적인 학설은 「헌법재판설」,10) 「조리재판설」,11) 「현실변화설」12) 등의 견해를13) 들 수 있다. 당시의 학설상황은 어쨌든 간에 국가가 완전히 성립되지 않았고, 또 헌법이 제정되지 않았음에도 불구하고, 대법원에서 이와 같은 판결을 내릴 수 있었다는 것 자체를 높이 평가할 수 있을 것이다. 어쩌면 정치세력이 혼란기에 있었기 때문에 반사적으로 사법권이 자유로울 수 있었던 것이라고 보아야 할 것이다.

2) 신문지법의 존속선언판결

대법원은 1948년 5월 21일 구한말 광무년간에 제정되고, 일제시대에 적용되던 신문지법에 대하여 효력을 지속한다는 결정을 내렸다. 일제 때부터 적용되던 법률은 군정법령에 의하여 효력의 지속여부가 정해졌기 때문에 효력을 지속하는가 아닌가에 대한 해석의 여지가 많이 남아 있었다. 신문지법에 대해서도 그 존속여부가 많이 논란이 되고 있었던 차에, 서울고등심리원은 1947년 4월 7일 형상제369호 포고 제 2 호 및 신문지법위반 피고사건에서 신문지법의 실

면 참조.

10) 홍진기, 사법재판소의 법률심사—민법 제14조의 무효선언판결에 관하여—, 법정 2권 11호(통권 14호)(1947. 11.), 4-9면 참조. 이 글은 당시의 조선을 「생성중인 국가(the state in the making)」로 보고, 이 생성중인 국가의 건국이념을 실질적 의미의 헌법으로 보아 민법 제14조가 이에 위반되고, 그 효력은 판결선고시인 9월 2일부터 상실한다고 주장한다.

11) 김갑수, 군정과 일본법적용의 한계(5 · 완), 법정 2권 10호(통권13호)(1947. 10.), 36면 이하 참조.

12) 이 설은 필자가 붙인 이름이다. 장후영, 民法 제14조의 운명, 법정 3권 4호(통권 18호)(1948. 4.), 6-7면 참조.

13) 김증한, 법정 3권1호(통권16호)(1948. 1.), 39면 이하에서는 헌법재판설, 조리재판설 양설을 모두 비판하고, 당시의 대법원이 법률의 실효를 선언할 권한이 없다는 점과 당시의 조선의 사회실정에 적합하지 않다는 이유로 민법 제14조를 적용하지 않는다는 것은 부당하다는 점에서 동 판결을 비판하고 있다.

효를 선언하였다. 그러나 이 판결에 대하여 검찰이 상고하여 대법원에서 판결이 내려지게 되었던 것이다. 대법원판결에 따라 사건을 추정하면, 피고인 모 씨가 1947년 7월 2일경에 모 신문지에 공중치안질서를 교란하고 정당한 행정을 방해하는 기사를 서명을 넣어서 게재하였다는 것이다. 검찰의 상고이유는 ① 신문지법은 원래 한국법이므로 일본인을 대상으로 하는 신문지규칙과 대비하여 형벌에 있어 중한 것이 있더라도 차별법이라고 할 수 없고, ② 신문지법은 일제 때의 악법이지만, 군정법령 제11호 제 1 조에서 폐지할 것을 정하는 데에서 제외되어 있으므로 해방 후 남조선의 치안유지를 위해 계속 존치하여야 하고, ③ 당시의 남조선의 신문지 등이 필진을 악용하여 일개인이나 당파의 정치적 목적을 달성하고자 하는 사례가 많고, 표현의 자유를 보장하더라도 그 한계를 넘는 경우에 이를 단속할 방도가 마련되어야 하기 때문에 신문지법은 존속되어야 한다고 하였다.

대법원은 이에 대한 판결의 이유를 다음과 같이 들고 있다.

> 「안컨대 신문지법은 한국정부에 의하여 제정공포된 법률인 것은 소론과 같으나, 이 사실을 들어 동법은 조선인이 자주적으로 제정한 고유의 법률이며 일본인이 조선인에게만 적용키 위하여 제정한 것이 아니라 할 수 없음은 동법이 한일합병시 소위 제령 제 1 호에 의하여 신문지규칙과 함께 그 효력이 존속되어 전자는 조선인 후자는 일본인에게 각각 적용되어온 점에 비추어 명백하므로 동법이 조선정부의 법률이고 조선인에게만 적용하기 위한 것이 아니라 하여 동법의 존속을 긍정할 수 없음은 물론 동법은 출판법과 동일한 제정공포의 경위와 효력을 가지고 법리상 동등한 가치를 가진 것임에도 불구하고 출판법만이 법령 제11호 제 1 조에 거시되고 신문지법이 거시되지 않았다는 사실만으로써 동법의 폐지를 부정하는 이유를 삼으려 함도 또한 당치 않다. 만일 소론과 같이 신문지법이 과연 출판법과 동일한 제정공포의 경위와 효력을 가진 법으로서 동법과 법리상 동등한 가치를 가지는 것일진대 법령 제11호 제 1 호가 종래 법 중 폐지될 법령을 제한적으로 열거함에 그치지 않은 이상 동 법령의 적용상 신문지법이 출판법과 운명을

달리할 이유가 없다.」[14)]

고 하여 상고이유의 ①, ②를 배척하였으나(③에 대해서는 판단이 없다), 다른 이유로 신문지법의 존속을 판결하였다. 즉,

「신문지법의 실효여부는 동법이 법령 제11호 제 2 호의 소위 차별법에 해당하는가 아니하는가에 의하여 결정할 것인바, ―중략―동조의 취지는 일제에 의하여 형성되었던 조선인의 법률상 억압 내지 불이익한 지위를 철폐하므로써 조선인에게 정의의 정치와 법률상 균등을 회복시키려 함에 있다 할 것이므로 동일한 사항에 관하여 조선인을 대상으로 하는 법령과 일본인을 대상으로 하는 법령이 각 별개의 법령으로서 때를 같이 하여 병존하였다는 그 사실 자체가, 즉 동조에 소위 차별이라 할 수 없음은 자명한 바일 뿐만 아니라 동시에 동조의 차별은 이를 각 법규의 적용자체가 종고 등을 이유로 하는 불이익 또는 불균등을 초래하는 경우를 말하는 것으로 해석하는 것이 타당하다 할 것이다. 이제 신문지법 제26조 제37조를 보건대 동조 등은 사회의 질서 또는 풍속을 괴란하는 사항을 기재한 경우에 발행인 편집인 및 기사에 서명한 자를 처벌하는 규정으로서 동일한 취지의 규정은 신문지규칙에서도 이를 볼 수 있을 뿐 아니라 그 형에 있어서는 도리어 전자가 후자에 비하여 경하매 신문지법 제26조 제37조는 그 적용으로 인하여 조선인에 종족 국적 신조 또는 정치사상을 이유로 차별을 생기게 하는 규정이라 논단할 수 없음은 전 설시에 의하여 명백하므로 동규정은 법령 제11호 제 2 조에 의하여 폐지된 것이 아니다.」[15)]

이 판결에 대하여 당시 사법부 법률조사국장이었던 김갑수의 반론이 제기되고 있다.[16)] 반론의 요지를 보면, 첫째로, 신문지법은 비록 한국법이기는 하나, 그 법은 일본의 뜻에 따라 제정된 법이며, 또한 한일합병 이후 30여 년이나 조선인의 언론과 정치운동을 억압봉쇄하는 데에 이용되었고, 둘째로, 일본이 신문지규칙을 따로 만들

14) 김갑수, 판례비평 신문지법의 실효여부, 법정 3권 6호(통권20호)(1948. 6.), 8면 이하 참조.

15) 김갑수, 앞의 글, 9면.

16) 김갑수, 위의 글, 10면 이하.

어 일본인에게 적용하고, 조선인에게 적용되는 법령을 그대로 둔 것은 일본인과 조선인을 차별취급하려는 의도한 간계임이 분명하고, 이는 신문지법과 신문지규칙의 다른 규정에서도 명백하므로, 신문지법의 실효여부는 각개의 규정마다 가분적을 정할 것이 아니라 법 전체를 통하여 불가분적으로 결정되어야 하는 것이라고 하였다. 또한 민법 제14조를 무효선언한 대법원은 응당 신문지법의 폐지를 선언하였어야 했다고 주장하였다. 그리고 반론의 말미에서는 대법원이 신문지법이 존속을 결정한 것은 필시 현재의 혼란한 사회정세를 고려한 결과로서의 고충의 소치임을 양해할 수 있으나 법률해석을 과히 정책에 예속시킨 과오는 크게 지적되어야 할 것이라고 하였다.

위의 대법원의 판결과 이에 대한 반론을 살펴보면, 신문지법의 효력상실이 타당한 논리인 것으로 보인다. 즉 이 대법원판결은 반론에도 제시되고 있는 것과 같이 당시의 혼란한 사회상을 고려하여 내려진 판결이기는 하지만, 법률의 해석에 있어서 현실의 문제를 지나치게 고려하였다는 지적도 또한 적절한 것으로 생각된다. 민법 제14조에 대한 무효선언판결과 비교하면 당시의 대법원의 현실에 대한 인식이 어떠하였는가를 짐작하게 해 준다.

Ⅱ. 이승만집권기의 정치와 사법

1. 이승만집권기의 정치상황

군정기 3년간의 정치투쟁을 거쳐 득세한 우익세력은 한국문제의 UN 상정과 그 결의에 의하여 단독정부를 수립하기 위한 정치과정을 진행하였다. UN 한국임시위원단이 소련에 의해 38선 이북으로 넘어가지 못하고 그에 따라 38선 이남지역에서의 총선거가 결정됨으로써 남한의 단정수립은 공식화되었던 것이다. 1948년 5월 10일 총선거에서 우익이 완전한 승리를 거두었는데, 이것은 이데올로기적으로 우익의 승리를 의미했고, 정치권력의 측면에서는 이승만의 정권장악을 뜻했다. 우익국가의 탄생 속에서 민간사회는 침체로 되돌아가게 되었다.[17]

분단국수립은 민간사회의 적극적인 참여가 배제된 채, 우익세력에 의하여 진행되었다. 1948년 6월 3일 헌법기초위원회가 구성되고, 유진오 씨 안을 원안으로 하고 권승렬 씨 안을 참고안으로 하여 초안을 작성하였다. 기초위원회에서의 토의과정에서 이승만의 강요로 원안이 상당부분 수정되어[18] 헌법초안이 국회에 상정되었고, 제1, 2독회를 거쳐 1948년 7월 12일에 국회를 통과하였다. 동년 8월 15일 역사적인 대한민국 정부수립이 선포되었고, 이 후 국가의 기본적인 조직을 위한 법령들이 제정되었고, 국가의 체제를 갖추게 되었다.

이승만은 초대대통령이 된 후 그의 정치적 반대자인 한민당 소속의 의원들을 내각임명에서 배제함으로써 권력의 우위에 서게 되었고, 지속적으로 권력을 강화하려 노력하였다. 이에 한민당은 임시정부세력과 통합하여 민국당을 결성하여 이승만에 도전하였다. 이승만은 제헌 전의 제주도 4·3 사건과 1948년 10월의 여순반란사건을 진압하여 반공체제를 강화하였고, 1948년 12월 국가보안법을 公布하여[19] 공산주의자 색출이라는 명목 아래 공산주의자가 아닌 자신의

17) 김영명, 앞의 책, 161면.

18) 유진오, 憲法起草回顧錄, 서울, 일조각, 1980, 45면 이하 참조. 제헌국회 이후의 권력투쟁은 이승만과 한민당간의 투쟁으로 압축되어, 한민당은 이승만을 명목상의 국가수반으로 내세우고 실질적인 정치권력을 장악하려 하여 의원내각제를 추진하였으나, 이승만은 모든 정파를 초월한 國父的 指導者로서의 자신의 지위를 양보하려 하지 않았다. 그 결과 국회가 대통령선출권을 가지고 대통령은 국회의 동의 없이 내각을 구성하는 기묘한 절충형이 나타난 것이다. 김영명, 앞의 책, 191면 참조.

19) 이 법 제정 당시의 배경, 동기, 제정과정, 역사적 의의와 성격 등에 관해서는, 박원순, 국가보안법연구 1, 역사비평사, 1992(증보판), 71면 이하 참조.

정적을 탄압하였다. 1948년 9월에는 반민족행위자의 처벌에 관한 법률이 공포되었으나, 이승만은 이 법에 의한 '반민족행위특별조사위원회'의 활동을 중단시켰다. 반민특위의 활동이 한창이던 1949년 5월에는 국회의 남로당푸락치사건이 발생하고, 6월 26일 김구가 암살되는 등 정치적 혼란은 여전하였다.

1950년 6·25 동란이 발발하자 국내는 걷잡을 수 없는 전란 속에 휩쓸렸고, 거창양민학살사건(1951. 2), 서민호의원사건(1952. 4), 부산정치파동(1952. 7), 중석불사건(1952. 7) 등 전쟁의 와중에서도 이승만과 정적들 사이의 정치투쟁은 끊이지 않았다. 전쟁이 끝난 이후에도 이승만은 자신의 권력강화를 목적으로 1954년 11월 2차 개헌을 강행하였으며, 1956년 5월에는 제 3 대 대통령 및 제 4 대 부통령 선거로 다시 대통령에 당선되었다. 이 와중에서도 대구매일신문 필화사건(1955. 9), 김창룡특무부대장 피살사건(1956. 1) 등 정치적 사건들이 끊이지 않았고, 정 · 부통령선거에서의 부정폭로 등으로 정치투쟁이 계속되었으며, 장면 부통령이 저격받기도 하였다.[20]

이승만정권의 정치적 의미는 먼저 이것이 한민족에 의한 최초의 근대국가 형성을 의미했다는 점에서 찾을 수 있다. 그러나 이 국가는 자유민주주의를 명분으로 내건 권위주의적[21] 정권에 의해 지탱되었다. 해방직후의 상황하에서는 아래로부터의 자유민주주의를

20) 이승만 정권의 변천과정은 크게 3단계로 나누어 볼 수 있다. 제 1 단계는 초기 권력확립기(1948년 건국—1952년 부산정치파동), 제 2 기는 개인적 권력확립을 통한 권력안정기(1952년-1956년 정부통령당선), 제 3 기는 권력쇠퇴기(1956년 정 · 부통령당선—1960년 4·19혁명)이다. 김영명, 앞의 책, 190면 이하 참조.

21) 권위주의체제의 구조기능적 특성을 요약하면, 첫째, 권력구조의 불균형, 즉 행정의 우위현상이다. 정치과정의 경쟁원리가 무시되고, 지배권력이 책임성과 대응성을 갖지 않으며, 통치권자의 권한이 강화되고 지위가 격상된다. 둘째, 정당이나 의회 등의 동의기제가 퇴화하고 반면에 억압기제가 발달한다. 셋째, 국가관료제는 중립성을 상실하고 통치권력의 지배도구로 기능하는 종속성을 띠게 된다. 넷째, 국가는 사회부문에 비해 높은 상대적 자율성과 중심성을 향유한다. 다섯째, 사상과 이념의 일원화를 추구하고 극우, 극좌의 이분법적 양극논리를 선호한다. 김호진, 韓國政治體制論, 서울, 박영사, 1990, 53-54면 참조.

추진할 사회세력이 형성되지 못하였고, 미군정의 주도하에 좌파 및 민족주의 세력이 거세되어 미군정에 의존하는 구 식민지 관료들 및 국가부문에 의존하고 있던 세력들이 권력을 장악해 가는 과정이 미군정기와 이승만 정권초기의 상황이었다.[22] 이 시기의 한국정치의 특징을 보면,[23]

첫째, 일본식민통치와 미군정하의 조직을 그대로 물려받고 한국전쟁을 계기로 급속히 비대해진 군, 경찰, 관료를 바탕으로 국가는 상당한 조직력과 무장력을 갖추었던 반면, 해방 후 급속하게 분출했다 좌절한 민간사회는 오랫동안 침체상태를 벗어나지 못했다. 그 결과 국가의 민간사회에 대한 힘의 우위가 이 정권하에서 지속적으로 유지되었다.

둘째, 국가의 자율성은 정책능력으로 연결되지 못하였다. 국가의 민간사회에 대한 통제는 쉽게 확보할 수 있었으나, 이것은 국가기구들의 발전보다는 민간사회 자체의 미숙함에 기인하였다. 정부는 부패에 휩싸였고 경제사회적 발전계획의 입안이나 집행에서 무기력했다.

셋째, 우익이 지배한 반공의 국가구조와 자본주의적 경제체제가 사회의 기본구조로 정착되었고, 좌익이 궤멸하고 민간사회의 국가에 대한 도전이 미약하였기 때문에, 당시 정치의 주요 과정과 힘의 투쟁은 정치사회 내에 국한되었다. 그것도 이데올로기적으로 동질적인 정치엘리트간의 파당적인 권력 투쟁의 양상을 띠고 있었다.

넷째, 이승만 정권은 정치이데올로기로서의 미국식의 자유민주

---

22) 김동택, 한국사회와 민주변혁론 1950년대와 1980년대까지, 현대민주주의론, 서울, 창작과 비평사, 1992, 477면 이하 수록, 486면 참조.

23) 김영명, 앞의 책, 172면 이하 참조. 한배호, 韓國政治變動論, 서울, 법문사, 1994, 74면 이하에서는 이승만 정권의 정치과정의 특징을, 첫째, 여야간의 극한투쟁과 위기의 연속, 둘째, 행정부의 우위성, 셋째, 사법권독립의 상실, 넷째, 정치과정에 미친 미국의 광범위한 영향, 다섯째, 이익집단의 비조직화, 여섯째, 파벌중심의 정당과 명분에 집착하는 갈등해결양식 등으로 지적하고 있다.

주의를 내세웠다. 그러나 이를 뒷받침할 사회 경제적 배경이 전무하였을 뿐만 아니라 이승만 자신이 자유민주주의의 이식보다는 자신의 권력 강화와 유지에 더 몰두하였기 때문에, 정치체제는 권위주의화의 길을 밟았다. 또한 자유민주주의의 이념은 공산주의와의 대결이라는 분단상황의 논리로 인하여 실제로는 반공이념으로 대체되거나 變質되었다.24) 이 반공이념은 야당에게도 마찬가지이었지만, 이 이념이 그들에게 얼마나 내면화되어 있었는지는 의문이다.

다섯째, 정권구조의 측면에서 보면, 이 정권은 본질적으로 한사람에 의하여 지배되는 (신)가부장적 권위주의 체제이었다.25) 당시는 민간사회와 정치사회가 모두 미발달한 상태이었기 때문에 이승만의 개인적인 카리스마와 지명도가 국민들의 지지를 이끌어내는 데에 상당한 역할을 하였다. 이승만은 자주 헌정질서를 무시하고 국민에 직접 호소하는 대중 동원과 조작의 방법을 중요한 정치전략으로 이용하였고, 이에 상당한 성공도 거두었다. 이러한 상황은 정치제도의 발전을 저해하는 요소로 되었다.

24) 자유민주주의의 한국에서의 왜곡에 대해서는 박상섭, 한국정치와 자유민주주의, 한국정치학회 편, 현대한국정치와 자유민주주의, 서울, 법문사, 1986; 박광주, 한국의 국가이념과 현실: 자유민주주의 이념과 권위주의적 현실 간의 갈등, 한국정치학회보 제22집 제 2 호(1988) 참조.

25) 김호진, 앞의 책, 216면에서는, 이승만 집권기가 대체로 정치적 경쟁원리에 따라 운용된 점, 지방자치제가 폭넓게 실시된 점, 권력구조의 면에서 삼권분립의 원칙에 충실한 점 등에서 민주주의의 이념을 어느 정도 구현했다고 보고, 이를 고려하여 제 1 공화국체제의 유형을 경쟁적 준권위주의체제로 규정짓는다. 또 한국정치의 권위주의화의 시초를 1952년의 부산정치파동에서 찾는 견해도 있다. 한배호, 앞의 책, 35면 참조.

2. 사법부의 판결

1) 반민특위와 사법권

(1) 반민족행위처벌법의 제정경과와 활동

반민족행위자처벌의 문제는 해방 직후 우리 민족에게 가장 시급히 요구되는 것이었으나, 미군정청은 친일-반민족세력을 감쌌을 뿐만 아니라 그들을 중앙과 지방의 행정 및 사법기관에 널리 기용하기조차 하였다. 이에 불만을 품은 국민들은 1947년 7월 남조선과도입법의원으로 하여금 「민족반역자 · 부일협력자 · 간상배의 처벌에 관한 특별법」을 통과시켰으나, 미군정의 반대로 포고되지 못한 채, 시행되지 못했고,[26] 친일파 숙청의 문제는 계속 지연되고 있었다. 1948년 7월 17일 공포된 제헌헌법은 친일파 숙청문제에 대하여 부칙 제101조를 두어 특별법의 근거를 두고 있었다. 제헌국회는 제 1 공화국의 수립을 앞두고 친일파가 제 1 공화국에 참여하는 것을 저지하기 위해 「반민족행위처벌법」의 제정을 서둘렀다. 1948년 8월 5일 제헌국회는 동법을 기초할 기초특별위원회를 구성하고, 동년 9월 7일 「반민족행위처벌법」을 통과시켰으며, 제정과정에서 반대하던[27] 이승만도 어쩔 수 없이 9월 22일 이 법을 공포하였다(법률 제 3 호).

1948년 9월 22일 반민법이 통과되자, 그 다음날 친일파들은 서

---

26) 군정의 인준거부이유는, 첫째, 반역자 또는 협력자를 확인하는 것은 상당히 곤란하다는 점, 둘째, 모든 조선인은 어떤 의미에서는 간접적으로 일제에 협력한 자들이라는 점, 셋째, 이 문제에 대한 법률은 개인적 보복의 도구가 되어서는 안 된다는 점, 넷째, 이 법은 전조선민족을 대표하는 민선의 국회에서 제정하여야 한다는 점, 다섯째, 반역자는 통일된 인민의 요청으로 처벌되어야 하고 또 그 처벌은 조선전국을 통하여 같은 표준으로써 처벌되어야 한다는 점, 여섯째, 부일협력자를 처벌하는 규정은 그 목적에만 국한되어야 하고 간상배의 처단을 위한 규정과 혼합해서는 안 된다는 점 등을 들어 인준을 거부하였다. 박응무, 憲法 第101條 及 反民族行爲處罰法에 對하야(1), 법정 3권 11호(통권 25호)(1948. 11.), 6면 참조.

27) 반민족행위처벌법 제정에 대한 반대와 견제에 대해서는 길진현, 역사에 다시 묻는다, 삼민사, 1984, 43면 이하 참조.

울운동장에서 '반공구국총궐기 및 정권이양축하 국민대회'를 개최하고 반민법을 제정한 국회를 공개적으로 모독, 비난하였다. 그들은 자신들의 친일행각이 드러나 처벌받을 것을 우려하여 반민법의 제정에 앞장선 의원들을 공산당프락치이자 김일성의 앞잡이로 매도하였다. 그리고 이 대회에는 당시 이범석 국무총리까지 참석하여 축사를 하였는데 국회는 이에 대해 따지기도 하였지만, 여순반란사건, 대구6연대반란사건 등으로 흐지부지되고 말았다. 앞으로의 반민법적용에 험난함을 예고하는 것이었다. 이 와중에서 반민특위는 그 활동을 개시하여 1949년 1월 8일 친일재벌인 화신백화점의 사장 박흥식을 검거하는 것을 시작으로 거물급 친일파들을 체포하기 시작하였다. 이에 따라 특별재판부도 3월 28일부터 재판을 시작하였다. 이 과정에서 친일세력들은 반민특위요원들에 대한 암살계획을 세우거나 반민특위위원들의 약점을 잡아 견제하기도 하였다. 그러나 반민특위의 활동은 당시의 우리 국민들의 엄청난 지지를 받고 있었다.

(2) 이승만의 방해공작

반민특위가 활동을 개시하여 반민족행위자들에 대한 체포가 개시되자 이승만은 즉시 동년 1월 10일 담화를 발표하고 특위의 활동에 대한 제동을 걸기 시작하였다. 그러나 특위는 활동을 계속하여 일경출신으로 1948년 당시 수도경찰청 수사과장이었다가 피의자고문치사로 수배를 받고 있던 노덕술을 체포하였는데, 그 이튿날 이승만은 특위조사위원장과 위원 6명을 경무대로 불러 노의 석방을 요구하였다. 특위위원들이 위법적인 이승만의 요청을 거부하자, 이튿날로 다시 담화를 발표하여 친일경찰들을 비호하였다. 이에도 굴하지 아니하고 특위가 활동을 계속하자 이승만은 국회에 담화를 보내 반민법을 개정하겠다고 하였다. 이에 반민특위는 2월 17일 「반민법을 방해하는 대통령의 담화를 박함」이라는 강경한 성명을 내어 담화를 조목조목 반박하였다. 대통령의 담화에 대하여 오히려 강경한 반박으로 이승만의 체면이 깎이게 되자 정부는 2월 22일 반민자에 대한 규제를 대폭 완화하고 반민특위를 대통령소속으로 하는 반민법 개정안을 국회에 제출하였다. 이 개정안은 결국 반민자처벌을 대통령의 권한하에 두어 사실상 처벌하지 않겠다는 의도였던 것이다. 개정안을 제안한 이승만은 당시 신익희 국회의장과 김병로 대법원장을 불러 개정안 통과를 종용하였으나, 국회는 오히려 이 개정안을 폐기하여 버렸다. 이 국회의 폐기는 여론의 절대적인 지지를 받았다.

이승만의 적극적인 저지에도 불구하고 반민특위는 조사활동을 계속하여 3월 28일부터는 특별재판부의 재판이 개시되었다. 이에 친일분자들은 생사를 건 반격을 획책하여 반민특위를 습격하고 급기야 '국회프락치사건'을 발표하고 반민법 제정에 앞장섰던 국회소장파의원들의 일부(최태규, 이구수, 이문원)를 구속하였다. 친일분자들의 불법적 집회가 계속되는 와중에 일제고등경찰출신 경찰간부 2명이 구속되는 사태가 일어나자 서울시경산하 사찰경찰들이 사직을 결의하였고, 당시의 내무차관(장경근), 치안국장(이호), 서울시경국장(김태선) 등은 반민특위에 대해 구속경찰을 석방하지 않으면 실력행사의 불행한 일이 생길 것이라고 위협적인 경고를 하기도 하였다. 이 경고는 6월 6일 새벽 실행에 옮겨져 무장경찰대가 反民特委 본부를 포위하고 특경대원, 특위직원 등 35인을 체포하여 서울 시내 각 경찰서에 분산 수감하고 특위의 기기와 서류를 압수하였다. 이 사태에 대하여 국회는 정부의 책임을 추궁하려 하였으나 이승만은 불출석하고 국무총리와 내무장관만이 출석하여 국무총리는 대국적 처리를 바란다고 하였으나, 내무장관은 특경대가 정부의 해산명령에도 불구하고 계속 경찰권을 행사하므로 부득이한 조치였다고 강변하였다. 또 불출석한 이승만을 만나러 간 국회 대표들에게 이승만은 자신이 직접 지시하였다는 해명을 하였다. 이에 국회는 국무총리 이하 전 각료의 퇴진과 내무차관 및 치안국장의 즉시 파면 등을 요구하여 대응하였으나, 이승만이 국회에 출석하여 국회의 협조를 당부한다는 말로 국회의 체면을 세워주는 제스처를 보여 특위피습사건은 흐지부지 되었다.

이후 6월 21일의 국회프락치사건 2차검거로 소장파의원들이 대거 검거되고, 6월 26일에는 김구가 암살되는 등 특위의 활동은 크게 위축되었고, 이러한 분위기를 틈타 7월 6일 친정부계 의원들에 의해 제안된, 공소시효를 단축하는 반민법 개정안이 제출, 통과되었다. 50년 6월 20일까지로 된 반민법의 공소시효기간을 49년 8월 31로 단축함으로써 반민자 처단사업은 사실상 끝나게 된 것이다. 그리고 1949년 12월 19일 「반민족행위 재판기관림시조직법」이 공포되어 반민족행위처벌법에 규정된 범죄자를 심판하기 위하여 대법원에 임시특별부를 둔다고 규정하였으나, 1951년 2월 14일 「반민족행위처벌법 등 폐지에 관한 법률」이 공포되어, 반민족행위처벌법, 반민족행위 재판기관 임시조직법 등이 모두 폐지되었다.

(3) 김병로 대법원장과 이승만의 갈등

반민특위의 활동에 대한 대법원장 김병로의 생각은 기본적으로 이에 적극 찬동하는 것이었다. 그는 특별재판장으로서 특별재판관 전원을 소집한 회의에서, 반민자재판이 민족적 성업임을 강조하고 민족의 통의에 따라 공정하고도 신속하게 재판을 진행할 것을 당부하고, 이 사건을 처단함에 있어 첫째로, 전국적으로 반역자의 낙인이 찍힌 자를 주로 하고, 둘째로, 각 지방별로 반역자의 낙인을 받은 자를 주로 할 방침임을 밝혔다. 그리고 개인의 사감이나 편파한 관념에 흐르는 것은 절대금물임을 밝혔다.[28)]

반민특위의 활동에 강하게 저지하던 이승만의 태도에 대해 김병로 대법원장은 한 달여를 참다가 결국 이승만의 태도에 대하여 자신의 견해를 밝혔다. 그는 우선 대통령 담화의 취지는 반민법 자체

28) 길진현, 앞의 책, 77면 인용문 참조.

가 헌법에 어긋나므로 수정하라는 의미로 해석된다고 평가하고, 동법의 위헌문제는 헌법위원회에서 판단할 성질의 것이므로 그 심의 전에는 말할 수 없다고 하면서도, 반민법이 존속하는 한, 특위에서 반민법에 의해 행동하는 것은 불법이 아니라고 단언하였다.[29]

반민특위의 재판이 시작된 후 제 1 호 구속자였던 박흥식에 대한 보석이 허가되자, 특별검찰부의 검찰부장 및 검찰관 전원이 사퇴서를 극회에 제출하는 사태가 발생하였다. 국회는 특별검찰부장과 특별재판장을 불러 경위설명을 들었다. 이 때 김병로는, 특별재판부에서는 법에 따라 공정히 재판을 수행하여 왔고, 세상의 여론에 귀기울이지 않았다고 주장하고, 여론재판을 할 수 없다는 법관으로서의 꿋꿋한 자세를 보였다.[30]

김병로 대법원장은 또 경찰의 특위 습격과 특경대 해산에 대해서도 이를 비난하는 기자회견을 하기도 하였다. 그는 「경찰당국이 소위 특경대에 공여하였다는 무기라면 온전히 회수할 수 있을 것이다. 또 누구를 막론하고 법적 수속 없이 소지한 무기라면 경찰이 회수할 수 있을 것이다. 그러나 검찰총장을 비롯하여 각 공무원이 보신용으로 법적 수속을 밟아 정당히 소지한 것을 압수하는 것은 특별한 법령에 의거하지 않는 한 불법인 것은 물론이다」라고 하여, 경찰을 직접적으로 규탄하는 용기를 가졌다.[31] 국회프락치사건과 김구의 암살로 인해 반민특위가 약화된 후에도 이승만은 반민특위에 의해 구속된 자들의 석방을 요구했으나, 김병로는 이에 굴하지 않았다.[32]

(4) 평 가

반민족행위처벌법에 따른 특별재판부는 특별사법으로서 정치적 사법에 속하는 것이기는 하였으나, 초창기 우리나라의 사법권의 정

---

29) 김학준, 街人金炳魯評傳, 民音社, 1988, 331면 참조.
30) 김학준, 위의 책, 334면 참조.
31) 대한민국근대 36년사, 공동문화사, 1981, 848면.
32) 김학준, 위의 책, 337면.

치적 위상을 보여주는 좋은 사례로 평가될 수 있다. 특히 김병로 대법원장이 특별재판부의 재판장이었기 때문에 그 특별재판부의 활동과 김병로 대법원장의 역할은 당시의 우리나라의 정치상황하에서 사법권에게 요구된 것이 무엇이었으며, 또 그것이 어떻게 정치권력에 의하여 좌절되었는가를 보여주는 적절한 예인 것이다. 식민지 상황을 극복하고 새로운 국가를 건설함에 있어서 과거의 청산은 당연히 요구되는 절차이었으며, 이러한 청산은 신생국가의 사법권이 짊어져야 할 과제이었다고 할 것이다. 물론 대한민국이라는 신생국 사법권이 그러한 과제를 쉽게 해내기에는 많은 점에서 부족하였지만, 그 점은 정치권력의 정당성의 문제와도 직결되는 것이었다고 할 것이다. 그런 점에서 반민족행위처벌에 대한 특별재판부의 활동과 김병로 대법원장의 역할은 반민족행위처벌법이 제정되는 단계에서부터 이미 그 한계가 예정되어 있었던 것이라고 할 것이다. 그러한 한계를 벗어나기에는 지극히 어려운 것이었음이 반민특위의 재판과정에서 드러나기는 하였으나, 김병로 대법원장의 꿋꿋한 사법정신은 그나마도 반민특위의 활동을 빛나게 하는 한 요소이었다고 할 것이다.

2) 대구매일신문 필화사건

(1) 사건의 개요

1955년 9월 13일 대구매일신문이 「학도를 정치도구로 이용하지 말라」는 제목으로 최석채 주필이 쓴 사설에서, 당시 임병직 주미대사의 대구방문에 학생들을 대대적으로 동원하여 환영한 처사를 비난하는 내용을 실었다. 이에 불만을 품은 국민회 경북도본부 총무차장 김민과 자유당 경북도 감찰부장 홍영섭이 지휘하는 청년 40여 명이 다음날 동 신문사를 습격하여 기물을 파손하고 직원을 구타한 후 신문뭉치를 탈취, 도주하였다. 동 신문사는 비리 정보를 입수하여 경찰에 경호를 요청하였으나, 경찰은 형사 2명을 파견했을 뿐, 별다른 대비를 하지 않았다. 사건발생 3일 후 해괴하게도 '백주의 테러는 테러가 아니다'라는 당국의 발표가 있고, 이어서 사설의 필자인 최석채를 국가보안법위반혐의로 구속하였다. 어용단체들의 경고전단과 자유당의 대구매일 비난성명서가 발표되는 등 문제가 점차 확산되어, 국회 차원에서 조사단이 파견되었고, 언론탄압에 대한 국민의 비난여론이 비등하였다. 동년 10월 14일 대구지검은 위 사설의 내용일부를 문제삼아 국가보안법상의 이적행위를 자진방조하였다 하여 공소를 제기하였다.

(2) 법원의 판결

이 사건에 대하여 대구지법은 1955년 12월 6일「위 사설은 모든 행사 및 시위에 있어서의 학생동원에 대한 제언을 한 것」이고, 피고인이 북한 괴뢰집단의 목적사실의 실행을 방조할 의사가 있다고 볼 수 없다고 하여 무죄를 선고하였다. 1956년 1월 27일의 대구고법의 항소심에서도,

> 「… 피고인이 위 사설을 북한의 선전자료에 제공할 목적으로 썼다거나 또는 그러한 사설을 쓰면 위 집단에서 대한민국을 악선전하는 자료가 될 것이라는 정을 알면서 그 사설을 썼다고 인정할 만한 하등의 증거가 없고 …」[33)]

라고 하여 검찰의 항소를 기각하였다. 같은 해 5월 8일 대법원 역시 검찰의 상고를 기각하여 무죄를 확정하였다.

(3) 평　　가

이 사건에 대한 법원의 판단은 당시의 정치권력의 국가보안법 남용에 대하여 제동을 건 사례로 볼 수 있다. 사실적 물리력이 난무하고 법원의 판단과정에 있어서 갖은 비난과 위협에도 불구하고 엄연한 법적 논리를 바탕으로 하여 판결을 이끌어낸 점은 당시의 사법권이 정치권력으로부터 독립하려는 강한 의지를 보여주는 것이기도

33) 동아일보 1956. 2. 12.자 기사.

하였다.

앞에서도 본 바와 같이 국가보안법 자체의 의미의 추상성과 불명확성에 대하여 법원이 사실관계를 법규정에 포섭하는 것을 거부함으로써 정치권력의 부당한 법의 남용을 견제한 것이다.

3) 진보당사건 판결

(1) 사건의 배경과 개요

1958년 1월 14일, 전 초대농림부 장관이자 두 차례 국회부의장을 지내고 진보당의 위원장으로 있던 조봉암과 진보당의 주요 당간부들이, 북한의 지령을 받은 남파간첩과 밀회하고 북한이 주장하는 평화통일에 동조하여 이를 추진해 왔다는 이유로 구속되었다. 조봉암은 1956년 대통령 선거 당시 이승만에 이어 2위로[34] 득표할 만큼 국민에게 인기가 있었고, 바로 그 때문에 이승만과 당시의 야당인 민주당의 협공을 받고 있던 인물이었다. 당시 이승만은 북진통일론을 주장하여 정부여당의 통일정책으로 삼고 있었는데, 조봉암은 진보당의 당기관지 〈중앙정치〉 10월호(57년)에서 평화통일론을 주장하고 있었다.

경찰은 진보당 당원 중에는 혁신계, 정계거물급 인사들과 간첩 수 명이 끼어 있었고, 진보당 창당 당시 조봉암과 북한의 김일성 사이에 내통이 있었으며, 중요 당간부들이 간첩의 배후 조종하에 북한이 주장하는 평화통일방안을 추진하고 남북 양 대표로 구성하는 전국위원회를 조직하여 국제감시하에 총선거를 실시하여 남북연립정부를 수립하려 하였다고 발표하였다. 1월 20일 이 사건의 변호사들은 조봉암 외 8인에 대한 구속적부심사를 신청하였으나, 1월 29일

---

34) 1956년 선거의 득표결과는 이승만 504만여 표, 조봉암 216만여 표, 신익희 후보(사망) 185만여 표이었다. 당시 개표부정이 엄청났던 것을 감안하면 조봉암의 득표는 위 숫자를 훨씬 상회하는 것이었고, 이것이 이승만의 위기의식을 불러일으키게 되었다. 이영석, 죽산 조봉암, 원음출판사, 1983, 217면.

전원 기각되었다.[35)]

1월 30일에는 도피중이던 진보당의 간부 20여 명이 모두 구속되었고, 검찰 및 경찰의 수사가 진행되었다. 2월 8일 구속피의자 10명이 기소되었는데, 그 내용을 보면, 피고인 조봉암은 1) 진보당 조직시 간첩과 내통하여 진보당의 통일방안이 북한의 그것과 상응함을 상통하고, 2) 북한에 밀사를 파견하여 남한의 제반정세 및 진보당의 통일방안을 설명케 하고 평화통일을 강조하였으며, 3) 대한민국을 변혁할 목적으로 진보당을 결성하였고, 4) 그 외 수 명의 간첩과 밀회하여 간첩활동을 방조하였고, 5) 당기관지 〈중앙정치〉 10월호에 「평화통일의 길」이라는 논문을 발표하였으며, 구체적인 통일방안으로 중립국감시위원회의 감시하에 총선거를 주장하고, 남북대표로 구성된 전한국위원회의 설치와 군대의 해산, 외군의 철수 등을 주장하여 점진적인 방법에 의한 대한민국의 전복을 기했다는 것이었다.[36)]

그런데 1958년 2월 20일 육군 특무대는 거물 간첩 양명산(본명 양이섭)을 체포하였다고 발표하였다. 양은 열두 차례 북한을 오가면서 조봉암 피고인에게 북한이 제공한 정치자금을 전달하였다는 이유로 구속이 되었고, 1958년 3월 18일 제 1 회 공판이 개정되었다(재판장 부장판사 유병진, 배석 이병용, 배기호 판사).[37)]

---

35) 이 구속적부심사는 1958년 1월 25일, 1차로 비공개로 진행되었으나, 평화통일 정책에 대한 검사와 변호사 간의 논쟁으로 시간이 경과하여, 27일 다시 공개리에 속개되었다. 그러나 서울지법 형사 2 부(부장판사 박승호, 배석 김연수)는 신청을 기각하였다. 그 이유는 첫째, 진보당의 강령이 북한의 평화통일노선에 호응하여 대한민국을 무시한 혐의가 있고, 둘째, 진보당 간부 중 일부가 현재 도피중이므로 증거인멸 및 도주의 우려가 있다는 것이었다. 태윤기, 권력과 재판, 삼민사, 1983, 25면 참조.

36) 태윤기, 앞의 책, 28-30면.

37) 1심판결이 내려지기 전 1심재판부의 일원이었던 이병용 판사는 한 잡지에 기고한 글에서 진보당 사건이 심판되고 있는 상황을 심판관이 아닌 방청석의 일원으로서의 입장에서 담담히 서술한 것이 있다. 그 글에서 말하는 것처럼 판결이 내려지기 전에 담당재판부의 일원이 사건에 대하여 글을 쓰는 것은 명백히 법관의 본분에 배치된다는 것이지만, 공개된 법정에 나타난 사실만을 국민에게 알린다는 정도로만 쓰는 것으로 하고 위 글을 집필하였다고 하고, 법정의 분위기를

이 과정에서 1958년 2월 25일 공보실은 군정법령 제55호에 의거하여 진보당의 등록을 취소하는 동시에 이후 진보당의 이름으로 여하한 활동도 불법으로 인정하여 처단할 것임을 발표하였다.

(2) 법원의 판결

① **1심 판결** 공판이 진행되는 가운데, 조봉암은 양명산과의 회합 사실은 인정하나 양과는 20년 전부터 친한 사이일 뿐 간첩인 줄은 몰랐다고 하면서 자신의 범죄사실을 전부 부인하였다. 그러나 양은 혐의 사실을 대체로 시인하였다. 1958년 6월 13일 조봉암, 양명산 두 피고인에게 사형을, 나머지 피고인들에게는 무기 내지 10년의 징역형이 구형되었다. 7월 2일의 선고공판에서는 조, 양 두 피고인에게는 국가보안법 위반죄로 각 징역 5년을, 나머지 17인의 피고인들에게는 무죄 또는 일부 집행유예 판결을 선고하였다. 그 판결이유의 요지는, 조봉암 피고인에 대한 공소사실 중 국가보안법 위반만을 인정하고 간첩 및 간첩방조죄에 대해서는 무죄판결을 내렸고, 진보당 자체의 불법성 여부에 대해서는 대한민국의 전복과 변란을 목적으로 조직된 결사가 아니라고 단정함으로써, 진보당이 불법단체라는 전제하에 공소제기된 나머지 17인의 피고인은 모두 무죄라는 것이었다.[38)]

전하고 있다. 주목할 점은 당시의 법관이 외부의 언론기관에 글을 쓰는 것, 특히 담당사건에 대한 글을 어떤 식으로든 쓴다는 것 자체가 허용되고 또 법관들 스스로에게 받아들여진다는 것은 법관의 언론의 자유와 관련하여 상당히 자유로웠다는 것을 보여준다는 것이다. 이병용, 세칭 진보당 사건 심판해부, 한국평론 3호(1958. 7.), 170면 이하 참조. 그리고 사건의 담당검사이었던 조인구 검사도 또한 같은 잡지에 진보당사건에 대한 글을 싣고 있다. 조인구, 진보당사건이 주는 영향, 한국평론 4호(1958. 9.), 166면 이하 참조.

38) 경찰은 1심재판 중에 조봉암을 간첩으로 만들기 위하여 通房메모사건을 조작하였다. 통방메모란 수감된 사람들끼리 교도관 몰래 서신연락을 취하는 것을 말하는데, 당시의 형무소의 간수부장 2인이 조봉암과 양명산의 통방메모를 전달하였다는 혐의로 구속되어 조봉암과 양명산의 간첩행위에 대한 증인으로 채택되었으나, 1심심리가 끝난 후 간수부장 1인이 진술을 번복하여 통방메모가 조작임을 밝혔다. 자세한 사항은 이영석, 앞의 책, 67-73면 참조.

② **데모대의 법원난입** 1심판결이 내려지자, 즉각 항소할 뜻을 비쳤고, 국가보안법의 개정까지도 제기하였다. 그러나 판결에 대한 불만은 검경 및 당국에 그치지 아니하고, 자유당의 정치깡패인 이정재 수하의 반공청년단원 200여 명이 친공, 용공판사타도를 외치면서, 법원으로 난입하는 사태가 발생하였다. 서울고등법원장의 무마로 난동이 해산되기는 하였으나, 이들은 계속적으로 규탄대회를 열고 사법부에 압력을 가하였다. 1심의 변호인단도 구속되거나 검찰의 신문을 받았다. 사법부가 도저히 정상적인 판결을 할 수 없는 상황이었던 것이다. 이러한 상황에 대하여 각 언론들은 일제히 사법부의 판결에 대한 부당한 간섭을 비난하였고, 대한변협은 데모대에 경미한 처분을 내린 경찰과 검찰의 태도를 비난하는 건의문을 내었으며, 야당도 비난성명을 발표하였다. 그러나 국민회 중앙총본부라는 어용집단은 친공적 판결규탄대책위원회를 조직하기도 하였다.

③ **2심 및 대법원판결** 검찰의 항소에 의해 1958년 9월 4일 열린 항소심 제 1 회 공판에서는 양명산이 1심에서의 진술을 번복하여 조봉암이 무죄라는 주장을 하였다. 양명산 자신이 검찰과 특무대에서 허위진술을 하여 조봉암을 간첩으로 몰게 되었음을 진술하였다. 양명산의 번복진술은 1심에서의 조봉암의 간첩혐의를 모두 벗게 하는 것이었다. 변호인단은 양의 진술에 따라 그에 대한 증인과 증거들을 채택할 것을 재판부에 신청하였으나 재판부는 이를 모두 묵살하고 다른 피고인의 신문으로 넘어가 재판의 속결을 서두려는 인상을 주었다.[39] 변호인단은 재판부의 기피를 신청을 하기도 하였으나 기각되었다. 제 2 심의 최후진술에서는 1심에서 무죄를 선고받은 18명의 피고인들에 대한 법정구속이 있었다. 10월 25일 2심판결의 선고에서 재판부는 조봉암과 양명산에 대하여 국가보안법 위반

39) 당시의 재판장은 부장판사 김용진, 배석은 최보현, 조규대 판사이었다. 부장판사 김용진은 1·4후퇴 때 남하하여 오제도 검사 등의 주선으로 법관에 복직한 사람이었다. 이영석, 앞의 책, 247면.

및 간첩죄 등을 적용하여 사형을 선고하고, 진보당이 국헌에 위배하여 정부를 참칭하는 북한괴뢰집단에 부수하여 국가를 변란할 목적으로 조직된 결사로 인정된다고 밝힌 후, 나머지 피고인들에 대하여도 국가보안법 위반을 이유로 유죄로 선고하였다. 양명산이 2심에서 자백을 번복했음에도, 유죄판결의 이유는 명확하게 제시되지 않은 채 그 자백에 근거하여 조봉암에 대한 유죄를 선고한 것이다.

이러한 2심판결에 대하여 여론은 물 끓듯 하였으나, 대통령 이승만은 2심판결에 매우 흡족해 했고, 「하나의 법을 가지고 한나라의 사람들이 판이한 재판을 하게 되면, 어느 것이 옳은가를 국민이 판단하기 힘들 것이다. 재판의 권위를 세워줄 것을 사법부에 요망한다」는 담화문을 내놓기도 하였다. 그리고 2심 판결 후에도 변호인들은 경찰 및 검찰에 입건되거나 조사를 받게 되는 등 불이익이 가해졌다. 사법부의 판결에 대한 정부의 의지가 어떠한 것이었는가를 짐작하게 해 주는 것이라고 할 것이다.

증거법칙 위반과 재판절차의 위법을 주된 상고이유로 하여 제기된 상고에 대하여 대법원은 1959년 2월 20일 변론공판을 하기로 예정하였다. 그러나 변론공판은 검찰과 변호인 사이의 격렬한 논쟁으로 끝나고, 2월 27일 선고공판이 있게 되었다. 그 내용을 요약하면 다음과 같다.

> 「i) 단순한 평화통일의 주장이나 논의는 북괴와의 관련이 인정되지 않는 한, 이를 처벌할 수 없으며 이 이론은 진보당의 강령정책에도 적용된다. 진보당의 정강정책이 헌법에 위배되는 것이 아니고 평화통일에 관한 위 주장 역시 언론의 자유의 한계를 넘어섰다고 볼 수 없을 뿐만 아니라 조봉암 피고인을 제외한 진보당 관계 피고인이 헌법을 위배하여 정부를 참칭하거나 국가를 변란할 목적으로 진보당을 구성한 것임을 인정할 증거가 없고 조봉암이 진보당 조직을 주동한 목적이 북괴와 상통하여 평화통일의 구호 아래 대한민국을 전복케 하려는 것임을 인식하고 이 조직에 참가하여 간부 기타 요직에 취임한 증거를 발

견할 수 없다. ii) 양 피고인의 검찰 또는 1심진술이 임의로 된 것임은 명백하다. 피고인의 자백에 있어 피고인의 자백 이외에 보강증거가 필요하지만, 보강증거는 범죄사실 전부에 대한 증거가 필요한 것이 아니고 일부에 대하여 이를 보강할 증거가 있으면 충분하다고 해석할 것이며 기록으로 보아 2심판결의 형량이 부당하다고 인정할 만한 사유가 없다. iii) 조봉암 피고인은 괴뢰의 지령에 호응해 진보당을 결당하고 전후 10여 차례에 걸쳐 자금을 받아 창당자금에 충당한 것은 증거에 비춰 인정할 수 있다. 조봉암이 양명산에게 전달하려던 비밀 쪽지에 비추어 보더라도 이를 인정할 수 있다.」[40)]

위와 같은 이유로 조봉암과 양명산에게는 상고가 기각되어 사형이 확정되고, 나머지 피고인들에게는 다시 무죄가 선고되었다.[41)]

이 판결이 내려진 후 당시의 언론은 진보당불법화의 이론적 근거와 판결에 대한 의문점을 조목조목 들어 비판하기도 하였다.[42)] 또 사건의 주심을 맡았던 김갑수 대법관이 언론에 연재하여 사건에 관한 글을 쓰기도 하였다. 조봉암에 대한 구명운동이 국내외에서 활발하게 전개되었고, 변호인은 재심청구를 하였으나, 7월 30일, 3심 때의 주심이었던 김갑수 대법관이 그대로 재심청구에 대한 기각결정을 내리고 말았다.[43)] 이 기각 결정이 있은 후 18시간만인 7월 31일 오전 11시, 조봉암은 사형이 집행되었다. 구속 후 1년 6개월 18일째 되는 날이었다.

(3) 평 가

조봉암 사건은 이승만 정권하의 사법권행사에 있어서 가장 정치적 성격을 가진 재판이었다는 비판을 받고 있다.[44)] 당시의 사건이

---

40) 이영석, 앞의 책, 266-67면 참조.

41) 이 판결이 내려진 후 선고직후 판결문 원본의 열람이 허락되지 않아 판결문 자체에 어떤 瑕疵, 즉 원래 無期로 하려던 것이 死刑으로 바뀐 것이 아닌가라는 의문이 제기되기도 하였다. 이영석, 앞의 책, 269면 참조.

42) 한국일보 1959. 2. 28.자 및 3. 5-7.자 사설 참조.

43) 자세한 기각사유는 태윤기, 앞의 책, 62-63면 참조.

44) 한배호, 한국정치변동론, 서울, 법문사, 1994, 76면에서는 이승만 집권기의 사법권 독립 상실의 징표로 조봉암 사건을 들고 있다.

진실이었는가의 여부, 혹은 사건의 관계자의 입장이 어떤 것인가를 떠나서 사건 자체는 정치적으로 강한 영향을 미치게 되었고, 단순히 사법부의 판결에 따라 범죄를 저지른 한 사람의 범죄자가 처벌되었다는 정도가 아닌, 우리나라의 혁신계 정치지도자가 사법부의 판결이라는 수단을 통하여 제거되었다는 것을 의미하는 것이었다. 재판과정에서도 사법부가 과연 법이 요구하는 적정한 절차와 채증법칙에 따라서 심판하였는가 하는 점이 끊임없이 문제로 제기되었지만, 비록 법규정에 따라 범죄사실을 인정할 수 있었다고 하더라도, 극형인 사형이 최선의 방책이었는가 하는 점도 문제 삼지 않을 수 없다. 대법원의 판결은 진보당 자체의 불법성을 인정하지는 않았고, 백보 양보하여 형법상의 간첩죄(제98조: 사형 무기 또는 7년 이상의 징역)와 당시의 국가보안법상의 수괴취임죄(제 1 조: 무기 또는 3년 이상의 징역 또는 금고)를 인정하더라도 선고형이 반드시 사형이 될 필요는 없었다고 할 것이다. 판결을 내린 법관들은 사건의 정치적 의미와는 무관하게 판결을 내렸다고 하지만,[45] 정치적 의미와는 무관해야 한다는 논리 그대로 본다면, 사법부의 판결로 말미암아 결과적으로 당시의 집권자인 이승만의 최대정적을 원천적으로 사라지게 한 것은 과연 정치적 의미와 무관한 것이라고 할 수 있을까? 집권자의 정적 제거작업에 사법부가 그 수단이 되었다면 과연 사법부가 법에 따른 판결이었다고 강변할 수 있을 것인가?

4) 경향신문 필화사건

(1) 사건의 개요

1959년 2월 5일자 경향신문은 신문의 〈餘滴〉란에다 주요한 논설위원의 글을 실었다. 그 글에서는 '다수결의 폭정'은 있을 수 없다는 Hermens 교수의 글을[46] 한국의 다수당이 아전인수로 해석하려

45) 이영석, 앞의 책, 290면 이하; 태윤기, 앞의 책, 57면 이하 참조.

하고 있다고 비판하고, 그 견해의 전제조건으로 '인민이 성숙되어 있어서 자기 스스로 행동할 수 있다는 것을 전제로 하고 있다'는 것을 제시하여, 인민이 성숙되지 못하고 또 그 미성숙 사태를 이용하여 가장된 다수가 출현된다면 그것은 폭정이라고 하였다. 그리고 선거가 진정한 다수결정에 무력할 때에는 결론으로는 또 한 가지 폭력에 의한 진정 다수결정이란 있을 수 있는 것이요, 그것을 가리켜 혁명이라고 할 것이라고 하였다.

정부는 2월 28일, 이 글에 대하여 국가보안법상의 내란선동죄라는 명목으로 입건하고 필자 주요한 논설위원과 발행인 한창우를 구속하고 경향신문에 대하여 강력한 처리를 고려하고 있었다. 그런데 경향신문에 대한 정부의 강경방침은 위 〈여적〉이 발단이 되었을 뿐 사실은 그 전부터 정부의 미움을 받아온 터이었다. 즉 동년 1월 11일의 「정부와 여당의 지리멸렬상」이라는 제목의 사설, 1월 15일의 「기자석」의 기사, 2월 5일자 「여적」 기사, 2월 16일자 「사단장은 기름 팔아먹고 인사처장은 사병시켜 도벌」 기사 등으로 정부여당의 눈엣가시처럼 여겨지고 있었던 것이다.

천주교의 지원을 받고 있던 경향신문은 위기를 감지하고 동 신문 정치부장과 정치적 색채가 강한 논설위원 그리고 발행인 교체 등을 내세우고 정부(공보실)와 협상하였으나, 정부는 이를 받아들이지 않았다. 그 후 4월 30일 국무회의에서 경향신문에 대한 폐간이 결정되었다. 공보실은 「신문발간허가취소통지서」를 경향신문사에 송달하고 즉각 방송을 통해 발표하였는데, 그 골자는 다음과 같다. 폐간의 근거법령은 군정법령 제88호로서, 경향신문은 첫째, 1월 11일자 사설에서 허위보도를 하였고, 둘째, 2월 5일자 〈여적〉란에서 헌법에 규정된 선거제를 부정함과 동시에 폭동할 것을 선전하였으며, 셋째, 2

46) 미국의 노트르담 대학의 교수 Ferdinand A. Hermens 가 「The Tyranny of the Majority」라는 제목으로 잡지 『Social Research』 1958년 봄호에 게재한 것을 일본 잡지가 번역 소개하였는데, 경향신문이 다시 번역 전재한 것이었다.

월 16일자 사설에서 모사단 유류부정을 허위보도하였고, 넷째, 4월 3일자 조간에 간첩체포기사를 게재하여 공범자의 도주를 도왔으며, 다섯째, 4월 15일자 석간에서 대통령 이승만의 기자회견 기사에서 「국가보안법 개정도 반대」라는 허위보도를 하였다는 등을 이유로 허업, 국가보안법 등을 위반하였으므로 발행허가를 취소한다고 하였다.[47)]

군정법령 제88호는 1946년 5월 29일 공포된 것으로 제 4 조에서 허가의 취소 또는 정지에 관하여 규정을 두고 있었다. 동 규정에 의하면, 허가신청서에 허위 또는 오해를 불러일으킬 신고 또는 태만이 있을 때, 위에 요구한 바와 같은 신청서 기재사항변경신고에 유탈이 있을 때, 법률에 위반이 있을 때 등에는 허가당국에 의하여 취소 또는 정지된다고 하고, 취소 또는 정지의 통지를 수리하면 즉시 신문기타 정간물은 허가당국에게 그 허가증을 양도 및 교부하고 발행배부를 중지할 것과 허가당국이 허가증을 반환복구 또는 재발행하지 않는 때에는 발행배포를 계속하지 말 것을 정하고 있었다.

이 폐간결정이 알려지자, 여론은 군정법령 제88호가 위헌이라고 주장하여 성토대회를 개최하는 등 반격을 하였고, 주한 미국대사는 군정법령 제88호가 군정당시의 치안질서유지를 위하여 공포된 것이라고 하면서 언론탄압이 언론과오를 교정하는 방책이 되지 않는다는 것을 말하고 싶다는 견해를 밝히기도 하였다.[48)] 또 한국신문편집인협회는 5월 9일 군정법령 제88호의 위헌성을 주장하고 폐간처분취소를 강력히 주장하는 성명서를 발표하고 국회에 이를 청원하기도 하였다.

47) 한국근대36년사편찬위원회 편, 대한민국 근대 36년사, 공동문화사, 1981, 1006-7면 참조. 경향신문폐간의 결정과정에 대한 연구로는, 한배호,「경향신문」폐간 결정에 대한 연구, 중앙대 정경논총 제23집(1966)(진덕규 외, 1950년대의 재인식, 한길사, 1981, 125면 이하 재수록).

48) 김삼웅, 한국필화사, 동광출판사, 1987, 82면.

(2) 법원의 처리

극내외의 여론이 들끓고 있는 가운데 1959년 6월 26일 경향신문의 발행인은 서울고등법원에 발행허가취소처분의 집행정지를 신청하였다. 서울고법은 법원의 확정판결을 거치지 않고 단순히 형사법위반 등의 혐의만을 가지고는 행정처분을 할 수 없다는 이유로 동 신청을 받아들여 발행허가취소처분 집행정지를 결정하였다. 이에 정부는 종전의 취소처분을 취소하면서 발행허가를 정지한다는 처분을 다시 하였고, 경향신문의 발행인도 서울고등법원에 집행정지처분의 집행정지를 신청하면서 동 집행정지처분의 취소를 청구하였다. 그리고 청구와 함께 군정법령 제88호의 위헌심사를 헌법위원회에 제청해 줄 것을 청구하였으나 서울고법은 이를 각하하였다. 각하이유는 위헌심사제청의 대상이 되는 법률은 대한민국 국회의 의결을 거쳐 제정·공포한 법률이어야 하고 군정법령은 포함되지 아니한다고 하는 것이었다.[49] 이어서 1959년 8월 29일 집행정지 신청이 각하되었고, 9월 8일에는, 군정법령 제88호가 헌법에 위반되지 아니하고, 우리나라의 헌법이 언론·출판의 자유를 절대적 자유로 규정하지 아니하고 법률로써 제한할 수 있는 자유로서 규정하였으므로 신문발행의 허가제를 법률로 정할 수 있다는 이유로 정지처분의 취소청구도 기각되었다.[50]

최종적으로 대법원에 상고한 경향신문 발행인은 상고와 함께

49) 이 점, 서울고법의 법리상의 오해가 있었던 것으로 여겨진다. 제헌헌법의 규정에서는 「법률이 헌법에 위반되는 여부가 재판의 전제가 되는 때」(제81조 2항)라고 하고 있고, 이 때의 법률은 대한민국국회를 통과한 법률만이 아니라 법률의 효력을 가지는 것을 모두 포함한다고 보아야 하기 때문이다. 따라서 조약과 일반적으로 승인된 국제법규 그리고 당시 법률적 효력을 가지고 있던 군정법령도 당연히 포함되는 것이라고 보아야 한다.

50) 서울고법 1959. 9. 8. 선고, 4292행103 결정. 이 결정은 당시의 우리나라 사법부의 언론·출판의 자유에 대한 인식이 어떠하였는가를 짐작하게 해 준다. 언론·출판의 자유의 허가제는 당연히 금지되는 것임에도 불구하고 법률에 의하여 허가제가 가능하다고 하는 것은 지극히 잘못된 것임은 자명하다.

동 정지처분의 근거법령인 군정법령 제88호에 대하여 위헌심판제청을 해 줄 것을 청구하였다. 이에 대법원은 1960년 2월 5일 군정법령 제88호에 대하여 위헌심사를 헌법위원회에 제청한다고 결정하였다. 그 이유의 요지는, 제헌헌법 제28조 제 2 항(국민의 자유와 권리를 제한하는 법률의 제정은 질서유지와 공공복리를 위하여 필요한 경우에 한한다)에도 불구하고, 군정법령 제88호 제 1 조가 신문 기타 정간물을 허가 없이 발행함을 일률적으로 불법이라 규정하고, 동 법령 제 4 조가 일단 허가를 받은 경우에도 법령의 위반이 있을 때에는 그 허가를 취소 또는 정지할 수 있다고 규정하여 허가 취소 또는 정지의 조건을 구체적으로 규정하지 않았으므로 헌법에 위반된다고 하였다.[51)]

그러나 당시의 헌법은 헌법위원회의 구성을 대법관 5인과 민의원 3인 그리고 참의원 2인으로 구성하도록 하고 있었는데, 2차 개헌 이래 참의원이 구성되지 않고 있었으므로 헌법위원회가 아직 구성되고 있지 않았다. 따라서 대법원의 위헌심사제청은 실질적으로는 참의원이 구성되기를 기다려서 위헌심사를 받을 수밖에 없는 형편이었다. 이에 대해서는 참의원 없이 대법관과 민의원만으로 헌법위원회를 구성할 수 있다는 주장이 제기되기도 하였으나,[52)] 결국 헌법위원회는 구성되지 못하고 4·19를 맞게 되어 위 제청에 대한 심사를 하지 못하게 되었다.

4·19 이후 1960년 4월 26일 대법원은 위 발행정지처분에 대한 집행정지 결정을 하였다. 그 이유는 헌법위원회의 위원장이 사임하고 민의원에서 헌법위원을 선출하지 않고 있어서 헌법위원회의 구성이 어렵게 되어 있어서, 헌법위원회의 결정을 얻기 어려우므로 동 처분을 집행정지결정함이 타당하다는 것이었다.

---

51) 대법 1960. 2. 25. 선고, 4292행상110 결정(김철수, 판례교재 헌법, 법문사, 1977, 284면 이하 참조).

52) 법원행정처 편, 法院史, 1995, 281면 참조.

(3) 평 가

경향신문 필화사건은 당시 이승만 정권이 언론에 대한 탄압을 본격화하고 있던 시기에 발생한 사건이었다.[53] 독재정권의 언론탄압에 대하여 사법권이 어떻게 대응했어야 하는가는 지극히 어려운 문제임에 틀림없다. 서울고법은 최초의 발행허가취소 처분의 경우, 법규의 해석 내에서 동 처분의 위법성을 확인하여 집행정지를 인정한 점은 문제가 없었다고 할 것이다. 그러나 두 번째의 발행정지처분의 집행정지신청과 취소청구기각은 약간의 문제를 가지고 있다. 즉 동 발행정지처분의 근거법령인 군정법령 제88호에 대한 위헌심사제청은 별론으로 하더라도, 동법령이 규정한, 발행정지처분 자체의 근거로 된 법령 위반여부에 대한 판단에서는 달리 내릴 수도 있었다고 생각되기 때문이다. 말하자면 군정법령 자체의 위헌여부는 제도적으로 심사할 수 없게 되어 있지만, 군정법령의 규정에 해당하는가의 여부는 행정소송을 담당한 서울고법의 판단대상인 것이고, 이 판단은 사실관계의 법령에의 포섭과정이므로, 사실관계가 법령에 위반되는가의 여부만을 판단하면 되는 것이었다. 따라서 최소한 발행정지처분의 취소는 법의 해석·적용의 단계에서 서울고법의 용기 있는 판단이 요청되는 것이었다.

4·19 이후의 대법원의 동 처분 집행정지 결정은 사법권의 굴곡을 보여주는 하나의 사례이다. 위에서 본 바와 같이 그 결정의 이유로 제시된 것은 4·19 이전에도 전혀 상황이 다르지 않았던 것이고, 따라서 시대의 변화에 대응하여 즉각적으로 원 결정과 다른 결정을 내린 것은 사법부의 자기모순이라 할 것이다. 오직 법에 따라서만 판단한다고 하면서, 한 때에는 구성되지도 않은 기관에 위헌제청을

53) 이 시기는 대구매일 필화사건(1955. 9. 17)에 이어, 동아일보 고바우영감 필화사건(1958. 1. 27), 함석헌의 사상계 필화사건(1958. 8. 8) 등이 연이어 발생하고 있었고, 이에 따라 정부에서는 국가보안법을 날치기 개정(24파동)하여 반정부언론에 대한 탄압을 강화하고 있었던 때이었다. 김삼웅, 앞의 책, 제 1 부 참조.

하고, 또 다른 때에는 그 기관이 구성되지 않았기 때문에 위헌여부의 결정을 기다릴 수 없어서 처분의 집행정지결정을 한다는 것은 사법부가 시대의 변화에 그때그때 민감하게 대응하여 결정을 내렸다는 것을 반증해 주는 것이라 할 것이다.

Ⅲ. 4·19 혁명과 특별사법

1. 정치상황

이기붕일가의 자살과 이승만의 망명으로 제 1 공화국이 막을 내리자, 이승만에 의하여 임명된 허정 과도수반은 의원내각제로의 헌법개정작업에 착수하여 1960년 6월 5일 이를 완료하였다. 새로이 개정된 헌법에 따라 7월 29일 총선이 실시되었고, 민주당이 집권하여 윤보선 씨를 대통령으로, 장면을 총리로 인준하였다. 장면정권은 제 2 공화국의 가장 중요한 정치적 과업을 4·19의 완수에 두었기 때문에 시정의 주안점을 소위 6대사건의 해결에 두었다. 이 6대사건에 대한 판결이 국민의 기대와 동떨어지게 내려지자,[54] 혁명입법을 제정할 것을 촉구하는 국민과 언론의 여론이 빗발쳤다. 국회는 혁명입법을 위한 헌법의 근거를 마련하기 위하여 헌법을 다시 개정하고, 1960년 11월 5일 反民主行爲者公民權制限法, 不正選擧關聯者處罰法, 不正蓄財特別處理法, 特別裁判所 및 特別檢察部組織法 등 4개 법을 12월 31일 공포하였다. 1961년 1월 25일에는 특별재판소 5개 심판부를 구성하고 그 활동을 개시하였다.

54) 6대사건의 피고인 47명에 대한 제 1 심판결의 내용은 法院史, 413면 이하 참조. 이 판결이 내려진 후 동아일보 사설은 「공정성이 의문시되는 혁명재판」 및 「호지부지된 원흉재판의 책임소재」 라는 사설에서 사법부를 강력히 비난하고 있다. 동아일보 1960. 10. 8.자 및 11.자 사설 참조.

반민주행위자처리를 위한 특별재판소가 활동을 개시하는 중에 민주당정권은 반공임시특별법을 제정하려는 움직임이 있었고 이에 반대하는 혁신계의 성토대회와 데모가 계속되었다. 그리고 전국교원노동조합연합회와 민족통일전국학생연맹 등의 단체들이 지속적으로 투쟁활동을 계속하고 있었다.

민주당정권이 당면했던 가장 큰 문제점은 가부장적 권위주의를 타도한 세력과 자유민주주의를 심을 세력이 동일하지 않았다는 사실에 있었다.[55] 이들은 동일하지 않았을 뿐만 아니라 개혁의 방향과 속도에 있어서 서로 다른 견해를 가지고 충돌하였다. 이러한 충돌을 극복하고 자유민주주의를 견지하면서 정치적 통제를 이루어나갈 능력을 장면 내각은 갖추고 있지 못했던 것이다. 다시 말하면 자유민주주의 제도는 재생시켰으나, 이를 존속시켜 나갈 준비가 國家나 民間社會 모두에게 부족했다고 할 수 있다.[56] 그 결과 군부쿠데타가 민간정부에 의한 자유민주주의적 실험을 전면 부정하고 나왔을 때에도 이에 대한 명시적이고 조직적인 반대가 없었던 것이다.

2. 사법부 판결

세칭 6대사건 판결(1960년 10월 8일)에[57] 대한 여론의 반발로 소급입법을 위한 헌법개정이 이루어지고 4개의 법률이 확정되자 특별재판소 및 특별검찰부의 활동이 개시되었다. 1960년 12월 31일 민의원 본회의에서 선출된 문기선 특별재판소장은 법규정에 따라 5개 심판부의 심판관을 임명하였다.[58] 그리고 특별검찰부는 6대사건판결

55) 김영명, 앞의 책, 256면.

56) 김영명, 앞의 책, 같은 면.

57) 6대 사건이란 3·15 부정선거와 관련한 반민주사건들로서, ① 3·15 부정선거사건, ② 4·19 당시 발포명령사건, ③ 정치깡패사건, ④ 장면부통령저격배후사건, ⑤ 민주당전복음모사건, ⑥ 제 3 세력 제거음모사건 등이다.

58) 1961년 1월 25일 임명. 제 1 심판부: 계창영, 김증한, 이용만, 강영수, 한동학,

로 풀려난 피고인들을 재수감하고,[59] 법원에 계류중인 사건과 일반 검찰이 수사중이던 사건들을 인계받아 재수사를 시작하였다. 그러나 수사의 대상이 된 경찰관과 재벌 등에 대한 수사가 미진한데다 특검에 대한 정치적 압력이 가해져서 불처벌로 방침이 정해지고, 국회의원에 대한 구속이 대상자의 도피로 불가능해지는 등 특검의 활동이 지지부진하였다.[60] 특별재판소는 2월 10일 첫공판을 열었고 이 후 5·16 쿠데타가 발발하여 재판이 정지되기까지, 선고가 끝난 것은 19건, 결심공판이 끝난 것은 8건이었다. 그러나 발포명령사건을 비롯하여 국무위원의 부정선거사건과 전 국책은행장들의 부정선거자금조달사건 및 정치깡패사건 등 큼직한 사건들의 상당수가 공판진행의 과정에서 쿠데타를 맞게 되었다.

5·16 쿠데타에 의하여 4·19의 특별재판이 중단된 것은 사법권의 측면에서 보면, 4·19의 특별재판이 그 존재근거나 그 구성원 그리고 대상사건 등에서 국민의 힘에 의한 사법이었음을 인정할 수 있고, 이것이 무산된 것은 결국 국민의 힘에 근거한 사법이라는 사법권의 존재기초가 무산된 것을 의미한다고 볼 수 있다. 말하자면, 해방 이후의 우리나라의 사법권이 제대로 갖추지 못하고 있었던 국민적 정당성을 갖춘 사법권이 실현될 기회를 상실한 것을 의미하는 것이다. 그리고 이러한 결과를 낳게 된 것은 민간사회가 취약하여 정치권력에 대한 제한을 하지 못했기 때문이라고 할 것이다. 물론 4·

제 2 심판부: 홍남표, 박영화, 이종옥, 최석채, 이휘재, 제 3 심판부: 김영순, 이진근, 이종주, 최경렬, 제 4 심판부: 임항준, 박영휘, 박상일, 서형석, 제 5 심판부: 권오규, 김병관, 정현준, 조인호 등. 그리고 이에 앞서 1월 14일에 국회는 특별검찰부장을 김용식으로 하고, 각 지구별 특별검찰관을 선출하였다. 서병조, 정치사의 현장, 중화출판사, 1981, 399-400면 참조.

59) 특별검찰부가 발족되기 전 1960년 10월 11일 의사당난입이 있은 후 국회가 서둘러 통과시킨 「民主反逆者에 대한 刑事事件 臨時處理法」이 법적 근거로 되었다. 이 법에 따라 10월 14일에 재수감된 자는 3명뿐이었다.

60) 1961년 1월 20일부터 시효가 끝나는 2월 28일까지 886명의 입건대상자 중 263명만이 기소되었다. 서병조, 앞의 책, 406면 참조.

19는 학생들이 중심이 된 사회세력에 의하여 권위주의 패권세력과 민주세력의 대결에서 민주세력이 승리하였다는 점에서 그 의의가 크지만, 이 학생세력은 아직은 민간정치세력으로 확대되지 못했고, 또한 당시의 정치세력의 의식과 형태가 민중부문의 민주화요구에 부응할 정도로 발전지향적이고 민주지향적이지 못했다는 것을 의미하는 것이다.[61)]

Ⅳ. 박정희집권기의 정치와 사법

1. 정치상황

1961년 5월 16일, 박정희가 지휘하는 쿠데타군은 별다른 저항없이 한강을 건너 주요관서와 방송국을 점령한 후, '군사혁명위원회'라는 이름으로 국민에게 '군사혁명'이 성공했음을 알리고, 국민의 지지를 호소하였다. 당시의 총리 장면은 몸을 피신하여 사태의 수습을 UN군사령부가 책임을 져 달라는 요청만 하고 있었다. 결국 장면 내각은 집권 9개월 만에 쿠데타에 의하여 전복되어, 민간에 의한 민주적 정치질서를 확립해 보려는 노력은 무력과 폭력을 동원한 일부 군장교에 의해 쉽게 좌절되고 말았다.

박정희는 國家再建最高會議라는 이름으로 군사정부를 수립하고 입법, 사법, 행정의 3권을 장악하여 최고회의의 포고로 군정을 실시하였다. 그러나 군정은 국내의 야당세력과 미국으로부터 민정복귀의 부단한 압력을 받고 있었다. 이와 관련하여 쿠데타의 주동세력들은 민정복귀 후의 자신들의 거취가 문제되지 않을 수 없었고, 그들은 정치적 반대세력들을 제거하기 위하여 혁명검찰부와 혁명재판소

61) 김호진, 앞의 책, 218면.

를 설치하고 구 정치인들과 혁신세력을 검거하여 7월 29일부터 혁명재판소의 재판에 회부하였다. 그러나 군사정부는 미국의 지지를 얻기 위하여 구속 정치인들을 석방하고 조기민정이양을 약속하였다.

1962년이 되자 군사쿠데타의 주동세력들이 민정이양 후 집권을 위한 준비를 비밀리에 진행하는 데에 대하여 최고회의 내부에서 새로운 긴장관계가 형성되고, 구정치인의 정치활동을 제한하기 위한 政治活動淨化法이 제정・공포되었다(3월 16일). 3월 22일에는 대통령 윤보선이 하야를 표명하였고, 3월 24일 국가재건최고회의 의장 박정희가 그 권한대행을 맡게 되었다.

민정이양에 대비하여 김종필을 필두로 한 중앙정보부는 비밀리에 민주공화당이라는 정당의 창당을 준비하게 되자 쿠데타세력 내의 반대세력들은 김종필의 퇴진을 요구하였으나, 오히려 쿠데타음모죄로 군사재판에 회부되기도 하였다.

쿠데타 후 2년이 지나면서 군사정부는 내분이 심해지고 여러 차례 반혁명사건을 경험하기도 하였다. 그 가운데 헌법개정작업이 진행되었고, 1962년 12월 31일 개병헌법이 공포되었다. 그러나 박정희는 조건부 민정불참, 군정 4년 연기 등을 주장하였고, 이에 대한 국내외의 반발이 거세게 일었다. 결국 1963년 내에 민정이양을 확약하고, 1963년 10월 15일에 실시된 대통령선거에서 야당후보 윤보선에게 15만 표 차이로 승리하여 대통령에 당선되었다. 제 3 공화국이 시작된 것이다.

1963년 말에 출발한 제 3 공화국은 형식적으로는 군정을 종식시켰으나, 군부의 정치지배는 계속되었다. 국가기구를 장악한 군인 출신의 국가엘리트는 정당정치인에 비해 조직운영에 있어서 다른 성향을 지니고 있었고, 국가기구나 민간사회를 군대조직처럼 다루려는 경향이 강하였다. 그리고 오랜 문민통치의 전통이 지배해 온 한국사회에서 무력으로 합법적인 정부를 뒤집고 집권한 軍部權威主義政權

이었기 때문에 정당성의 결여문제는 군부엘리트에게 가장 큰 정치적 부담이 되고 있었던 것이다.[62] 군사정권집권층 내부에 장기경제개발을 통해 이 정당성의 결여를 극복해 보려는 동기가 강하게 작용한 것도 그 때문이었다. 쿠데타 직후의 초기의 경제정책이 실패로 돌아가고, 수출주도형 공업화로 전환하여 제 1 차 경제개발 5개년계획을 수립하였다. 국가가 사적 자본을 지도 · 통제하면서 자본주의적 물적 토대를 구축해 가는[63] 지도자본주의 내지 국가주도 자본주의를 채택하였던 것이다. 1965년의 한일국교정상화와 월남파병은 바로 이 지도자본주의 추진을 위한 재정적 기초를 구축하기 위한 것이었다. 그리고 지도자본주의에 의한 산업화가 추진되면서 국가와 사회관계의 틀이 새로운 양상을 맞게 되었다. 그것은 첫째로, 국가가 사회에 대한 강력한 통제력을 행사하게 되었으며, 사회 · 경제세력으로부터 고도의 자율성을 누리게 되었다는 점과 둘째로, 국가와 민간사회의 불균형성장을 초래하였다는 점이다.[64]

비록 지도자본주의적 성격을 가지긴 했으나, 산업화과정은 개인주의와 다원주의의 확대를 가져왔다. 개인주의를 바탕으로 하여 발전하는 다원주의는 광범한 신념, 사상 또는 태도들이 자유롭게 공존하고 그러한 신념, 사상, 태도를 주장하는 사람들이 자유롭게 그것들을 육성하고 조장해 갈 수 있는 문화이다.[65] 즉 박정희 정권의 권위주의적 지배는 고도의 대민간우위성을 확보하고 사회세력으로부터 최대의 자율성을 누리면서 산업화과정을 추진하였으나 그러한 과정

62) 김영명, 앞의 책, 269면.

63) 박광주, 한국적 지도자본주의론에 관한 고찰, 현대사회 제28호(1987), 56면.

64) 한배호, 앞의 책, 161-2면. 시민(민간)사회의 성장이 자본주의와 긴밀한 연계를 가진 것이라면, 지도자본주의적 산업화가 추진될수록 한국사회의 시민(민간)사회의 형성이 이루어졌어야 할 것이지만, (부르주아)시민사회의 전통이 없고, 권위주의적 정권의 자율성확보로 말미암아 국가의 대시민(민간)사회적 우위성을 보다 강화한 때문에 시민(민간)사회의 성장이 더디게 된 것이다. 같은 책, 193면 참조(괄호 안은 필자가 표시).

65) 한배호, 앞의 책, 196면.

에서 산업화는 보다 성숙한 민간사회의 민간사회의 구비조건이라 할 수 있는 여러 가지 차원의 조건들, 즉 시장구조의 확장, 개인주의, 다원주의, 계급사회의 형성 등을 배태하는 과정을 아울러 밟았다고 할 수 있다.[66] 그러나 이와 같은 사회의 변화와 진전은 박정희 정권을 오히려 딜레마에 빠지게 하였다. 그것은 발전이 진척될수록 사회적 및 정치적 다원주의가 발달할 뿐만 아니라 그러한 다원주의 세력의 동원화가 가능해진다는 문제이었다.[67] 박정권은 이러한 사회·정치적 다원주의를 정치적으로 활용하고 그것을 토대로 민주적인 정치질서를 창출하려는 대안을 추구할 수가 없었던 것이다.

결국, 경제적인 측면에서 전문 기술 관료를 통하여 산업화를 성공적으로 달성한 대신 정치적 측면에서 박정권은 권위주의적 통제를 점차로 강화하였다. 사실 박정희 정권은 완전한 군사정권도 아니고 그렇다고 민간정권이라고 하기에도 적절하지 않았다. 헌법은 상당히 민주주의적인 요소를 가진 대통령제 정부형태를 가지고 있었고, 정치적 반대도 이념적 테두리 내에서는 비교적 허용되는 편이었다. 그리고 정치과정은 반대 당을 허용하고 지배적인 정당이 존재한 정당정치로 출발하였다. 이런 점에서 박 정권은 민주주의 정권도 아니었지만 처음부터 뚜렷하게 권위주의정권의 증상을 보인 것도 아니었다. 그러나 박 정권은 시간이 지나면서 권위주의적인 성격을 뚜렷이 부각시키기 시작하였다. 박정희는 정당정치를 자신의 권력확대에 적절히 이용하여 당내의 잠재적인 도전세력을 고전적인 분할 지배방법으로 거세시켰다. 이른바 항명파동과 3선개헌의 과정에서 당내의 도전세력들을 제거하고 1970년 초기에 권력집중에 성공하였던 것이다. 그리고 이러한 권력집중은 개인화된 권위주의 정권의 형태를 띠게 되었다.[68] 제 3 공화국 이후 1970년대 초까지는 결국 박정희 정권의

66) 한배호, 앞의 책, 197면.
67) 한배호, 위의 책, 241면.
68) 김영명, 앞의 책, 287면.

권위주의 강화과정이었다고 할 수 있으며, 이러한 권위주의 강화과정에서 사법권의 집권 정치권력에의 도전은 사법권의 패배를 결과할 수밖에 없었다.

1969년의 3선개헌과 1971년의 대통령선거를 기점으로 하여 운동권으로 대표되는 사회세력의 저항은 전국적 규모로 확대되었고, 이에 대응하여 정부는 1971년 10월 15일 학원질서 특명 9개항을 발표하고 서울 일원에 위수령을 발동하기도 하였다. 정권에 저항하는 운동세력은 대학생뿐만 아니라 학계·종교계·언론계·법조계 인사들도 참여한 연합운동의 형태를 띠고 있었으며, 민주수호국민회의, 민주수호청년협의회, 민주수호기독청년협의회 등과 같은 재야단체들이 발족되었다. 그러나 박 정권은 1971년 12월 6일 국가비상사태선언을 발표하고, 이에 대한 법적 근거를 부여하기 위하여 12월 27일 대통령에게 광범위한 비상대권을 부여하는 「국가보위에 관한 특별조치법」을 야당과 여론의 반대 속에 국회에서 전격적으로 통과시켰다. 또 체제개혁에 유리한 상황을 조성하기 위하여 중앙정보부장(이후락)이 북한을 다녀오고(1972. 5. 2-5. 5), 북한의 부주석(박성철)이 남한을 방문하는 데에 이어 남북당국은 공동성명을 발표하여 통일에 대한 국민들의 기대심리를 고조시키기도 하였다(1972. 7. 4). 뒤이어 1972년 10월 17일 비상계엄을 선포하여 국회를 해산하고 정당활동을 금지시키는 한편, 비상국무회의가 국회의 기능을 대신하는 등, 억압적인 위기상황을 배경으로 개헌작업을 추진하였다. 결국 동년 11월 21일 국민투표를 거쳐 제 4 공화국헌법(유신헌법)이 확정되었다.[69)]

유신헌법은 대통령의 권한을 강화하여 일인지배체제의 구축을 가능하게 하였고, 대통령을 영도자적 지위로 격상시켰다. 이 헌법의 채택으로 3권분립은 사실상 붕괴하고 일원체제로 재편되었으며, 통

69) 투표율 91.9%, 찬성 91.5%, 반대 7.6%.

치권의 사유화와 권력의 인격화 내지 신격화가 이루어졌다.

유신헌법의 규정에 따라 1972년 12월 15일 통일주체국민회의 대의원선거가 실시되었고, 12월 23일 통일주체국민회의에서 박정희가 대통령으로 선출되고,70) 12월 17일 제 8 대 대통령에 취임하여 제 4 공화국이 정식으로 출범하였다.

유신정권에 대한 저항은 1972년 말부터 산발적으로 나타났으나 본격적으로 조직적인 반대운동으로 전환된 것은 1973년부터이었다. 1973년 8월 6일 김대중납치사건이 일어나고 그로 인해 한일간의 감정이 극도로 악화되었으며, 10월 2일에는 서울문리대의 반정부데모가 처음으로 발생한 이후 반유신데모는 전국적으로 확산되었다. 학생들의 데모에 지식인과 민권운동가들도 가세하였으며, 종교계, 언론계 기자단 등 민간사회의 반정부운동은 걷잡을 수 없이 퍼져나갔다. 12월 26일 전 사상계 사장이자 야당의원을 역임한 장준하에 의하여 개헌청원운동본부가 발족되고「개헌요구지지 백만인 서명운동」이 전개되자 그 주동자와 야당동조세력에 대해 강력하게 대응하겠다는 국무총리명의의 담화가 발표되었다. 이것은 유신세력과 반유신세력 사이에 정면대결을 알리는 신호탄이었다.

유신정권에 대한 공세가 거세지자, 정권은 드디어 긴급조치라는 헌법상의 무기를 동원하여 이를 탄압하기 시작하였다. 1974년 1월 8일 제 1 호와 제 2 호가 발표되어, 개헌논의 자체가 일체 금지되었으며, 그 위반자들은 비상군법회의에서 재판하도록 조치하였던 것이다. 그러나 이 긴급조치 1, 2호는 장준하, 백기완 등의「용기 있는 위반자들」이 나타나면서부터 그 위력을 상실하기 시작하였다. 긴급조치 제4호는 소위「민청사건」이라고 불리는 반유신학생운동의 주도세력을 겨냥한 조치로서 1974년 4월 3일 밤 10시에 선포되었다. 그 내용

70) 통일주체국민회의의 선거결과는 2359명 전원 참석에 2357명 지지로 단독출마한 박정희를 당선시켰다.

은 민청학련조직원 및 이와 관계된 자는 5일 내에 수사기관에 출석 고지하게 하고 그 위반자는 사형, 무기 또는 5년 이상의 유기징역에 처한다고 하여 극약처방을 내렸다. 5월 27일에 있은 비상군법회의에서는 민청학련의 주동자들이 1969년 이래 남한에서 지하조직으로 암약해 온 '인혁당'과 연계를 맺어 왔고 남한의 공산혁명을 기도하였다고 기소하고, 그들을 비호·은닉한 혐의로 민간 운동가들과 다수의 학생들을 구속하였다. 이 때 구속된 학생들을 변호하던 강신옥변호사는 '사법살인' 발언으로 법정구속되기도 하였다. 10년 전에 있었던 인혁당사건과 민청학련을 연계시켜 민간사회 운동세력들을 탄압하려 한 것이다.

1974년 8월 15일 대통령 영부인이 저격사건으로 사망하고, 1975년 월남이 패망하는 등 정권에 유리한 정세변화가 전개되는 중에도 야당과 재야운동세력은 대정부투쟁의 강도를 높여 갔고, 국민투표를 통해 국민의 재신임을 얻은 것으로 판단한 박정희 정권은 긴급조치 제 7 호(1975년 4월 8일)를 발표하여 고려대학에 무기한 휴교령을 내렸으며, 바로 이 날 인혁당사건 관련자 8명에 대한 대법원의 유죄판결이 확정되고, 그 다음날 이들에 대한 사형집행이 전격적으로 이루어졌다. 이 사형집행은 국내외에 큰 충격을 주었다.

1975년 5월 13일에 내려진 긴급조치 제 9 호는 그 때까지의 긴급조치의 내용을 전부 담은 가장 혹독한 내용으로 저항세력들을 탄압하였다. 그러나 정권의 자기수호노력이 커지면 커질수록 그 반대세력의 투쟁의 강도도 강해졌고, 과거 어느 때보다 그 방법이 과격하고 전투적으로 되어갔다.

1976년 3월 1일의 「민주구국선언사건」은 개헌운동과 함께 인권탄압에 대한 투쟁이 재야운동의 기본목표로 부각되었다. 이것은 개헌운동을 넘어서는 광범위한 행동목표이었으며, 외국의 인권운동단체들과 국제적인 연대를 형성하는 계기가 되기도 하였다.

박정희 정권에 대한 반대투쟁은 재야정치세력과 야당의 공조로 이루어지게 되었고, 박 정권은 재야세력에 대한 탄압과 함께 야당에 대한 정치공작도 치밀하게 전개하였다. 그 공작은 중앙정보부가 전담하고 있었고, 상당한 기간 동안 효과를 보기도 하였다. 그러나 야당의 선명성을 주장하며 끊임없이 당권에 도전하는 김영삼, 김대중 두 지도자의 연대는 중앙정보부, 보안사, 경호실 등 정권 주변의 정권유지기구들이 총동원되어 집요한 공작을 벌이게 하였다.

박정희는 1978년 7월 체육관선거를 거쳐 제 9 대 대통령으로 다시 재선되었지만,71) 정당성의 위기는 조금도 완화되지 않았다. 유신 2기가 시작되자 야당은 다시 개헌문제를 쟁점화시켰고, 개헌공세에 자극받은 정부는 1979년 10월 4일, 중정, 보안사, 경호실 등의 집요한 방해공작을 뚫고 야당총재에 복귀한 김영삼을 국회에서 제명하고 정치활동을 금지시켰다.

그러나 김영삼의 제명은 대학가의 반정부시위를 더욱 격렬하게 만들었고, 부산·마산 지역에 민중봉기의 성격을 띠는 대규모 소요사태를 촉발시켰다. 부·마사태로 확산된 반체제운동에 자극을 받은 권력중추부의 알력이 격화되고, 결국 대통령이 현직 중앙정보부장에게 암살됨으로써 유신체제는 종막을 고하게 되었다.

2. 사법권 행사의 과정

1) 5·16 쿠데타 이후의 특별사법

1961년 5월 16일의 쿠데타 이후 쿠데타 세력은 국가재건최고회의라는 군사정부를 수립하고, 정치적 반대세력을 숙청하기 위하여 혁명검찰부와 혁명재판소를 설치하였다. 7월 8일 혁명재판소장으로

---

71) 2578명의 통일주체국민회의 대의원이 참석하여, 2577명이 지지하여 단독출마한 박정희를 대통령으로 선출하였다.

준장 최영규가 임명되고, 7월 12일 심판관들이 임명되었다. 7월 29일부터 5개 심판부에서 일제히 공판이 시작되었고, 1962년 4월 27일 제 1 상소심판부에서 마지막 공판이 열렸는데, 이 기간 동안 250건 697명 중 영구미제 3건 14명을 제외한 모든 사건의 심판을 완료하였다. 상소심판부는 105건 325명에 대한 심판을 완료하였다. 당시의 재판부는 군정의 최고당국으로부터 재판진행에 관해 4대 지침을 지시받았는데, 그 내용은 첫째, 가급적 극형을 줄인다, 둘째, 속결주의로 한다, 셋째, 학생사범은 가급적 불문에 붙인다, 넷째, 반국가사범은 책임자뿐만 아니라 실질적 역할 분자도 처벌한다는 것이었다.[72] 공판정 주변을 무장한 해병대가 경비를 서고, 방청인의 출입이 제한되며, 초스피드로 재판이 진행되었고, 따라서 충분한 증인신문과 증거조사는 기대할 수 없었다. 이런 과정을 거쳐 경무대앞 및 서울일원의 발포사건 및 마산발포사건에 대하여는 1961년 9월 30일 공판을 개시하여, 12월 15일 상소심을 종결하였고, 4·19를 야기하였던 3·15 부정선거의 원흉들과 이들 발포사건의 책임자들은 검찰의 구형보다 높게 형이 선고되었다. 12월 21일 사형선고를 받은 피고인들에 대한 사형집행이 있었다.[73]

5·16 후의 특별사법은 부정선거의 원흉들과 발포책임자들에 대한 역사적 단죄라는 의미에서 당연한 것이었지만, 그 처벌의 과정이 4·19 후의 특별사법을 배제하고 군부쿠데타의 주역들에 의하여 행해졌다는 점에서, 특별사법의 정당성의 문제를 남겨 놓았다. 이것은 군부쿠데타의 정당성의 문제와 관련하여 결정될 문제이기는 하지만, 적어도 4·19 후의 특별사법이 국민적 요구에 의하여 구성되었던 것이었음을 전제하여 본다면, 군부쿠데타에 의한 특별사법은 그만큼 정당성을 상실하는 것이 될 것이다.[74] 5·16 혁명재판의 또 한 가지

72) 이상우, 박 정권하의 사법부 수난, 신동아 311호(1985. 8.), 302면.
73) 대한민국 36년사, 1120-21면 참조.
74) 실제로 혁명재판소의 판결로 사형이 집행된 피고인들 이외에 무기징역 등이

특징은 「과거의 정리작업」뿐만 아니라 5·16 후 새로 일어난 이른바 반혁명사건까지도 다룬 점이었다. 이것은 쿠데타주체세력 내부의 권력쟁탈전에서 비롯된 자체의 치부를 드러낸 것으로서 혁명재판의 기막힌 아이러니이었다.75)

2) 무장군인의 법원난입사건

(1) 사건의 발단

1964년 3월 24일 정부의 대일저자세외교에 대한 반대투쟁으로 대학생들의 대규모 시위가 발생하였다. 시위는 5월 20일까지도 계속되어 서울문리대 교정에서 대학생 1500여 명이 '민족적 민주주의의 장례식 및 성토대회'를 개최하였다. 이 과정에서 경찰은 학생과 시민 180여 명을 연행하고, 서울형사지법에 시위학생들에 대한 구속영장을 신청하였다. 당직판사이었던 양헌 판사는 일부 피의자에 대한 구속영장을 소명자료가 부족하다는 이유로 기각하였다. 이에 다음 날인 21일 새벽 수경사 공수특전단 소속 무장군인 13명이 서울형사지법에 들어와 당직실에 난입하였다. 이들은 양헌 판사가 퇴근하고 없다는 것을 확인한 후, 양헌 판사의 집에까지 난입하여 영장기각의 사유를 추궁하는 등, 위력을 행사하였다.

(2) 사건의 경과와 성격

이 사건에 대하여 조진만 대법원장은 법원에서 할 수 있는 최대의 조치를 취하겠다고 즉각 발표하였고, 대법원의 긴급회의에서는 대통령 박정희에게 엄중항의할 것을 결의 하였다. 국회에서도 문제되어 본회의에서 국무총리를 출석시켜 질문하기도 하였다. 서울지방법원의 법원장 및 부장판사들의 긴급회의, 그리고 사법대학원생들의

선고된 피고인들은 법정의 절차 없이 석방되어 서울거리를 활보하고 다녔다고 하며, 「젊은이들의 죽음으로 쟁취한 조국의 민주주의가 다시금 난무하는 권력과 금력의 횡포에 질식전의 고통 속에 몸부림치고 있다」고 한다. 대한민국 36년사, 1120면 참조.

75) 이상우, 앞의 글, 302 면.

결의문 채택, 대한변협의 성명서 발표 등 사법권에 대한 물리적 침해를 강력히 규탄하고 정부의 적절한 대응책을 촉구하였다. 그러나 대통령 박정희는 군인들의 난동의 원인을 오히려 정치인과 언론 그리고 학생들의 불법적 관용으로부터 연유되었다고 하여 앞으로 불법적인 행동에 대하여 엄중하게 다스리겠다고 하였다.[76] 한편 법원에 난입하였던 군인들은 군법회의에서 각 징역 3-5년을 선고받았으나 이들은 곧 형집행정지처분을 받아 석방되었다.

이 사건은 기본적으로, 제 3 공화국 초기의 사법권의 위상을 가장 적절히 보여주는 것이었다고 생각된다. 뿐만 아니라 사법권에 대한 쿠데타 세력의 사고방식을 단적으로 드러낸 사건이었다. 군부쿠데타를 거쳐 집권한 박정권이 사법권에 대한 인식이 부족한 상태에서 사법부의 행위에 대한 이해를 갖지 못했고, 사회적인 의견의 다양성을 정치적으로 수용하지 못하고, 정치적 결정이 민주적인 방법으로 이루어지지 못하는 상태에서, 통치의 기반이 군부와 중앙정보부와 같은 억압기구에 있었으므로,[77] 군에 대하여 민간사회의 부분 중에 속한다고 볼 수 있는 법원의 행위를 군부가 받아들일 수 없었음을 보여준 사건이었다. 이 사건 이후 사법부에 대한 폭력적인 위협사건은 더 이상 일어나지 않았지만, 그 대신 좀더 치밀하고 음성적이며, 기교화된 압력이 장기적으로 사법권 내부를 좀먹어 들어가기 시작하였다.[78]

3) 인혁당사건

(1) 사건의 개요

3·24 학생시위, 군인법원난입사건, 6·3 사태 등으로 정국이 어수선한 가운데, 중앙정보부는, 1964년 8월 14일 북괴의 지령을 받아

76) 법원사, 462-463면.
77) 김영명, 한국현대정치사, 서울, 을유문화사, 1992, 276면.
78) 이상우, 앞의 글, 304면.

대규모적인 지하조직으로 국가를 변란하려던 인민혁명당을 적발, 도예종 등 일당 57명 중 41명을 구속했다고 발표하였다. 관련자는 전 혁신계 일부인사와 현직 언론인 및 대학교수, 강사, 학생 등이 포함되어 있으며, 이들은 3·24 학생시위를 배후조종하였다는 내용이었다. 8월 17일 중정에서 검찰로 사건이 송치되고 20여 일간의 수사를 벌였으나, 서울지검 공안부의 담당검사들(이용훈 부장검사, 김병리, 장원찬, 최대현 검사)은 이 사건이 기소할 가치가 없다는 결론을 내라고 관련피의자들에 대한 불기소의견을 내세웠다. 그들의 의견은 「관련자들이 북괴의 지령을 받고 그러한 불온단체를 조직했다는 혐의는 하나도 찾아볼 수가 없었으며, 따라서 양심상 도저히 기소할 수 없고 공소유지를 할 자신이 없다」는 것이었다.[79] 그러나 검찰고위층은 담당검사들의 불기소의견을 묵살하고 기소를 강력히 지시했고, 담당검사들은 기소장에 서명을 거부하면서 전원 사표를 제출하였다. 검찰내부에서도 공안부의견에 동조하는 견해가 제시되기도 하였으나, 당시 법무부장관이었던 민복기는 상명하복의 검찰기강을 내세우며 공소장에의 서명을 거부한 검사들에 대한 조치를 취하겠다는 강경한 태도를 보였다.[80] 결국 공소장은 구속만기일인 9월 5일 사건을 전혀 담당하지 않았던 숙직검사(정명래)에 의하여 서명되었고, 사건관련자 26명에 대하여 국가보안법위반혐의로 기소하였다.[81] 그러나 검찰은 이 중 14명에 대하여 공소를 취하하고, 추가구속된 1명(양춘우)을 포함하여 13인에 대하여 국가보안법위반을 반공법위반으로 공소장변경을 하여 1심재판으로 들어갔다. 공소장변경을 한 것은 재수사

79) 이상우, 위의 글, 306면.

80) 이 사건 이후 검찰은 박 정권 통치기간 동안 한 번도 항명파동이 없었던 것으로 보아, 박 정권이 이 사건으로 검찰을 완전히 장악하는 계기로 되었던 것으로 여겨진다.

81) 담당검사들의 불기소의견을 기소에까지 몰고 간 데에는 당시의 중앙정보부의 압력이 행사되었다는 의혹이 제기되고 국회에서 문제 삼기도 하였으나, 끝내 밝혀지지는 않았다.

후 국가보안법상의 반국가단체구성으로 공소를 유지하기 어렵게 되자 반공법상의 반국가단체를 이롭게 하는 단체의 구성 및 가입조항을 적용하였기 때문이었다.

(2) 법원의 판결

재판과정에서 사실인정에 관한 논란을 거듭한 끝에 검찰은 재차 공소장 변경을 하여 반공법 제 4 조 제 5 항의 예비음모를 적용하였고, 1965년 1월 20일에 있은 선고공판에서 서울형사지법 합의 2 부(재판장 김창규 부장판사, 판사 하경철, 현순철)는 도예종, 양춘우 등 2명에 대해서만 각 징역 3년과 2년을 선고하고 나머지 피고인 11명에 대해서는 전원 무죄를 선고하였다.

그러나 1969년 5월 25일 서울고등법원 형사부(재판장 정태원 판사, 박승호, 김동정 판사)는 제 1 심판결을 파기하고 제 1 심에서 무죄선고를 받았던 피고인 11명에 대하여 반국가단체를 이롭게 할 단체의 구성을 예비하였다는 이유로 전원 유죄판결을 내렸다. 그리고 대법원은 9월 21일 피고인들의 상고를 기각함으로써 원심판결을 확정지었다.

(3) 평 가

이 사건은 담당검사들의 공소장서명거부파동에서도 나타나는 것처럼 공소사실 자체에 많은 문제점이 있었고, 공소제기과정과 재판과정에서도 몇 차례의 공소장변경이 있는 등, 의도된 수사와 기소라는 의혹이 짙은 것이었다. 그러나 그 과정이야 어쨌든, 최종적으로는 法院의 사실관계포섭과 증거인정여부에 따라 결론지어지게 되는 사건이었다. 그런 점에서 제 1 심의 판결이 오히려 정당한 판결이었다고 볼 것이며, 고등법원과 대법원의 판결은 정권의 의도에 따라 사건관계자들을 처벌하는 데에 이르렀다는 점에서 사법권의 왜곡을 가져오는 결과가 된 것이다.

이 사건은 또한 1975년의 민청학련 사건의 전초적 사건이기도 하였다.

4) 동백림(동베를린)사건

(1) 사건의 개요

1967년 7월 5일 중앙정보부는 동베를린을 거점으로 한 지하공작단을 적발하였다는 발표를 하였다. 발표에 따르면[82] 이 공작단은 동베를린을 포함한 서유럽 일대에서 암약하면서 국내에까지 국제적 공작망을 침투시키고 있던 대규모 공산주의 조직으로써 15명의 교수를 비롯하여 의사, 예술인, 언론인, 공무원 등 서독에 유학한 지식인이 주동이 되어, 1958년 9월부터 1967년 5월까지 동독주재 북한대사관에 내왕하면서 간첩활동과 북한의 평화통일방안의 선전 그리고 남한의 무력적화통일을 위한 분위기 조성 등을 꾀하려 하였다는 것이었다. 중앙정보부는 이 사건에 관하여 7차례에 걸쳐 수사발표를 하였고, 이에 따라 관련자만 194명에 달하였다. 그러나 사건을 송치받은 검찰은 26명에 대해서만 국가보안법, 반공법, 형법 등의 위반으로 기소하고 7명을 불구속 기소하였다.

(2) 법원의 판결

1967년 12월 13일 제 1 심의 선고공판에서 서울형사지법의 재판부는 조영수 외 1인에 대하여 사형을, 정하룡 외 3인에 대해 무기징역을, 천병희 외 2인에 대하여 징역 15년 자격정지 15년을, 임석훈에 대하여 징역 10년 자격정지 10년, 이응로에 대하여 징역 5년 자격정지 5년, 천상병에 대하여 징역 1년 집행유예 3년 자격정지 1년 등을 선고하였다.

그러나 서울고법(재판장 정태원 판사, 이경호, 김진우 판사)은 1968년 4월 13일 피고인 정규명과 천상병의 항소를 기각하고, 1심판결에서 징역형을 선고받았던 정하룡 외 1인에게 사형을, 사형을 선

82) 대한민국 36년사, 1298면.

고받은 조영수는 무기징역을, 무기징역을 선고받았던 윤이상은 징역 15년 자격정지 15년을 선고하였다.

이에 대하여 7월 30일 대법원에서 내려진 판결에서는 중형이 내려진 정하룡 외 11명에 대한 원심판결부분을 파기하여 서울고등법원에 환송하였다. 이 사건은 당시 중앙정보부와 검찰이 수사와 공소유지에 최대심혈을 기울였던 사건이었음에도 불구하고, 대법원의 환송판결이 내려지자 정부와 검찰은 크게 반발하였고, 판결이 내려진 며칠 후인 8월 2일과 3일 사이 서울 시내 일원에는 대법원 주심판사를「용공판사」라고 규탄하는 괴벽보가 나붙고 삐라가 뿌려졌으며, 대법원장과 담당재판부의 집에도 협박편지가 우송되기도 하였다. 이 괴벽보와 삐라 그리고 괴편지 사건은 국회와 야당의 배후추궁 촉구 그리고 대한변협의 성명서 발표 등을 야기하였다. 그리고 얼마되지 않아 재판에 관여했던 최윤모 판사가 돌연 사표를 제출하였다. 조진만 대법원장은 행정부에 대하여 강력하게 항의하고 주모자 색출과 처벌을 요구하였다.[83] 그러나 이 사건에 대한 직접적인 해명이나 수사는 진전되지 않았고, 검찰의 고위간부조차 괴벽보사건을 대수롭지 않은 것으로 받아들이는 취지의 발언을 하였다고 전해지기도 하였다.[84]

파기환송된 동백림사건에 대하여 서울고법은, 1968년 12월 5일 제 1 심판결을 파기하고 정하룡 외 1인에 사형을, 조영수에 무기징역을, 임석훈 외 1인에 징역 15년과 지격정지 15년을, 윤이상 외 3인에게 징역 10년 및 자격정지 10년을, 그 외의 피고인에게 징역 3년 6월 내지 7년 자격정지 3년 6월 내지 7년이 각 선고되었다. 그리고

83) 당시 이 사건의 직접적인 배후관계는 밝혀지지 않은 채, 모 기관의 중견간부가 직위해제되었는데, 이에 대하여 당시 일부에서는 사법부에 대한 압력을 분개해서가 아닌, 그 방법이 졸렬하고 여론을 들끓게 했다는 데에 대한 인책으로 해석하는 측도 있었다고 한다. 이상우, 앞의 글, 309면.

84) 법원사, 466면.

이 판결은 1969년 3월 31일 대법원에서 확정되었다.

(3) 평 가

이 사건은 군부권위주의 정권인 박 정권이 사법부를 길들이는 또하나의 시도이었던 것으로 보아도 무방할 것 같다. 무장군인 난입과 검사항명파동이 있은 후 사법권행사에 대한 간여나 위협이 별로 없었던 가운데 대법원판결에 대한 비난벽보가 백주에 나붙고, 재판부에 대한 협박과 괴편지의 우송 등의 사건들이 다시 발생한 것은 정치권력의 사법부 길들이기의 한 측면이라고 할 것이다.

(4) 기 타

위에 예를 든 사건 이 외에도 박정희 정권하에서 1964년 이래 1971년 사이에 국가보안법과 반공법 그리고 집회 및 시위에 관한 법률 등을 이용하여 정치적 반대자를 억압한 사례는 매우 많다.[85] 이들 사건들 중에서 법원이 사법권을 행사함에 있어서 정치권력의 恣意的인 법적용과 권한남용을 견제한 판결로서 민족주의비교연구회사건(1967. 12), 동양통신 필화사건(1970. 6), '다리'지 필화사건(1971. 7) 등을 들 수 있다. 박정희 정권의 억압적 통치수단인 위의 법률들에 대하여 적절한 제약을 가함으로서 사법권의 최소한의 역할인 국민의 기본권보장에 기여한 점은 인정할 수 있을 것으로 생각된다.

5) 국가배상법 및 법원조직법에 관한 위헌판결

제 3 공화국 헌법하의 위헌법률심사제도는 운영여하에 따라 「사법권의 우위」를 결과할 수도 있었지만,[86] 이를 확보할 수 있는 사회적 · 역사적 배경과 법사상적 기반이 우리나라에는 결여되어 있었

85) 1964년부터 1971년 사이에 이들 법률에 따라 검거된 인원을 보면, 국가보안법이 729명, 반공법이 1,512명, 집회 및 시위에 관한 법률이 265명 등이다. 검거된 사람들이 모두 법원의 판결을 받은 것은 아니지만, 정부의 정치적 반대자에 대한 탄압이 어떠한 것이었는가를 잘 보여주고 있다. 박원순, 국가보안법 연구 2, 국가보안법적용사, 역사비평사, 1992, 31면 도표 참조.

86) 김철수, 한국헌법사, 대학출판사, 1990, 110면.

고,[87] 따라서 제 3 공화국 하의 위헌법률심사제도는 「가상적 사법권의 우위」에 지나지 않았다.[88] 그 결과 대법원은 하급심이 위헌이라고 주장한 법률조항이나 당사자가 위헌이라고 주장한 법률조항에 대하여 전원일치로 합헌판결을 한 경우는 많으나, 위헌판결을 한 예는 그리 많지 않았다. 구체적으로 보면, 하급법원은 국가배상법 제 2 조와 제 3 조, 제 9 조, 양곡관리법 제16조,[89] 군형법 제47조 등에 대하여 위헌판결을 내렸으나, 대법원은 군형법 제47조와[90] 국가배상법 제 3 조 등은 합헌이라고 판결하였고, 국가배상법 제 2 조 1항 但書와 법원조직법 제59조 1항 단서만을 위헌이라고 판결하였다. 당사자가 주장한 헌법조항에 대해서는 반공법 제 4 조 1항의 합헌성, 형법상의 사형제도의 합헌성, 강간죄의 객체를 여자로 한정하는 것의 합헌성, 국민투표법의 합헌성 등을 판단하였다.

(1) 국가배상법 및 법원조직법 규정

공무원의 직무상 불법행위로 인한 국가배상에 관한 법률은 1951년 제정 · 공포되었다(법률 제231호).[91] 그런데 이 국가배상법에 따른 국가의 손해배상은 법률에 따라 국가가 배상책임을 지는 경우에 채권자가 직접 금전적 업무를 담당하는 국가기관이나 국가재산을 상대로 집행하는 것이 인정되었기 때문에 그로 인하여 국가기관의 재정적 혼란이 야기되는 경우가 많았다. 그리고 군의 차량이나 총기사고로 인하여 국가가 배상한 금액도 상당하였으나, 국방비에는 이러한 배상액이 전혀 계상되지 않았다. 그리하여 만들어진 법률이 「국가배상금청구에 관한 절차법」(1962. 12. 24 법률 제1223호)이

87) 김철수, 위헌법률심사제도론, 학연사, 1983, 128면.
88) 김철수, 위의 주 57)의 책, 129면.
89) 서울민사지법 1969. 6. 3. 선고, 69고10792 판결.
90) 대법 1969. 2. 18. 선고, 68도1846 판결.
91) 이 법에서는 배상청구권의 요건 등 실체적 규정만 마련하고 청구권행사의 구체적 절차에 관해서는 규정을 두지 않았는데, 이는 민사소송절차에 의하면 되는 것으로 생각한 때문인 것 같다.

었는데, 이 법에서는 청구권자는 행정절차(법무부 내에 설치된 배상심의회에 직접 배상을 청구하는 방법) 또는 사법절차(법원에 제소로서 청구하는 방법) 중 택일할 수 있게 되었다. 이에 앞서 정부는 「민사소송에 관한 임시조치법」(1961. 6. 21 법률 제628호)을 제정하여 재판기일의 연장·변경을 제한하는 한편, 재산상의 청구를 내용으로 하는 각심의 판결에는 '가집행의 선언'을 붙여야 하기로 함으로써 금전청구권의 보호를 강화한 바 있었다. 그런데 이 두 법률에 따른 국가배상액이 점차 증대하고 그럼에도 국가의 예산에는 반영이 되지 않은 채 국가기관이 직접 집행당하는 경우가 많았다.

이에 국회는 1968년 3월 3일 국가배상법을 전면개정하여 법률 제1899호로 공포하고[92] 이전의 국가배상법과 「국가배상청구에 관한 절차법」을 폐지하였다. 또 「민사소송에 관한 임시조치법도 개정하여, 국가를 상대로 하는 재산권의 청구에 관해서는 제 2 심판결에 한하여 가집행의 선고를 할 수 있는 것으로 정하였다. 개정된 국가배상법의 주요 내용은 제 2 조 제 1 항 단서에서 이중배상을 금지하고, 제 3 조에서 배상액의 기준을 정하며, 제 9 조에서 배상심의회의 결정전치주의를 규정하고 있었다.[93]

---

92) 이 법 제정당시 국회법사위에 법안이 회부되자 재야의 법조인들이 위헌입법이라는 이유로 반대하였고, 법사위원들도 대체로 난색을 보여 심의를 미루고 있었는데, 법무부의 끈질긴 권유와 독촉으로 심의에 착수하였다. 그런데 법무부안이 몹시 불만족스러웠기 때문에 법사위에서 대안을 마련하여 법무부측 대표를 참가시켜 법안을 통과시키고, 3월 3일 국회 본회의에서 통과된 것이다. 이종극, 위헌선상의 국가배상법, 노모스 제47호(1968. 1. 1.), 4면 참조. 그리고 이 법은 당시 집권여당인 공화당의 단독국회에서 강행통과되었다.

93) 제 2 조: 군인이나 군속이 전투, 훈련 기타 직무집행 중에서 발생하였거나 군의 목적상 사용하는 진지, 영내, 함정, 선박, 항공기 기타 운반기구 안에서 발생한 전사, 순직, 공상으로 인하여 다른 법령의 규정에 의하여 재해보상금, 우족일시근, 유족연금 등을 지급받을 수 있을 때에는 국가배상법이나 민법의 규정에 의한 손해배상을 청구할 수 없다.

제 3 조: (1) 타인의 '신체'를 해한 때에는 다음 각호의 기준에 의하여 배상을 한다. ① 필요한 요양을 하거나 이에 갈음할 필요한 요양비, ② 전호의 요양으로 인하여 월급액·월실수액 또는 평균임금수입에 손실이 있을 때에는 그 손실액의

한편 1970년 8월 7일, 국가배상법과는 별도로 대법원의 위헌결정정족수에 관한 법원조직법 제59조 제 1 항 단서의 개정도 이루어져, 대법원판사 전원의 3분의 2의 출석과 출석 대법원판사의 과반수로 위헌결정을 할 수 있게 하였던 규정을 고쳐, 대법원판사 전원의 3분의 2의 출석과 출석 대법원판사의 3분의 2로 위헌결정을 할 수 있도록 위헌결정의 정족수를 강화하였다. 이것은 국회라는 정치권력이 사법부의 권한행사의 기준을 변경·강화시켜 그 권한행사의 범위를 축소시키고자 하는 시도이었다.

(2) 1심판결

위의 국가배상법규정들에 대하여 서울민사지법에서는 재판부마다 서로 다른 판단을 내리는 양상을 보였다. 먼저 1967년 12월 26일 동 법원의 나석호 판사는 국가배상법 제 9 조가 헌법에 위반된다고 하고 동시에 가집행선고를 2심에 제한한 민사소송에 관한 임시조치법의 규정도 위헌이라는 판결을 내렸고(67가9299), 1968년 1월 19일 동 법원의 다른 재판부에서는 국가배상법 제 9 조가 합헌이라는 판결을 내렸다(67가11483). 그리고 동년 1월 23일 배상액 기준을 정한 국가배상법 제 3 조가 위헌이라는 판결을 내렸으며(67가9292), 동년 3월 7일 국가배상법 제 3 조는 위헌은 아니나 법원을 구속하지는 않는다고 판결하였다(67가12567). 또 동년 5월 30일 국가배상법 제 2 조 1항 단서에 대하여 위헌이라는 판결이 내려졌고(67가12829), 동년 6월 11일 같은 취지의 판결이 있었다(67가14042). 이러한 하급심

100분의 50의 휴업배상, ③ 완치 후 신체에 장해가 있을 때에는 그 정도에 따라 피해 당시의 월급액·월실수입 또는 평균임금에 별표 소정의 월수 또는 일수를 승한 장해배상 (2) 타인의 '생명'을 해한 때에는 그 유족에게 다음과 같이 배상한다. ① 대통령령으로 정한 장례비, ② 피해 당시의 월급액·월실수액의 12월분 내지 60월분 또는 평균임근의 360일분 내지 1,700일분의 유족보상, ③ 피해자의 직계존·비속 및 배우자에 대한 피해자의 사회적 지위, 과실의 정도, 유족의 생계상태 및 유족배상액 등을 참작하여 정한 위자료.

제 9 조: 이 법에 의한 손해배상소송은 배상심의회의 결정을 거친 후가 아니면 제기할 수 없다.

판결의 혼란을 정리하기 위하여 대법원은 1970년 1월 29일 국가배상법 제 3 조가 헌법에 위반되지는 않으나 법원을 구속하지는 않는다는 전원합의체의 판결(69다1203)과 함께, 민사소송에 관한 임시조치법 제 3 조가 합헌이라는 판결(68다1280)을 내렸다. 그러나 제 2 심판결에 가집행선고를 할 수 있다는 규정 때문에 여전히 국고금의 압류가 문제되자 국가를 상대로 하는 재산권의 청구에 있어서는 가집행선고를 할 수 없다는 민사소송에 관한 임시조치법의 개정안이 국회에 상정되어 1970년 8월 7일 동법이 개정되었다.

한편 국가배상법 제 2 조 1항 단서의 이중배상금지규정은 하급심에서 빈번히 위헌이라는 판결이 제시되고 있었던 관계로 대법원은 이에 대한 최종적 판단을 할 필요가 있었다. 그런데 1970년 8월 7일의 법원조직법 개정으로 위헌결정정족수가 강화되어 있었기 때문에 국가배상법의 규정을 위헌으로 하기 위해서는 법원조직법의 규정에 대한 위헌여부의 판단도 필요한 상태이었다.

대법원은 1971년 6월 22일 국가배상법 제 2 조 1항 단서의 이중배상금지규정이 위헌이라는 판단을 내리고,[94] 아울러 위헌결정의 정족수를 강화한 법원조직법 제59조 1항 단서도 위헌이라고 함으로써[95] 국회의 법개정에 정면으로 반발하였다. 이 때 국가배상법의 위헌의견에 찬성한 대법원판사는, 손동욱, 김치걸, 사광욱, 양회경, 방순원, 나항윤, 홍남표, 유재방, 한봉세 등의 대법원판사들이었고, 합헌의견을 낸 대법원판사는 민복기(재판장), 홍순엽, 이영섭, 주재황, 김영세, 민문기, 양병호 등의 대법원판사들이었다. 그리고 법원조직법 규정에 대하여 위헌의견에 찬성한 대법원판사는 손동욱, 김치걸, 사광욱, 홍순엽, 방순원, 나항윤, 홍남표, 김영세, 한봉세, 민문기, 영병호 등의 대법원판사들이었고, 합헌의견은 민복기(재판장), 양회경,

94) 판결내용은 법원행정처 편, 대법원판례집, 제19권 2집(1971), 110면 이하 참조.
95) 앞(주 215)의 판례집, 114면 이하 참조.

이영섭, 주재황, 유재방 등의 대법원판사들이었다.

(3) 평 가

국가배상법 제 2 조 1항 단서와 법원조직법 제59조 1항 단서에 대한 대법원의 위헌판결은 제 3 공화국을 통틀어 사법권의 권한행사가 가장 정상적으로 이루어진 것이라 할 수 있다. 그것은 이 판결이 내려지는 과정에서도 잘 나타나 있듯이, 정치과정에서의 첨예한 이해대립, 특히 국가와 개인 사이의 이해대립에 관하여 명확히 개인의 편에 서서 국가의 기본권침해를 지적하고, 국가의 의도를 무산시켰다는 점에서 3권분립의 존재의의를 분명히 하였다고 할 수 있는 것이다.[96] 특히 법원조직법 제59조 1항 단서에 대한 위헌판결은 국가배상법에 대한 위헌여부가 한창 문제되는 시점에서, 법률안을 여당단독으로 강행통과시켜 위헌결정 정족수의 강화로 대법원의 위헌결정을 되도록이면 막으려는 것을 과감히 거부하였다는 점에서 대법원 자신의 권한을 스스로 방어하여 정치권력의 의도를 차단하고 스스로 정치과정에서의 적극적인 참여를 하였다는 것을 의미하기 때문에 국가배상법에 대한 위헌판결만큼이나 큰 의미를 갖는 것이라고 하여야 할 것이다. 물론 논리적으로 보아 국가배상법규정을 위헌으로 하기 위해서는 법원조직법의 규정을 위헌으로 하여야 할 필요가 있었기 때문에[97] 법원조직법 규정을 위헌으로 한 것인지는 모르나, 어쨌든 사법권의 수난기에 있어서 이 법원조직법 및 국가배상법 판결은 사

96) 대법원의 판결이 내려지는 과정 중에 1971년 5월 25일의 대통령선거가 있었다는 것을 상기할 필요가 있다. 당시 박 정권은 3선개헌을 강행한 후 야당의 김대중 후보와 대결하여 아슬아슬한 차이로 승리한 직후이었다. 야당 후보 김대중이 집권여당 후보 박정희를 근소한 표차로 위협하였다는 것은 그만큼 민간사회의 힘이 확대강화되었다는 것을 의미하는 것이었고, 바로 이 시기에 대법원의 위헌판결이 나왔다는 것은 명확히 관련성을 입증할 수는 없으나, 대법원이 민간사회의 요구를 적극적으로 수용하려는 자세를 보인 것이라고 할 수 있을 것이다.

97) 국가배상법 위헌결정이 9대 7이었음을 상기한다면, 만약 違憲意見이 16인의 3분의 2를 넘는 11인 이상이었다면 법원조직법에 대한 판단이 불필요할 수도 있었을 것이다.

법권행사의 백미라 할 수 있을 것이다.[98)]

6) 긴급조치 사법과 안보사법

1972년의 유신헌법 제정 이래, 1974년 1월 8일 긴급조치 제 1, 2 호가 발령된 후, 1974년 9월까지 긴급조치 제 1 호와 제 4 호 위반으로 총 203명이 기소되어 비상보통군법회의에서 판결을 선고받았는데, 그 중 13명이 항소를 포기하거나 취하하고, 190명이 항소하여 1974년 10월 11일까지 비상고등군법회의에서 판결을 선고받았다. 그러나 항소심판결을 받은 피고인 중 82명은 상고를 포기하였고, 상고한 10명도 이를 취하하였다. 이들 피고인들이 상고를 포기하거나 취하한 것은 상고를 해 보았자 소용없기 때문이라고 하여 극도로 사법부를 불신하는 모습을 보여 주었다.[99)] 1976년에는 긴급조치 제 9 호 위반으로 기소되어 처리된 피고인은 총 221명이었다. 이들 피고 중 141명에게는 1년 이상의 징역이 선고되었고, 35명에 대하여 집행유예가 선고되었으며, 1명에 대하여 무죄가 선고되었다. 1977년에는 긴급조치 제 9 호 위반으로 피고인은 총 116명이었다. 이들 중 91명에 대해서는 1년 이상의 징역이 선고되었고, 13명에 대하여 집행유예가 선고되었다. 1978년에는 총 189명이 긴급조치 위반으로 처벌되었는데, 이들 중 153명에 대하여 1년 이상의 징역이 선고되고, 17명에 대해서만 집행유예가 선고되었다.

이 긴급조치사법은 특히 속전속결주의로 재판이 진행되어, 제 1 호의 첫 희생자인 장준하, 백기완 두 사람에 대한 재판은 검찰 기소

98) 국가배상법위헌판결 직후 사법부의 판결들을 보면 국가의 기본권침해에 대하여 매우 적극적으로 이를 배제하려는 노력이 엿보인다. 즉 6월 29일 서울형사지법의 신민당사농성 서울대생에 대한 무죄판결, 7월 6일 「씨알의 소리」 등록취소에 대한 대법원의 무효판결, 7월 16일 「다리」지 무죄판결, 7월 30일 고대데모주동학생에 대한 형의 선고유예판결 등 정부의 공권력행사를 부당한 것으로 판단한 판결들이 많다. 동아일보 위 각 일자 참조.

99) 동아일보 1974. 12. 2.자 및 4.자 사설 참조.

로부터 선고에 이르기까지 불과 일주일밖에 걸리지 않았다. 1974년 1월 25일에 비상보통군법회의에 기소되어 같은 달 31일에 첫공판이 열렸고, 그 다음날에 각각 15년씩의 징역형이 선고되었다. 이것은 검찰관의 구형량과 일치되는 것으로서 법조계는 이를 「정찰제판결」이라 부르기도 하였다.[100) 이러한 刑量의 「正札制」는 긴급조치 위반의 다른 사건에서도 많이 활용되었다. 또한 긴급조치 재판은 살벌한 분위기로 재판이 진행되었고, 이러한 분위기하에서 피고인들은 오히려 당당하였으며, 담당 재판부가 굳어진 표정으로 재판하는 형편이었다.

긴급조치에 못지않게 억압적인 법률은 국가보안법과 반공법이었다. 유신이 본격적으로 시작된 1973년부터 1979년까지 국가보안법은 비록 긴급조치에 그 자리를 내어주기는 하였으나, 여전히 괴력을 발휘하고 있었고, 반공법 또한 막강한 힘을 과시하고 있었다. 이 시기에 국가보안법에 의하여 검거된 인원은 국가보안법위반이 총 643명, 반공법이 1931명이었다.[101) 이 국가보안법과 반공법은 경찰, 국군보안사령부, 중앙정보부(국가안전기획부), 검찰 등 정권유지를 위한 모든 폭압적 기구가 모두 동원되어 적용기관으로 작용하였고, 사법부는 이들이 수사한 사건들을 최종적으로 판결이라는 이름으로 완결하는 절차를 담당해 왔다.[102) 그리고 사법부는 이러한 국가보안법 및 반공법 위반사건에 대한 재판과정에서 법원이 감당하여야 할 사명, 즉 진실을 발견하고 그 진실에 따라 소신 있는 판결을 하여야 할 사명을 완전히 포기하였다. 이들 사건에 관한 한 법원은 검사의 공소장을 한 자도 틀리지 않게 그대로 판결문으로 복사하는 것을 능사로 알아 왔고, 피고인들의 법정에서의 장기구속, 고문의 호소 등은 철저히 무시되었다. 보강증거 없이 피고인의 자백만으로 유죄판결을

100) 이상우, 앞의 글, 324면.
101) 박원순, 앞의 책, 31면 도표 참조.
102) 박원순, 위의 책, 509면 이하 참조.

할 수 없다는 형사소송법상의 원칙은 국가보안법 사건에서만은 예외이었고, 공소사실의 특정여부조차 의문시되는 소설적 기술방법에 의한 장황한 공소장들도 그대로 한 자도 틀림 없이 유죄판결의 범죄사실내용으로 전개되었다. 재판은 편파적이고 불공정하게 진행되었고, 무거운 형량과 그 형의 집행과정도 끊임없는 감시하에서 이루어졌다.[103]

7) 민청학련사건

(1) 사건의 개요

긴급조치 제 4 호가 선포된 후 약 3주 후인 1974년 4월 25일 중앙정보부장(신직수)은 긴급조치 제 4 호의 규제대상이었던 민청학련에 관한 수사상황을 발표하였다. 이철, 유인태 등 평소부터 공산주의사상을 가지고 있던 학생들이 1974년 3월경 민청학련을 조직하고 도예종 전 인민혁명당(인혁당) 당수 등 공산·용공주의자들의 배후조종을 받아 대한민국정부를 전복하고 공산계열의 노선에 따르는 노농정권을 수립하기 위하여 반정부연합전선을 형성한 후 폭력혁명으로 일거에 정부를 전복하고 임시과도의 연립정부를 거쳐 궁극적으로는 공산정권을 수립하려 했다는 국가변란기도사건이라고 밝혔다.[104] 그리고 이들 학생들 외에도 윤보선, 박형규, 김동길, 김찬국 등이 배후에서 조종하였다는 혐의로 구속되어 비상보통군법회의에 기소되었다. 이 사건에 연루되어 조사를 받은 사람의 수는 1024명이나 되었고, 그 중 234명이 비상군법회의에 회부되었다. 이 사건이 발표되고 기소에 이르자 국내외의 많은 언론 및 인권단체들이 정부의 조치를 비난하고 관대한 처분을 요청하기도 하였다.

103) 박원순, 위의 책, 570-586면 참조.
104) 대한민국 근대 36년사, 1549면.

(2) 법원의 판결

5월 27일에 있은 비상보통군법회의에서 14명이 사형을 구형받았고, 나머지는 5년에서 20년의 징역형을 구형받았다. 7월 13일 사건관련 32인 중 이 철, 유인태 외 5인에 대하여 사형이 선고되었고, 정부는 7월 20일 이들에 대하여 무기징역으로 감형하였다.

1974년 8월 13일에 있었던 비상고등군법회의에서는 민청사건에 연루된 36인에게 무기에서 단기 5년까지의 징역이 선고되었다.

1975년 1월 28일에 있은 다른 긴급조치 위반 사건에서 대법원은, 긴급조치를 규정한 헌법 제53조의 논지가 헌법의 근본규범에 위배되는 점, 소급적 처벌규정이어서 헌법 제11조 2항에 위반인 점, 그 내용이 요건을 갖추지 못한 점, 긴급조치 제 5 호의 제 2 항의 경과규정이 헌법위반인 점 등을 이유로 긴급조치가 무효라는 주장에 대하여 우리 헌법해석상 받아들이지 못할 것이라고 판결하였다.105)

1975년 4월 8일에 있었던 대법원의 상고심에서는, 긴급조치가 사법심사의 대상이 되지 아니하고, 무영장 구속을 할 수 있으며, 진술의 임의성의 판단은 심판관의 경험법칙에 위배되지 아니하고 합리적인 자유심증에 의하여 판단하며, 다수의견으로서 국가보안법상의 「국가를 변란할 목적」을,

> 「폭력으로서 정부를 전복할 것을 기도하는 동시에 정부 전복 후의 새로운 정부의 수립을 구체적으로 구상함을 요한다고 해석하여야 할 것」

이라고 하고, 저항권에 관하여는,

> 「그 저항권 자체의 개념이 막연할 뿐만 아니라 … 실존하는 실정법적 질서를 무시한 초실정법적인 자연법질서 내에서의 권리 주장이며 이러한 전제하에서의 권리로써 실존적 법질서를 무시한 행위를 정당화하려

105) 대법 1975. 1. 28. 선고, 74도3448; 74도3492; 74도3497; 74도3498; 74도3507; 74도3511 대통령긴급조치 위반 사건 판결 등. 대법 1975. 2. 10. 선고, 74도3489 판결; 74도3506 대통령긴급조치 위반 사건 등도 같은 뜻의 판결이다.

> 는 것으로 해석하는 바 실존하는 헌법적 질서를 전제로 한 실정법의 범주내에서 국가의 법적 질서의 유지를 그 사명으로 하는 사법기능을 담당하는 재판권 행사에 대해서는 실존하는 헌법적 질서를 무시하고 초법규적인 권리개념으로써 현행 실정법에 위배된 행위의 정당화를 주장하는 것은 그 자체만으로서도 이를 받아들일 수 없는 것」[106]

이라고 하여, 피고인들의 상고를 모두 기각하였다.

(3) 평 가

먼저 민청학련 사건 자체가 벌써 10년 전에 종결된 「인혁당」 사건과 연계되어 있었다고 주장하는 공소사실에서 보듯이, 공소사실 자체가 명확하지 않았고, 따라서 폭압적 정권이 성장하는 민간사회를 억압하고 독재권력을 지속하려는 의도에서 조작된 사건이었다. 그럼에도 불구하고 대법원은 정치권력의 이러한 의도를 제어하지 못하였고, 또 판결의 이유도 명확하지 않았던 것이다. 특히 대법원 판결은, 저항권이라는 자연법적 권리 자체의 존재를 부정하는지 혹은 저항권의 존재 자체는 인정하되 그것을 재판규범으로 적용할 수 없다는 취지인지가 불분명할 뿐만 아니라,[107] 당시 대법원의 지극히 법실증주의적인 사고를 보여주는 대표적 판결이라고 할 수 있을 것이다. 또한 정치권력에 의하여 억압된 정치과정 속에서 정치권력의 행위를 정당화시키기 위하여 사법부가 이미 낡은 법이론을 가지고 판결할 수밖에 없었던 것은 당시의 사법부의 위상을 잘 보여주는 것이며, 사법부 스스로를 정치권력에 철저히 예속시킨 사례라 할 것이다. 사실 이 판결은 법의 이름을 빌린 권력의 횡포이었으며, 학생들을 자극하기에 충분한 것이었다. 고려대는 수천 명이 참가한 데모를 벌였으며, 그 날로 긴급조치 제 7 호로 휴교령을 맞게 되었던 것이다.

대법원의 최종 판결이 있은 다음날, 인혁당 관계자 8인은 전격

---

106) 대법 1975. 4. 8. 선고, 74도3323 판결.

107) 이 판결은 나중에 10·26 사건에 대한 대법원판결에서도 그대로 유지되었다. 법원행정처, 대법원전원합의체판례집 형사편 Ⅱ(1978-1987)(1990), 124-125면 참조.

적으로 사형이 집행되었는데, 이러한 정치권력의 폭압성에 대하여 국내외의 여론은 큰 충격을 받았다.108)

8) 신민당총재단 직무집행정지가처분 신청사건

(1) 사건의 배경과 개요

유신체제가 성립되고 난 후 야당세력들은 유신에 충격을 받고 통합하여 유진산을 당수로 추대하여 9대총선에 임하여 52석을 확보하였으나 유정회가 3분의 1을 차지하고 있는 국회에서는 전혀 정권에 대한 견제세력이 되지 못하였다. 더구나 야당세력 중의 강성인사들은 중앙정보부에 끌려가 혹독한 고문으로 유신지지문서에 도장을 찍기도 하였다. 야당은 완전히 무력화되어 있었던 것이다. 이러한 가운데 1974년 8월 22일의 신민당 전당대회에서는 정부여당과의 타협정치를 표방하여 당내에서 불신과 비난을 받아 온 유진산에 맞서 40대의 김영삼이 선출되었다. 선명야당의 기치를 내걸고 당선된 김영삼은 박정희에게는 적지 않은 부담을 안겨주었고 더구나 김영삼의 뒤에는 김대중 세력까지 있었다는 것은 정권에게는 못마땅한 것이었다. 이때부터 정보기관과 경호실 등의 신민당분열공작이 시작되었다. 정권의 분열공작은 어느 정도 성공을 거두어 신민당은 김영삼을 중심으로 한 주류와 이철승을 중심으로 한 비주류로 나뉘어 당권다툼에 골몰하였다.

긴급조치 제 9 호가 선포되고 난 직후 야당세력은 1975년 5월 21일의 박정희-김영삼 회담을 계기로 하여 김영삼은 약간 온건한 비판으로 선회하였는데, 그 때문에 1976년 5월 25일에 있은 신민당 전당대회는 '각목대회'라 할 정도로 주류세력들이 수세에 몰리기도 하였다. 이 전당대회 후에는 야당이 두 개로 쪼개져 전당대회를 치

108) 민청학련사건의 상세한 전말에 대해서는, 천주교 인권위원회 엮음, 사법살인 1975년 4월의 학살, 학민사, 2001 참조.

렸는데, 주류세력들은 김영삼을 다시 당수로 선출하였다. 이에 비주류세력들은 6월 4일 김영삼 총재의 지위와 자격에 대해 중앙선관위에 우권해석을 의뢰하였고, 중앙선관위는 김영삼의 신민당 총재지위는 소멸되었다고 유권해석하였다. 또 서울민사지법에 김영삼 총재의 직무집행정지가처분신청이 있었다. 이러한 상황에서 1976년 6월 11일 김영삼은 총재직을 사퇴함으로써 가처분신청이 취하되었다. 이러한 야당의 분열상은 물론 중앙정보부를 위시한 경호실 보안사 등의 공작의 결과이었다.

야당의 분열상에 대한 비난이 고조되자 주류・비주류 양파는 9월에 합동대회를 통해 이철승을 당수로 선출하였다. 주류와 비주류가 바뀐 것이었다. 이후 이철승은 정부여당과 타협을 내세우며 전당대회를 소집하지 않는 등 야당으로서의 역할을 수행하지 못하고 있었고, 이에 김영삼 등은 야당성회복투쟁동지회를 결성하고, 1978년 5월 6일 이철승 대표최고위원과 정헌주 전당대회의장의 직권정지가처분을 서울민사지법에 신청하였다. 그러나 서울민사지법은 1978년 6월 2일 신민당 야당성회복투쟁동지회의 가처분 신청을 기각하였다.

2년여 동안 와신상담하여 권토중래를 노리고 있던 김영삼은 1979년 5월 30일에 있었던 신민당전당대회에서, 명동사건 후 처음으로 형집행정지로 풀려나와 있었던 김대중의 진두지휘하에 비주류연합세력을 결집하여 총재로 선출되는 데에 성공하였다. 총재로 선출된 김영삼은 야당의 선명성을 더욱 강하게 드러내어 각종 기자회견과 성명 등에서 정부를 공격하는 것을 서슴지 않았다. 정국은 급속히 혼란상황으로 변하였고, 카톨릭 농민회 오원춘 사건과 신민당사 YH 농성여공 강제해산 등의 사건이 발생하고 김영삼 총재는 즉각 YH사건 및 신민당사 기습사건을 규탄하는 성명을 발표하기도 하였다. 이와 같이 김영삼 총재의 반체제운동이 강화되자, 신민당의 비주류 원외지구당 위원장 3인(윤완중, 유기준, 조일환)은 1978년과는 반대로, 5·30 전당대회의 무효를 주장하며 서울민사지법에 신민당총재단 직무집행정지가처분을 신청한 것이다.

(2) 법원의 처리

서울민사지법은 다음과 같은 이유를 제시하면서 동 가처분을 인용하였다.

「… 이와 같이 정당은 정치적 결사단체로서 외적으로는 오늘날 민주주의 정치의 발전은 정당정치의 발전 없이는 불가능하다는 관점에서 정당의 설립자유와 복수정당제 등이 보장되고 나아가 국가의 보호를 받는 등 헌법상 제도적으로 보장받고 있고 내적으로는 그 조직과 활동이 민주적일 것을 전제로 하여 강령과 당헌 및 당원의 총의를 반영할 수 있는 대의기관과 집행기관을 구비하여야 하고 또 그 조직은 중앙당과 지구당으로 구성되고 지구당은 당원을 가져야 한다.

따라서 정당이란 그 목적이 국민의 정치적 의사형성에 참여하는 데 있는 정치적 결사란 점에서 헌법과 정당법 등에 의하여 특별한 지위가 보장되어 있을 뿐이고, 그 단체로서의 본질은 당원에 의하여 구성된 통일적 단합체, 즉 사법상의 사단이라 할 것이다. 한편, 헌법상 사법권은 법원에 있음이 원칙이고, 사법권은 형사소송, 행정소송 및 기타 일체의 법률적 쟁송에 미치는 것은 법원조직법 제 2 조가 규정하고 있는 바이므로 신청인들이 당원의 자격으로 신민당 총재로 김영삼을 선출한 전당대회에 무자격 대의원들이 참석하여 전당대회의 결의에 중대한 위법사유가 있었음을 전제로 한 총재 등 직무집행정지 가처분신청사건에 대하여는 정당의 내부적 의사결정과정에 다툼이 있는 경우 정당의 특수성과 자율성을 강조하여 독일정당법에서처럼 별도의 중재재판제도를 두고 있지 아니하고, 우리 헌법이 정당해산에 관하여서만 헌법위원회의 권한하에 두고 있는 우리 법제하에서는 통상의 민사사건과 마찬가지로 법원의 사법심사의 대상이 된다 할 것이고(이에 대한 선례는 법원에 현저하며, 신민당에도 있었음이 공지의 사실이다) 이 사건을 정치문제 내지 사법의 자제 등의 논리에 의하여 사법심사의 대상이 될 수 없다는 주장은 받아들일 수 없다.」[109)]

고 하였다.

---

109) 서울민사지법 1979. 9. 8. 선고, 79카21709 결정.

(3) 평 가

이 결정은 정당의 내부적 의사결정의 문제에 관하여 법원이 사법심사의 대상이 될 수 있는가 하는 것이 법적으로 문제된 사례이었다. 서울민사지법의 결정은 정당을 사법상의 사단으로 보고, 그 내부적 의사결정에 관해서는 사법심사의 대상이 되는 것으로 인정하고 있지만, 오히려 정당 내부의 의사결정을 정치문제로 보거나 사법자제의 논리에 따라 법원의 심판의 대상으로 하지 않음이 타당하다 할 것이다.[110)]

이 결정과 함께 총재직무대행으로 정운갑 전당대회의장을 선임하고, 김영삼 총재의 법적 권한을 상실시켰다. 신민당의 정재원 임시대변인은「법원의 결정은 흉악한 정치재판이며 또 하나의 쿠데타이다. 온 국민과 함께 정권분쇄를 위해 투쟁할 것이다」라는 성명을 발표하였다.[111)]

이 결정의 정치적 맥락은 집권세력의 야당에 대한 정치공작의 결과 야당 당수의 권한을 법적으로 정지시킨 것이지만, 그러한 집권세력의 의도에 사법부가 법적 논리로써 이를 뒷받침함으로써 성장하는 민간사회의 정치세력화를 차단한 점에서 비난의 대상이 될 만하였다.[112)] 더구나 1년 3개월 전에는 김영삼 총재 측이 제기한 이철승 대표최고위원 직권정지가처분에서는 동일한 법원이 이를 기각하였던 사례도 있음을 비추어보면,[113)] 법적인 논리는 차치하고라도 정치

110) 이 결정에 대하여는 양건, 정당내부의 분쟁과 사법심사의 한계, 한국공법학회 편, 공법연구 제 8 집(1980), 111면 이하에 판례평석이 있다. 이 평석에서는 위 판결이 정치문제를 전혀 인정할 수 없다는 취지인지 아니면 당해사건이 정치문제에 해당하지 않는다는 취지인지가 명확하지 않으며, 정치문제를 인정할 수 없다는 취지라면, 놀라우리만치 진보적이며 미국대법원보다 앞서는 것이고, 당해사건이 정치문제에 해당하지 않는다는 취지라면, 그 논거가 전혀 제시되어 있지 않다고 비판하고 있다.

111) 청사편집부 편, 칠십년대 한국일지(청사신서 20), 청사, 1984, 420면.

112) 이 결정이 있은 후 카톨릭 전주교구 소속의 김재덕 신부는「현정권에 대한 직무집행정지가처분」을 주장하기도 하였다. 칠십년대 한국일지(주 320), 421면.

113) 물론 이철승 대표최고위원에 대한 직권정지가처분의 신청에 대한 기각이 법

적으로 과연 이 결정이 타당하였는지는 의심이 있는 것이었다.114)

V. 전두환집권기의 정치와 사법

1. 정치상황

10·26 시해사건 이후 정국은 그야말로 '정치권력의 공백상태(power vaccum)'가 생겨났다. 그것은 유신정권이 집권자의 교체가 있어도 흔들리지 않는 제도화된 정권이 아니라「개인적 독재자」에 의하여 유지되던 정권임을 여실히 드러내 주는 것이었다. 이러한 공백을 메우려는 첫 움직임은 1979년 12월 12일 전두환이 이끄는 '신군부'세력이 일으킨 쿠데타이었다. 이들은 형식적으로 권력을 최규하 대통령권한대행에게 맡긴 채, 자신들의 실체를 드러낼 수 있는 명분과 기회를 노리며 격동과 혼미의 배후에서 자신을 은폐하고 있었다.115)

률적으로 인용할 수 없었던 것일 수도 있었겠지만, 정당의 내부적 의사결정의 문제는 정치적 문제로 보아 법원의 심판의 대상으로 하지 않음이 타당하다 할 것이다. 우리 대법원이 비상계엄선포행위의 위법무효에 대한 1964년 판결(1964. 7.21. 선고, 대법원재정 64초4)이나 국민투표법의 위헌무효여부에 관한 1972년 판결(1972.1.8. 선고, 71도1845)에서 상당히 폭넓게 정치문제를 인정하여 오다가 갑자기 이 사건에서 정치문제의 폭을 좁히고 있는 것은 이해하기 어렵다. 양건, 앞(주 327)의 글, 12면 이하 참조.

114) 이 결정 이후 김영삼 총재는 정권타도투쟁과 민주회복투쟁을 강화하기로 하고, 미국 NYT지와의 회견에서 한국에서 이란과 같은 전철을 미국은 밟지 말라고 경고하였는데, 이에 대하여 공화당과 유정회는 사대주의적 발언이라 규정짓고, 김영삼을 국회에서 제명하기로 하여, 10월 4일 신민당의원들이 농성하고 있는 본회의장을 피해 국회 146호실에서 여당의원만으로 10분만에 전격적으로 제명처리를 하였다. 이 제명처리는 신민당 의원 전원과 통일당 의원 3인 등 야당 전의원의 사퇴서제출로 이어졌고, 10월 16일부터 부산을 필두로 하여 마산에서 데모가 일어나는 계기가 되었다. 부마사태 발생 후 10일 만에 10·26 대통령시해사건이 발생하였다.

115) 1979년의 12·12 이후 1980년의 5·17에 이르기까지 당시의 언론에는 신군부

1980년 봄 정치활동이 허용되자 김영삼, 김대중, 김종필 등 당시의 정치지도자들은 집권을 위한 각축전을 벌이고, 신군부의 등장을 저지하려는 학생들의 데모는 더욱 격렬해졌으며, 노동파업과 쟁의는 전국적으로 확산되었다. 어쩌면 신군부에 의하여 의도되었던 이 위기를 이용하여 신군부는 그들의 실체를 국민 앞에 노출시켰다. 1980년 5월 17일을 기해 계엄을 전국적으로 확대하고, 그 때까지 개헌논의의 주체로 활동했던 국회와, 모든 정당을 해산시키는 등 강경조치를 취하였고, 5월 18일 광주민주화항쟁에 대하여 무참하게 이를 진압하여, 수천 명이 살해되었다는 소문이 돌 정도로[116] 군에 의한 민간인의 학살이 자행되었다.

광주민주화항쟁을 무력으로 진압한 신군부는 5월 31일을 기해 국가보위비상대책위원회를 발족시키고 뒤이어 1980년 10월 27일에는 국가보위입법회의를 발족시켜 정치·행정·사회·언론 등 각 분야에 걸쳐「개혁조치」를 단행하였다.「정치풍토쇄신을 위한 특별조치법」을 제정하여 3김 씨를 포함한 구정치인 835명의 정치활동을 금지시켰고, 8백여 명의 언론인과 8천여 명의 공직자를 해직시켰으며, 삼청교육·녹화사업이라는 이름의 강제노동, 언론사 통폐합조치 등을 단행하여 정권의 기반을 다졌다.

1980년 8월 16일 대통령 최규하가 자진사퇴의 형식으로 퇴진하고, 동 8월 27일 실권자인 전두환이 통일주체국민회의의 선거를 통하여 대통령으로 선출되었다. 1980년 10월 22일 헌법개정을 위한 국민투표가 실시되었고, 이어서 정당법과 선거법을 새로이 마련하여 제 5 공화국의 출범에 필요한 법적 장치를 완성하였다.

1981년 1월 15일 신군부가 주축이 된 민주정의당이 창당되고, 2

의 실세들의 이름이 거의 게재되지 않았다. 12·12 쿠데타 이후 언론에 대한 철저한 검열을 행한 때문이었다.

116) 계엄사의 공식발표는 189명(민간인 162명, 군인 23명, 경찰 4명)으로 발표하였다. 1980.7.25.자 각 일간신문 참조.

월 11일 대통령선거인단 선거와 2월 25일의 대통령선거를 거쳐 전두환이 제12대 대통령에 당선되어 3월 3일 취임하였다. 3월 25일 국회의원 총선이 실시되어, 민정당이 다수당을 차지하고 민한당이 제 1 야당으로 부상하였다. 그러나 정치활동을 금지당한 정치인들과 재야세력들은 지속적인 반정부투쟁을 계속하였고, 1982년 부산 미문화원 방화사건, 1983년 9월의 대구 미문화원 사제폭탄 투척 등 학생들을 중심으로 한 반체제세력은 광주민주화항쟁 당시의 미국의 역할에 대한 해명을 요구하기도 하였다.

통치의 안정을 어느 정도 이룬 1983년 말부터는 일종의 유화정책을 펼치기 시작하여, 1984년 초 대학자율화 조치와[117] 정치피규제자 일부 해금이 이루어졌으며,[118] 1985년 1월 20일에는 완전 해금이 이루어졌다. 전정권의 유화정책은 경제의 호전과 제도적 안전장치에 자신감을 가지고 정치해금을 단행하였으나, 해금된 정치인들과 복학한 학생들은 오히려 자율적인 사회세력과 학생조직으로 결집되었고, '민간사회의 재생현상'이 나타나기 시작하였다.[119] 해금된 정치인들은 관제야당의 틀을 벗어나 정통야당으로서 2·12 총선에서 크게 약진하였고, 정국을 새로운 국면으로 전환시켰다. 야당은 제 5공화국의 정통성 문제와 개헌문제를 정치쟁점으로 부각시켰고, 재야세력과 학생들의 민주화요구 또한 가열되었다. 야당과 재야운동권의 개헌요구에 맞서 집권세력은 계속 호헌론과 억압정책으로 대응하다가 1986년 4월 30일 국회가 합의하면 개헌을 하겠다는 견해가 표명되었다. 그러나 개헌문제에 대한 여야 합의는 지지부진하여 4월 13일 호헌선언이 발표되었다.

1987년 5월 18일 천주교정의구현사제단의 김승훈 신부는 1월

117) 1983년 12월 학원사태와 관련하여 제적된 대학생 1,300여 명의 복교가 허용되었고, 공안사범 300여 명이 일반사범과 함께 사면, 복권되었다.
118) 835명 중 202명이 해금되었다.
119) 김영명, 앞의 책, 363면.

14일 서울대 박종철 군 고문치사사건을 축소조작하였다는 충격적 발표를 하였고, 이 사건은 정국을 급속도로 혼란에 빠뜨렸다. 고문축소조작에 대한 진상규명과 사법처리 그리고 개헌 및 민주화에 대한 요구가 연일 데모를 불러 일으켰고, 6월 9일 시위중에 연세대생 이한열 군이 최루탄에 맞아 부상하는 사건이 발생하였다(7월 5일 사망).

1987년 6월 10일 민주당과 민주헌법쟁취국민운동본부 주최의 박종철군고문치사조작·은폐 및 호헌철폐국민대회가 개최되었고, 경찰의 봉쇄에도 불구하고 전국적으로 시위가 확산되었다. 이 시위는 지금까지 침묵을 지켜 오던 도시중간계급이 적극 동참하는 등, 가히 전 국민이 참여한 거국적인 시위이었다. 연이은 국민들의 민주화요구 시위는 결국 당시 집권여당 민정당 대표인 노태우로 하여금 6·29 선언을 발표하도록 하였다.

2. 사법권 행사의 과정

1) 10·26 사건 판결

(1) 사건의 개요와 수사과정

앞서 말한 바와 같이, 1979년 10월 26일의 대통령 시해사건의 판결이 어떻게 내려지는가는 그 자체 법적인 논점도 많을 뿐만 아니라 정치적으로도 매우 중요한 것이었다. 먼저 이 사건에서 김재규에 대한 사실관계를 간략히 보면, 1979년 10월 26일 19시 40분 경 중앙정보부장 김재규가 대통령 박정희 및 경호실장 차지철을 권총으로 살해한 후, 정승화, 김정섭 등과 함께 육군본부 벙커에 도착하여 육군참모총장 등에게 비상계엄선포를 유도하고 당시 국무총리 최규하로 하여금 10월 27일 비상계엄을 선포하게 하였다는 것이다.

그런데 이 사건의 수사를 전두환 보안사령관이 본부장인 계엄사 합동수사본부에서 맡게 되었다는 점은 이 사건의 성격을 규정짓는 중요한 요소이었다.[120] 계엄사 합동수사본부에서 한 달여의 수사를 마무리한 후 11월 26일 김재규 등 8인을 내란목적살인죄로 육군보통군법회의에 기소하였고, 12월 6일 김재규 변호인단은 군법회의 재판권에 관한 재정신청의 보충이유서를 대법원에 제출하였다. 그러나 대법원은 12월 12일 김재규변호인단의 재정신청을 기각하였고, 곧이어 12·12 쿠데타가 발생하였다. 그 후 12월 20일 보통군법회의는 김재규 등에게 내란목적 살인죄를 적용하여 사형을 선고하였고, 1980년 1월 28일 육군 고등군법회의는 김재규에게 사형을 선고하였고, 1980년 5월 20일 광주민주화항쟁이 진행되고 있을 때, 대법원은 상고를 기각하였다.

장기적인 독재자가 암살된 후의 힘의 공백상태(power vacuum)에서 사법권은 어떻게 하였어야 하는가? 아니, 사건 이후 힘의 공백이 계엄사 합동수사본부에 의하여 메워지고 있었다는 것은 사법권의 판단에 어떠한 영향을 미쳤던 것인가?

국군보안사령부는 유신체제하에서의 폭압적 지배를 위한 기제(apparatus) 중의 하나이었다. 그리고 그 기제의 최고책임자는 이미 과거 5·16 쿠데타가 있었을 때에 박정희와 단독 면담하여 5·16 쿠데타를 적극 지지하고,[121] 그 후 군부내의 하나회의 핵심멤버로서 박정희에게 충성하던 자이었다. 따라서 그가 박정희의 시해사건에 대하여 어떤 입장을 가지고 있었는가는 어렵지 않게 추정해 볼 수

120) 10월 31일 일본의 닛케이 신문은 일본외무성이 한국의 신체제의 행방에 관하여 계엄사령부 합동수사본부장인 전두환 보안사령관의 동향에 주목하고 있는 것을 명확히 했다는 보도를 하였다.

121) 박정희의 쿠데타가 성공한 직후 1961년 5월 17일 ROTC교관으로 근무하던 전두환은 혁명지휘본부로 찾아가 박정희와 단독면담을 하고, 그 후 육사생도들의 지지데모를 끌어내었으며, 재경대학생들에 대한 설득작업을 벌여 쿠데타의 당위성을 인식시켜 대학가의 혁명지지 분위기를 고양시키기도 하였다. 그 후 박정희에 의하여 군부의 핵심멤버로 성장하였고, 10·26 사건이 날 당시 보안사령관직을 맡고 있었던 것이다. 서병조, 정치사의 현장 제 2 공화국, 중화출판사, 1981, 492-494면 참조.

있는 것이었다.[122] 말하자면 10·26 사건에 대한 수사 자체는 이미 그 방향성이 설정되어 있었고, 그에 따라 수사가 진행되었다는 의혹이 짙게 배어 있는 것이다. 이러한 수사의 결과는 법원의 판단에 있어서도 당연히 영향을 미치는 것이었고, 10·26 사건에 대한 대법원의 판결에서도 이 부분에 대한 의견대립이 나타나고 있다.

(2) 대법원 판결[123]

10·26 사건에서 문제가 된 것은 여러 가지가 있으나,[124] 그 중 내란죄에 있어서 국헌문란의 목적의 의미와 인식 그리고 폭동의 의미, 이미 총격을 받은 자에 대한 확인사살의 살인죄의 성부, 공모공동정범에 있어서 공모의 정도, 저항권 이론의 재판규범성 여부, 양형부당을 이유로 한 상고를 금지한 군법회의법의 위헌여부 등에 대하여 다수의견과 소수의견의 대립이 있었다. 이 중 가장 핵심적인 사항은 내란죄의 성립여부이므로 이에 대한 다수의견과 소수의견을 각각 살펴보고, 저항권의 재판규범성에 관해서 언급한다.[125]

---

122) 박정희 시해사건 이후 육군본부에서 육군수뇌회의가 열렸을 때 정승화 참모총장이 참석자 일일이 앞으로 유신체제를 어떻게 하면 좋겠느냐는 질문을 던졌을 때, 7인을 빼놓고 전원이 그 체제의 종식을 당연한 것으로 생각하고 있었다고 말했다고 하며, 그 7인 중 전두환과 노태우 등이 포함되어 있었다고 한다. 이것은 미확인의 사실이기는 하나 당시 10·26 사건에 대한 전두환의 생각과 12·12 쿠데타의 배경을 이해하는 데에 도움이 될 것이다. 한배호, 앞의 책, 403면 하단 주 3) 참조.

123) 대법 1980.5.20. 선고, 80도306 판결.

124) 대법원의 판시사항을 보면 11개의 논점을 언급하고 있다. 첫째, 피고인에게 통지 없이 법정 외에서 한 증인신문의 효과 둘째, 항소심에서 공동피고인 중 일부만을 출석시키고 나머지를 출석을 명하지 않은 조치의 적부, 셋째, 피고인의 직계가족이 선임한 변호사를 피고인이 취소할 수 있는가의 여부, 넷째, 진술의 임의성에 관한 판단방법, 다섯째, 내란죄에 있어서의 국헌문란의 목적의 의미와 인식, 여섯째, 내란죄에 있어서의 폭동의 의미와 기수시기, 일곱째, 이미 총격을 받은 자에 대한 확인 사살과 살인죄의 성부, 여덟째, 공모공동정범에 있어서의 공모의 정도, 아홉째, 저항권이 재판규범으로 될 수 있는 지의 여부, 열 번째, 상관의 위법한 명령에 대한 복종의무와 책임조각사유, 열한 번째, 양형부당을 상고이유에서 제외한 군법회의법 제432조의 위헌여부 등이었다. 법원행정처, 대법원 전원합의체판례집, 형사편 Ⅱ(1978-1987)(1990), 49면 이하 참조.

125) 위의 판례집, 79면 이하 참조.

먼저 내란죄에 있어서 국헌문란의 목적의 의미와 사건에서의 김재규의 행위의 해당여부에 대하여 다수의견은,

「내란죄에 있어서 국헌문란의 목적은 헌법 또는 법률이 정한 정치적 기본조직을 불법으로 파괴하는 것을 말하고 구체적인 국가기관인 자연인만을 살해하거나, 그 계승을 기대하는 것은 이에 해당되지 않으나 반드시 초법규적인 의미는 아니라고 하여야 할 것이며, 공산, 군주 또는 독재제도로 변경하여야 하는 것은 더욱 아니고, 그 목적은 엄격한 증명사항에 속하고 직접적임을 요하나 결과발생의 희망, 의욕임을 필요로 한다고는 할 수 없고, 또 확정적 인식을 요하지 아니하며, 다만 미필적 인식이 있으면 족하다 할 것이다.」

고 하였다.

이에 대하여 소수의견은 두 가지 의견이 있었는데, 그 첫 번째(민문기)는,

「피고인들이 유신체제를 강압변혁하려는 목적하에서 대통령을 비롯한 사람들을 살해한 것이라면, 그 뒤 개헌에 대한 전국민적 합의가 있은 후에 재판함에 있어서는 범행시의 체제가 재판시의 그것과 달라졌다는 정치상황이 바로 초법규적으로 처벌할 수 없는 사유가 된다 할 것이므로 내란죄로는 처벌할 수 없다.」

고 하고, 그 두 번째(양병호)는,

「피고인에 대한 피의자신문조서에 의하면 비민주주의적 유신체제를 철폐하고 건국이념이요 국시인 자유민주주의의 회복을 위하여 한 것이라 하고 … 자유민주주의의 회복과 대통령의 생명의 희생과는 숙명적인 관계에 있다고 보고 불가피적으로 그를 살해 제거하는 일을 아니할 수 없었다고 말하고 있다. 동시에 피고인의 위 거사를 혁명이라고도 하면서 이는 유신질서를 없애는 데 있고 혁명과업은 위선 사태수습을 위하여 계엄을 선포토록 하고 혁명위원회를 구성하여 수행하되 기존조직과 헌법절차에 따라서 하고 헌법도 정당한 개헌절차를 밟아 고치려 했다고 한다. … 요컨대 민주회복을 위하여 대통령직에 있는 자연인 박정희를 살해한 것이라 하고 그 밖의 일은 적법한 정식절차를 밟아서 하려

했다는 취지이다. … 국헌문란의 목적이라 함은 헌법 또는 법률의 기능을 불법으로 철폐, 소멸시키고 국가의 기본조직인 통치기구 기타 헌법기관을 폭력으로 파괴, 전복시키는 것을 말하는 것인바, … 원심판시사실은 피고인이 대통령에 대한 개인적인 불만을 품고 그를 살해할 것을 기도하였다고 전제하고서는 국헌문란목적의 살해행위로 결론지우고 있는바, … 이상과 같은 여러 점에 대하여 아무 살핌이 없이 피고인에 대하여 내란목적 살인죄를 범한 것으로 단정하였으니 증거 없이 또는 채증법칙에 위배하여 사실을 오인한 위법 있는 경우로 되려니와 대통령직에 있는 자연인살해행위에 지나지 못한 것인지 국헌문란목적의 살인행위에 해당하는 것인지가 중대 관건으로 되어 있는 이 사건에 있어서 적어도 이를 가려보기 위하여 좀 더 사실과 증거에 대한 심리를 더하여야 할 것인데 이를 다하지 아니하고 만연히 사실을 인정하여 버리고만 심리미진, 이유불비의 위법을 면할 수 없다.」

고 하였다.

다음, 형법 제87조(내란죄)의 '폭동'에 대하여 다수의견은,

「다수인이 결합하여 폭행, 협박하는 것을 말하는 것으로서 다수인의 결합은 어느 정도 조직화될 필요는 있으나, 그 수효를 특정할 수는 없는 것이고, 내란죄는 폭동행위로서의 집단행동이 개시된 후 국토참절 또는 국헌문란의 목적을 달성하였는가의 여부에 관계없이 기수로 될 수 있음은 소론과 같으나 그 폭동행위로 말미암아 한 지방의 평온을 해할 정도에 이르렀을 경우라야 기수로 된다고 할 것이고, 폭동의 내용으로서의 폭행 또는 협박은 최광의의 것으로서 이를 준비하거나 보조하는 행위를 총체적으로 파악한 개념이라고 할 것이다」고 하였고, 이에 대해 두 개의 소수의견이 있었는데, 그 첫째는(임항준), 내란죄가 성립되려면 반드시 다수인의 결합이 필요하고 여기에서 말하는 다수인이란 군집의식, 군중심리가 형성되어 그 구성원 개개인의 사고와 행위의 단순한 산수적 집계가 아닌 전연 별다른 맹목적인 감정이나 비합리적이고 파괴적인 행동이 촉발되어 한 지방의 평온을 해치기에 충분하고 폭행, 협박을 하기에 족한 다수인이어야 할 것이므로 10명 내외의 사람의 집합만으로는 위와 같은 다수인이라 볼 수 없다.」

고 하였다. 또 두 번째의 소수의견(양병호)은,

「대통령의 살해 등으로 폭동은 끝난 것이고, 그 후 보안유지를 강조하고 군 주요장성과 국무위원의 동향을 감시한 것과 비상계엄을 선포하도록 유도한 것은 사태를 수습하고 기도한 거사의 목적을 달성하기 위한 과정을 조용히 밟으려는 것이었을 뿐 그 자체가 하나의 폭동이었다고 볼 수 없다」

고 하여, 김재규의 시해행위 후의 일련의 행위가 내란을 위한 '폭동'에 포함되지 않는다고 하였다. 이어서 저항권에 관한 판단에 있어서 다수의견은,

「현대 입헌자유민주주주의 국가의 헌법이론상 자연법에서 우러나온 자연권으로서의 소위 저항권이 헌법 기타 실정법에 규정되어 있든 없든 간에 엄존하는 권리로 인정되어야 한다는 논지가 시인된다 하더라도 그 저항권이 실정법에 근거를 두지 못하고 오직 자연법에만 근거하고 있는 한 법관은 이를 재판규범으로 원용할 수가 없다. 더구나 오늘날 저항권의 존재를 긍인하는 학자들 사이에도 그 구체적 개념의 의무내용이나 그 성립요건에 관해서는 그 견해가 구구하여 일치된다 할 수 없어 결국 막연하고 추상적인 개념이란 말을 면할 수 없고 이미 헌법에 저항권의 존재를 선언한 몇 개의 입법례도 그 구체적 요건은 서로 다르다 할 것이니 헌법 및 법률에 저항권에 관하여 아무런 규정도 없는(소론 헌법 전문 중 4·19의거 운운은 저항권규정으로 볼 수 없다) 우리나라의 현 단계에서는 더욱이 이 저항권이론을 재판의 준거규범으로 채용 적용하기를 주저 아니할 수 없다.」

고 하였다. 그러나 소수의견(임항준)은,

「일반적인 문제로 우리나라에서 저항권의 존재를 부정하거나 이를 재판규범으로 작용할 수 없다는 판단에는 이를 그대로 수긍하기 어려운 다음과 같은 의문점이 있음을 지적해 두고자 한다. 우리나라에 있어서의 정치의 기본질서인 인간존엄을 중심가치로 하는 민주주의 질서에 대하여 중대한 침해가 국가기관에 의하여 행하여져서 민주적 헌법의 존재 자체가 객관적으로 보아 부정되어 가고 있다고 국민 대다수에 의하여 판단되는 경우에 그 당시의 실정법상의 수단으로는 이를 광정할 수 있는 방법이 없는 경우에는 국민으로서 이를 수수방관하거나 이

를 조장할 수는 없다 할 것이므로 이러한 경우에는 인권과 민주적 헌법의 기본질서의 옹호를 위하여 최후의 수단으로서 형식적으로 보면 합법적으로 성립된 실정법이지만 실질적으로는 국민의 인권을 유린하고 민주적 기본질서를 문란케 하는 내용의 실정법상의 의무이행이나 이에 대한 복종을 거부하는 등을 내용으로 하는 저항권은 헌법에 명문화되어 있지 않더라도 일종의 자연법상의 권리로서 이를 인정하는 것이 차당하다 할 것이고 이러한 저항권이 인정된다면 재판규범으로서의 기능을 배제할 근거가 없다고 할 것이다.」

고 하였다.

(3) 평 가

먼저 국헌문란의 목적과 의미에 관한 다수의견과 소수의견의 양자를 비교해 보면, 다수의견은 10·26 이후의 정치상황의 변동을 고려하지 아니하고, 과거의 유신체제를 기준으로 하여 국헌문란의 여부를 판단하고 있으며, 또 국헌문란의 목적을 미필적으로만 인식하면 된다고 하여, 검찰관의 조서에 나타난 몇 가지 사실에 근거하여[126] 이를 인정하고 있다. 그러나 소수의견은 10·26 이후의 정치변동은 곧 유신체제에 대한 국민적 거부를 의미하고 그에 따라 김재규의 행위는 독재체제에 대한 거부이므로 국민의 뜻에 오히려 부합한다는 의미에서 국헌문란이라고 보기 어렵고, 다만 거사 이후 국민의 의사에 반하는 반민주적 방법으로 정권을 잡으려 했는지의 여부가 명확히 되어야만 국헌문란의 목적이 있었는가의 여부를 알 수 있을 것이라고 하는 것이다.[127] 따라서 김재규의 행위는 단순살인의 죄에 해당할 뿐 적어도 국헌문란의 목적을 가진 내란목적살인의 죄는 해당하지 않는다는 것이다. 법논리적으로는 다수의견보다는 소수의견

126) 다수의견에서는 검찰조서 및 공판조서에 나타난 몇 가지 부분(혁명 또는 혁명위원회 운운 등)을 근거로 하여 국헌문란의 목적을 인정하고 있는데, 이 근거들은 소수의견에서는 단순히 혁명 운운하는 용어만으로 국헌문란이라고 보기 어렵다고 하였다. 앞의 판례집, 80면 이하, 130면 이하 참조.

127) 위 판례집, 140-142면 참조.

이 타당하다고 할 것이다.[128] 즉 김재규의 행위는 전국민적 뜻에 부합하는 행위로서 「국헌문란」에 해당한다고 보기 어려운 것이기 때문이다.

다음, 내란죄에 있어서의 폭동의 개념에 대해서도 다수의견은 변호인의 주장과 같이[129] 폭동에 관한 법리오해, 채증법칙위배 및 심리미진의 위법이 있다고 봄이 타당하다. 즉, 이 사건 피고인들은 어떤 조직을 가진 다수인의 결합이라 할 수 없고, 둘째, 위와 같은 폭행, 협박을 한 사실을 전혀 찾아볼 수 없을 뿐만 아니라 한 지방의 평온을 해할 정도에 이르지도 않았으며, 셋째, 피고인들의 판시 소위는 국헌문란의 목적과 수단관계에 있는 것이라고도 할 수 없음에도 불구하고 원심이 이를 인정한 것은 잘못이라고 할 것이다.

저항권이론에 관한 다수의견의 판단은 더 이상 논급할 필요가 없을 정도로 시대착오적이라 할 것이며, 당시 우리 헌법상의 저항권에 대하여 학계에서는 일반적으로 이를 인정하고 있었음에도 불구하고[130] 이를 배척한 다수의견은 유지될 수 없다 할 것이다.

결론적으로 보면, 10·26 사건에 대한 대법원의 판결은, 사건 후 힘의 공백상태에서 박정희의 충실한 추종자이었던 전두환 보안사령관이 합동수사본부장을 맡아 사건수사를 진행하고 12·12 쿠데타를 일으키는 등, 강압적인 방법으로 권력을 장악해 가는 상황 속에서 내려진 점에서 이미 어느 정도 사건의 성격과 판결의 방향이 설정되

---

128) 이 소수의견은 나중에 5·18 사건에 대한 검찰의 공소권없음 결정이 내려진 후, 이 결정을 비난하는 근거로 제시되면서 「성공한 쿠데타는 처벌할 수 없다」는 취지로 이해되고 있으나(경향신문 1995.10.10.자 참조), 이는 정확하지 않다. 즉 위 판결의 소수의견의 진정한 의미는 「전국민적 합의와 일치하는 쿠데타는, 그것이 성공한 경우, 처벌할 수 없다」는 취지이지, 쿠데타의 정당성과는 상관 없이 막연히 「성공한 쿠데타는 처벌할 수 없다」는 취지는 아니기 때문이다.

129) 앞의 판례집, 236면 피고인 김재규에 대한 상고이유 참조.

130) 김재규의 변호인단의 상고이유 중에서는 미국, 프랑스, 독일 등의 헌법규정과 이론을 소개하고, 국내 학계의 논의를 설명한 후, 김재규의 행위를 저항권에 해당한다고 하고 있다. 앞의 판례집, 193-201면 참조.

어 있었다고도 할 수 있으며, 유신체제하에서 순한 양처럼 길들여진 대법원의 구성원들에게 그러한 사실적·강압적 물리력에 저항할 용기를 요구하는 것은 어쩌면 불가능한 것이었는지도 모른다. 그것은 사건 후 민간사회의 성장에 의한 민주화과정에 대한 대법원판사들의 개인적인 견해에 따라서 좌우되는 것이기도 하였다. 그러한 의미에서 다수의견에 대항하여 소수의견을 낸 대법원판사들의 현실인식과 용기는 높이 평가하여야 할 것이다.

2) 소위 김대중 내란음모사건

(1) 사실의 개요 및 배경

1980년 5월 17일 제주도를 포함한 전국에 비상계엄을 확대하고 서울 시내 일원과 전국의 주요도시에 군을 투입하여 정국의 주도권을 장악한 전두환 등의 신군부는 80년 봄의 학생시위와 5월 18일부터 일기 시작한 광주민주화항쟁의 배후세력으로 김대중 등 24명을 내란음모, 계엄법 위반, 국가보안법 위반, 반공법 위반, 외국환관리법 위반 등의 혐의로 육군본부 계엄보통군법회의에 기소하였다(7월 31일). 10·26 사건 이후 서로 정국의 주도권을 놓고 다툼을 벌이던 김영삼, 김대중, 김종필 등 3김 씨 중 김영삼은 가택연금, 김종필은 부정축재혐의로 구속하고, 김대중은 내란음모 등의 혐의로 구속기소하였던 것이다. 이미 국가보위비상대책위원회를 설치하고 국회의 기능을 마비시켰으며, 정국을 군부통치의 강경분위기로 몰아넣은 상황하에서 김대중 등에 대하여 내란음모 등의 혐의를 씌워 정치적으로 매장함으로써, 기존의 정치질서를 완전히 파괴하고 그들 자신에 의한 새로운 정치질서를 구축하기 위한 과정이었던 것이다.

기소된 혐의사실에 대하여 간략히 살펴보면, 김대중은 30여 년 전에 고향에서 좌익활동을 한 경력이 있고, 1967년 임자도 간첩사건으로 구속된 정태묵을 만난 사실이 있으며, 그 후 1971년 대통령후보 유세에서 북괴의 위장평화통일 선전활동에 동조한 사실이 있고, 1973년경 한민통의 의장직을 맡아 반국가활동을 하는 등 국가보안법을 위반하였고, 한민통의 요원과 연락하여 반국가단체와의 연락통신을 하여 반공법 제 5 조를 위반하였으며, 1980년 4월과 5월 서울의 여러 대학에서 연설과 격려를 행하고, 1980년 5월 12일 북악파크 호텔에서 공소외 장기표가 학생폭력시위를 이용하여 정권을 전복하고 과도정부를 수립하자고 제의하여 피고인들이 이에 동조하여 내란음모를 하였다는 것이었다.

1980년 9월 7일 육군계엄보통군법회의에서 피고인들에 대한 선고공판이 있은 후, 11월 3일 육군계엄고등군법회의에서 김대중 등에게 사형을 선고하고, 문익환 등에게 징역 15년 내지 2년을 선고하였다. 피고인들은 즉각 대법원에 상고하였고, 대법원은 1981년 1월 23일 이들에 대한 판결을 내린 것이다.

여기서 판결을 내린 시점에서 대법원의 구성상황을 개괄적으로 살펴보면, 5·17 이후 광주민주화항쟁의 와중인 1980년 5월 20일, 10·26 사건에 대한 대법원의 판결이 있었고, 이 판결이 있은 열흘 후인 5월 31일 김기홍, 김태현 2인이 대법원판사로 임명되었다. 그리고 10·26 사건 판결에서 소수의견을 낸 대법원판사 5인이 군부의 강압적 사퇴요구에 따라 1980년 8월 9일 의원면직되고, 9월 15일 김중서, 윤운영 2인이 당시 대통령 전두환에 의해 임명되어 있었다.

(2) 대법원의 판결과 평가

대법원은 고등군법회의의 사실인정과 법률적용 등에 관하여 변호인들의 주장을 모두 배척하고 원심이 인정한 대로 판결을 확정하고 상고를 모두 기각하였다. 이 사건의 변호인단은 김대중의 국가보안법 위반사실과 반공법 위반사실을 꼼꼼히 사실이 아님을 주장하였으나,[131] 대법원은 이들 주장은 전혀 귀 기울이지 아니하고 상고를

131) 앞의 판례집, 327-349면 참조.

기각하였던 것이다. 그러나 변호인의 주장에서도 나타나는 바와 같이, 30여 년 전에 일시 좌익활동을 한 사실을 전제로 하여, 간첩을 만난 사실과 대통령후보연설에서 북측이 주장하는 통일방안과 유사한 주장을 하였다는 사실 그리고 1973년에 한민통의 의장직을 맡았다는 사실 등을 이유로 국가보안법에 의율하였음은 명백히 정치적 탄압을 목적으로 한 것이었다고 할 것이다. 유신체제하에서 이미 수차례의 투옥과 사상적 검증을 거쳤음에도 불구하고 또다시 같은 법률로 처벌한다는 것은 유신체제를 무색케 하는 것이었다고 할 것이다. 그리고 반공법 위반 부분에 있어서도 피고는 자신이 한민통의 국제국장으로 되어 있다는 사실을 알고 이를 삭제할 것을 요구하는 전화통화를 하였다는 것으로 반국가단체의 구성원과 연락 통신하였다는 것은 사실인정에 중요한 착오라 할 것임에도 불구하고, 대법원은 이에 대한 판단을 전혀 하지 않고 있다. 또 1980년의 학생시위를 이용하여 공소외 장기표 등과 내란음모를 하였다는 사실에 대해서도 관련 전 피고인들이 이를 부인하고 있고, 이를 번복할 아무런 증거도 없음에도 내란음모를 인정하고 있는 것이다.

이 사건에서의 내란음모 부분은 1980년의 정치과정에 대한 평가를 어떻게 하는가 하는 점과 깊은 관련이 있는 것이고, 따라서 대법원의 판결에서는 이 부분에 대한 언급도 있어야 하는 것이었다. 그러나 이러한 점에 대해서는 전혀 언급이 없이 전두환 등의 신군부에 의하여 장악되어 있는 계엄사의 수사결과를 그대로 인정하고 상고를 기각하였다는 것은 당시의 억압적 상황하에서는 어쩌면 당연한 것이었는지도 모른다.

결국 김대중 내란음모사건은 신군부의 정권장악과정에서 의도적으로 행해진 정치재판으로서의 성격을 갖는 것이라 할 것이고, 사법부는 이를 단순히 형식적으로 정당화시켜 주는 역할만을 한 것이라고 할 것이다. 10·26 사건 판결의 결과, 일부의 대법원판사들이 강제로 사직하는 것을 보았고, 또 제 5 공화국의 출범으로 대법원판사들에 대한 재임명이 목전에 있는 상황에서 대법원판사들이 집권자의 의도를 벗어나는 판결을 할 것을 기대하는 것은 불가능하였던 것이다.

3) 부산 미문화원 방화사건

(1) 사실의 개요

1982년 3월 16일, 광주민주화항쟁에 대한 미국의 책임을 주장하는 일단의 학생들이 부산소재 미국문화원에 방화를 하여, 1명이 소사하는 사건이 발생하였다. 이 당시에는 전두환 정권이 정권의 기반을 공고히 하고 경제적으로도 어느 정도 경기가 회복되고 있었던 시점이었다. 그러나 억압적 통치방식은 여전히 지속하고 있었고, 이에 대하여 민간사회의 대정부투쟁도 점차 그 강도를 높여가고 있었던 시점이었다. 이러한 시기에 광주민주화항쟁에 대한 미국의 역할에 대한 해명을 요구하는 학생들의 목소리는 국내의 미국 공보원이나 문화원 등에 대한 방화, 폭탄투척 등으로 나타났던 것이다.

미문화원사건이 발생하자, 경찰은 3월 30일 방화범 4명을 검거하고 주범 문부식 등 4명을 수배하였다고 발표하였다. 이때 주범으로 지칭된 문부식, 김사숙 등은 원주의 가톨릭 교구청 산하 가톨릭 교육원에 몸을 피신하고 있다가 신부의 설득으로 자수하였고, 역시 원주 가톨릭교육원에서 배후조종혐의를 받고 있던 김현장이 체포되었다. 그리고 경찰은 김현장을 은닉하였다는 혐의로 최기식 신부 등 5명을 구속하였다.

(2) 대법원 판결

이들에 대한 공판은 6월 14일에 부산지법에서 첫공판이 열린 이래, 8월 11일에 선고공판이 열려서, 피고인 김현장, 문부식에게 사형, 최기식 신부에게 징역 3년 자격정지 3년이 선고되었다. 피고인들은 대구고등법원에 즉각 항소하였고, 대구고법은 1982년 12월 13일 1심의 형을 그대로 유지하여 선고하였다.132)

1983년 3월 8일 대법원(이일규(재판장), 이성렬, 전상석, 이회창 대법원판사)은 피고인들의 상고를 모두 기각하면서, 12개의 논점에 관하여 판시하였다.133) 그 중 계엄포고 제 1 호 및 제10호나 집회 및 시위에 관한 법률의 위헌 여부에 관한 논지와 국가보안법 제 7 조 제 1 항 소정의 '반국가단체를 이롭게 하는 행위'에 대한 판단 그리고 성직자의 정당한 직무행위라고 할 수 없는 이유 등에 관한 대법원의 판시사항을 살펴본다.

먼저 계엄포고 제 1 호 및 제10호나 집회 및 시위에 관한 법률의 위헌여부에 관하여 대법원은,

> 「헌법이 보장한 집회의 자유라고 하더라도 이는 스스로 그 한계가 있어 무제한의 자유가 아니고 공공의 질서, 공공의 안녕 및 공공의 복리 등에 반하지 않는 범위 내에서 허용될 따름이므로 계엄포고 제 1 호 및 포고령 제10호나 집회 및 시위에 관한 법률이 그 포고나 제정목적에 비추어 헌법에 반하지 아니함은 물론이다.」

고 하고 있다. 국가보안법 제 7 조 제 1 항 소정의 '반국가단체를 이롭게 하는 행위'에 대해서는,

> 「'반국가단체를 이롭게 하는 행위'라 함은 그 행위의 내용이 객관적으로 반국가단체의 이익이 될 수 있는 것이 이에 해당되고 정상적인 정신 상당한 지능상식을 가진 사람들이 그 행위가 반국가단체를 이롭게 한다는 것을 인식하거나 또는 이익이 될 수 있다는 미필적인 인식이 있으면 되고 그 행위자에게 반국가단체를 이롭게 하려는 목적의식(의욕)을 필요로 하는 것은 아니라고 풀이할 것이다.」

고 하였다. 또 최기식 신부의 범인은닉행위 등이 천주교 신부로서

132) 대구고법 1982.12.13. 선고, 82노1399 판결.

133) 대법 1983.3.8. 선고, 82도3248 제 1 부 판결. 판결문은 법원행정처 편, 대법원 판례집 제31권 1집(1983), 형사편 314면 이하 참조.

위법성이 조각되는 정당한 행위에 해당한다는 주장에 대하여는,

> 「성직자의 직무상 행위가 사회상규에 반하지 아니한다 하여 그에 적법성이 부여되는 것은 그것이 성직자의 행위이기 때문이 아니라 그 직무로 인한 행위에 정당, 적법성을 인정하기 때문이다. 죄지은 자를 맞아 회개하도록 인도하고 그 갈길을 이르는 것은 사제로서의 소임이라 할 것이나 적극적으로 은신처를 마련하여 주고 도피자금을 제공하는 따위의 일은 이미 그 정당한 직무의 범위를 넘는 것이며 이를 가리켜 사회상규에 반하지 아니하여 위법성이 조각되는 정당행위라고 할 수 없다.」

고 하였다.

(3) 평 가

이 대법원의 판결이 판시하고 있는 위 사항들 중 계엄포고나 집회 및 시위에 관한 법률에 대한 합헌판단은 당시의 위헌법률심사의 구조로 보아 대법원으로 하여금 위헌판단을 하도록 요구하는 것은 거의 불가능하였다는 점에 비추어 보면 합헌판결은 당연히 예상되는 것이었다. 다만 그 事實關係의 包攝에 있어서 수양관, 교육원, 여관, 대학 지하실 등에서 집회를 갖고 학생들과 토론 또는 발언을 하였다는 사실을 가지고 현저한 사회적 불안을 야기할 우려가 있는 집회로 인정함에는 문제가 있는 것이라 할 것이다.

다음에 국가보안법 제 7 조 제 1 호 소정의 '반국가단체를 이롭게 하는 행위'에 대한 판단에 있어서도 무엇이 반국가단체를 이롭게 하는 것인지에 대한 판단은 없이 그 행위의 인식여부만을 언급하고 있다.[134)]

성직자의 직무상 행위와 실정법의 충돌에 대한 대법원의 판단은 일응 매우 의미 있는 것으로 보이기도 하지만, 자세히 살펴보면, 종교상의 정당행위와 실정법상의 정당행위를 혼동하고 있는 점을 볼 수 있다. 「적극적으로 은신처를 마련해 주고 도피자금을 제공하는

134) 이 규정에 대한 비판은 박원순, 국가보안법 연구 3, 역사비평사, 1992, 84면 참조.

따위의 일은 이미 그 정당한 직무의 범위를 넘는 것」이라는 표현에서 보는 것처럼, 종교상의 정당행위에 대하여 실정법상의 기준으로 그 범위를 규정하려는 것은 적절하지 않은 것이다. 만약 이에 따른다면 종교상의 어떠한 행위도 실정법에 대한 위반가능성이 존재한다는 결과가 되는 것이다. 물론 이러한 문제는 국가법질서와 종교규범 사이의 관계에 따라 결정되어야 할 문제이지만, 헌법상의 종교의 자유를 전제로 하여 양자 사이의 최소한의 상호관계에 대한 판단기준이나 상호인용의 정도를 판단의 근거로 제시했어야 할 것이다.[135]

4) 부천서 성고문사건

1986년 6월 5·3 인천사태로 정국이 어수선한 가운데 이 사태와 관련하여 경기도 부천경찰서에서 조사를 받고 있던 여자 피의자(권인숙)에 대한 성고문사건이 발생하였다. 대학에 재학중인 학생이 학력을 속여서 공장에 위장취업하여, 노동자들의 의식화교육을 시켜왔다는 이유로 동 피의자를 공문서변조와 사문서위조로 조사를 하는 과정에서, 조사하던 경장(문귀동)이 피의자를 옷을 벗기고 강제로 추행하였다는 것이다. 이 사건이 발생하자 인천지역의 구속자가족들의 항의와 농성이 잇따르고, 권인숙은 경장 문귀동 및 당시 부천경찰서장 등 6명을 고소하였다. 이에 문귀동 등은 피해자를 명예훼손 및 무고로 맞고소하였다. 이 사건을 담당한 인천지검의 검사는 8월 19일 문귀동에 대하여 기소유예처분을, 부천경찰서장에 대하여는 무혐의처분을 내렸다. 이에 피해자 및 그 변호인들은 1986년 9월 서울고등법원에 재정신청을 하였다. 그러나 서울고등법원은 10월 31일 신

135) 이와 관련하여 양건, 국가와 종교의 관계에 관한 고찰, 헌법연구(서울: 법문사, 1995), 313면 이하 특히 332면 이하 참조. 이 글에서는 1975년의 일본 판례(神戶 簡易裁判所 1975. 2. 20. 판결)에서 죄를 범한 고등학생들을 은닉한 목사에 대한 범인은닉 혐의에 대하여 무죄판결을 내린 判旨를 소개하고, 「국가적 법익과의 저촉의 경우에는 양자가 원칙적으로 '양립할 수 있는 관계'라는 전제 위에서 구체적인 비교형량이 요청된다」고 하고 있다(334면).

청을 기각하였고, 오히려 12월 4일 피해자의 공문서변조 및 사문서 위조부분에 대한 인천지법의 판결에서 징역 1년 6월이 선고되었다. 이 사건은 이러한 상태에서 1987년을 맞게 되었고, 6·10 혁명 이후에야 진실이 가려지게 되었다.

5) 기타 반미 · 반정부운동에 관한 판결

1983년 전반기까지 구속학생 수가 1400여 명에 이를 정도로[136] 전두환 정권은 반정부운동세력에 대한 탄압을 행하였으나, 경제성장과 물가안정 등을 기반으로 하여 1983년 후반기부터 점차 유화국면으로 접어들기 시작하였다. 이러한 유화국면은 학생운동을 더욱 활성화시켰고, 재야 및 야당세력들이 서서히 그 힘을 재결집하는 양상을 띠게 되었다. 학생운동은 보다 조직적이고 이념적으로 급진화되었으며, 행동이 과격해지고 반미운동이 서서히 태동하기 시작하였다. 이러한 과정에서 나타난 사건이 1984년 11월의 민정당사점거농성사건과 1985년 3월의 서울대외부인 감금폭행사건, 1985년 5월의 미문화원점거농성사건이었다. 민정당사 점거농성에 대하여는 집권여당의 대표가 학생들을 '폭도'로 지칭하는 등 민주화를 요구하는 학생운동세력에 대한 집권당의 기본인식을 보여주기도 하였다. 이 사건으로 인하여 1984년 12월 14일부터 1985년 2월 11일까지 사이에 20명의 대학생이 서울형사지법에 기소되었다. 1985년 2월 15일 4명의 피고인들에 대한 공판이 개시되었는데, 학생들은 제 5 공화국의 사법권에 대한 불신의 목소리를 내기 시작하였다. 공판정에서 구호를 외치거나 노래를 부르는 등 민주화의 목소리를 법원에 전달하기도 하였다. 3월 9일 이 사건에 관하여 집권당의 사무총장이 법원에 찾아와 피고인들에 대한 관용을 바란다는 의사를 표시하였고, 3월 26일부터 3월 28일까지 20명의 피고인들에 대하여 전원 집행유예가 선고되었다.

---

136) 이 숫자는 유신시대 전기간보다 많은 숫자이다. 김영명, 앞의 책, 367면 참조.

선고가 이루어지는 사이에도 학생들은 사법부의 독립보장과 반독재 민주화투쟁을 외쳤으며, 방청인과 함께 노래를 부르거나 반정부구호를 외치기도 하였다. 그러나 집권당의 사무총장이 찾아와 관용을 바란다는 의사표시를 한 직후 피고학생들에 대하여 전원 집행유예가 내려졌다는 사실 또한 사법부가 정치권력의 주문에 따라 관대한 판결을 내린 것일 뿐, 사법부가 독자적으로 결단을 내린 것은 결코 아니었다.

학생 및 사회운동세력들의 사법부에 대한 불신은 법정에서의 혼란과 재판거부의 양상으로 나타나기 시작하였다. 1985년 5월 23일 서울 미문화원점거농성사건이 발생하고, 20명이 서울형사지법에 기소되었다. 7월 15일 열린 제 1 회공판에서는 방청인들이 피고인들을 향하여 박수를 치고 피고인들과 함께 노래를 부르면서 미국의 공개사과와 재판거부 등의 구호를 외쳤다. 재판장의 제지와 퇴정명령에도 아랑곳하지 않았으며, 결국 재판이 진행되지 못하는 상황에 이르기도 하였다. 재판기간 중 금치조치, 병합심리, 공동접견거부, 기피신청 등 우여곡절 끝에 1985년 10월 2일 피고인 20명 중 19명에게 징역 7년 내지 3년이 선고되었고, 1명에게는 집행유예가 선고되었다.[137)]

민주화를 요구하는 민간사회의 목소리가 커지는 가운데 서울의 14개 대학생 185명이 민정당 중앙정치연수원을 점거하고 농성에 돌입하는 사건이 발생하였다. 이 사건으로 191명이 구속되어 단일사건으로는 전례 없이 많은 구속자 수를 기록하였다. 이들 중 82명이 기소되었는데, 이들에 대한 재판과정에서도 피고인들의 재판거부와 진술거부가 이어졌다. 82명의 피고인 가운데 46명에 대하여 실형이 선

137) 이 사건의 재판경과에 대해서는 박찬종, 광주에서 양키까지, 일월서각, 1986에 자세히 기록되어 있다. 판결선고시 담당재판부의 재판장(이재훈)이 피고인들에게 일장 훈계를 하였으나, 피고인들은 비꼬는 박수로 이를 화답하였다고 한다. 위의 책, 269면 이하.

고되고 36명에 대하여 집행유예가 선고되었는데, 74명이 抗訴를 抛棄하였다.

재판거부와 법정소란 등에 대하여 법원은 스스로를 돌아보아 공정한 재판이 이루어지고 있는가를 의심하지 아니하고, 오히려 형식적인 법규정에 따라 법정소란, 폭언, 소동 등에 대하여 법적 제재를 가하였다. 법원조직법상 법정 내외에서 폭언, 소동 등의 행위로 법원의 심리를 방해하거나 재판의 위신을 현저히 훼손한 자에 대하여 법원과 재판장이 20일 이내의 감치나 100만 원 이하의 과태료에 처할 수 있다고 규정하고 있는(제61조) 것을 들어 재판거부와 법정소란에 대처했던 것이다. 1985년에는 전국의 제 1 심법원에서 6명을 감치에 처하고 2명을 과태료에 처하였으며, 1986년에는 8명을, 1987년에는 10명을 감치에 처하였다. 또 형법상 법정의 재판을 방해 또는 위협할 목적으로 법정 또는 그 부근에서 모욕 또는 소동한 자는 3년 이하의 징역 또는 25,000원 이하의 벌금에 처한다는 규정(제138조)이 적용되기도 하였다.[138)]

Ⅵ. 1987년 헌법제정 이후의 정치와 사법

1. 정치상황

1987년 6·10 민주화혁명으로 이끌어낸 6·29 선언이라는 항복문서에 따라 여·야간에 개헌협상이 재개되었다. 그러나 민주화로의 이행을 위한 여야간의 협상은 민간사회의 참여는 배제된 채 여야의 온건파들을 중심으로 한 정치엘리트의 주도로 진행되었다.[139)] 여야

138) 法院史, 863-864면 참조.
139) 한배호, 앞의 책, 443면.

의 8人 정치회담 등으로 협상이 진행되는 동안 여당, 야당 그리고 재야세력 사이에 강·온 양 입장의 대립과 불만이 표출되기도 하였으나, 강경론자들이 주장하는 것과 같은 폭력에 의한 상대방의 제거라는 전략사용이 불가능한 이상 다른 대안이 없었던 것이다.

여야 협상이 진행되는 도중, 정치적 해빙을 맞은 민간사회는 다시 한 번 격렬한 분출을 보이게 되었다. 1987년 7-9월 사이에 대규모의 노동운동이 발생한 것이다.[140] 노동운동의 가장 큰 이슈는 지금까지의 어용노조의 퇴진과 노조민주화의 문제이었다. 이는 정치권력에 의해 조종되었던 어용노조를 자율적인 민간사회의 노조로 대체하는 과정이었다. 그리고 노조는 지금까지의 경제투쟁에서 나아가 정치투쟁도 수행할 것임을 천명하기도 하였다.

1987년 10월 12일 마침내 5년 단임의 대통령직선제를 골자로 하는 새 헌법안이 국회에서 가결되고 10월 27일 국민투표를 통해 확정되었다. 8년 전에 있었어야 할 일이 비로소 이루어진 것이었다. 그러나 대통령직선제가 부활되어 총선이 실시되자 여당 대표로 노태우가 출마하였고, 야당은 셋으로 분열되어 3김 씨가 출마하였다. 집권을 위한 야권의 분열은 민주정권을 수립할 호기를 스스로 박차고 패배의 길을 택한 것이었다. 대통령선거 결과 민정당의 노태우 후보가 당선된 것은[141] 바로 야권의 분열에 따른 결과이었다. 이것은 6·29 이후 우리나라의 권위주의적 질서를 그대로 물려받은 노태우 정권이 대세를 거스르지 못하고 추진한 「파행적인」 민주화 과정을 겪게 된 데에 대한 상당한 책임도 야당 측에 있음을 의미하는 것이었다.[142]

대통령에 당선된 노태우는 제13대 대통령으로 취임하기 직전인

140) 1987년 한 해 동안 총 3749회의 노사분규가 일어났다.

141) 노태우 후보 36.6%, 김영삼 후보 28.0%, 김대중 후보 27.1%, 김종필 후보 8.1%의 득표율이 나왔다.

142) 한배호, 앞의 책, 447면.

1월에는 자신이 직접 관련된 광주민주화항쟁의 문제를 어느 정도 희석시키기 위하여 「민주화합추진위원회」를 만들어 피해자들과의 화해를 제의하고 나왔으나 국민들의 반응은 냉담한 것이었다.

대통령선거에서 야당의 분열로 인한 민주세력의 실패는 1988년 4월 26일에 실시된 국회의원선거에서 만회되었다. 즉 여소야대의 정국구도가 만들어진 것이다.[143] 국회에서 다수의석을 점하게 된 야당이 제일 먼저 들고 나온 것은 「과거청산」의 문제이었다. 광주학살의 책임자를 가려내고 그 '원흉'을 처벌할 것을 정부에 요구하였던 것이다. 올림픽을 계기로 잠시 동안의 정치휴전을 거친 후 1988년 10월에 접어들면서 본격적으로 과거청산의 문제가 대두되었다. 국회 내에는 「5공비리특위」와 「광주특위」 청문회가 구성되고 수많은 증인들이 불려나와 증언을 하였다. 1988년 11월에는 결국 전임 대통령 전두환이 국회에 나와 국민 앞에 공개사과하고 자신의 재산의 대부분을 국고에 헌납하겠다는 내용의 성명서를 낭독하고 「백담사행」을 결행하기도 하였다.

정치권에서 구세력의 전면몰락을 막기 위해 대통령 노태우가 분전하고 있는 사이에 반체제운동으로 투옥되었던 인사들이 석방되면서 민주화추진운동단체들이 다시 재결집하게 되었고, 교수, 변호사 문인, 의사 등 많은 전문직 종사자들이 전국적인 연합체를 결성하기도 하였다. 교원들도 노조를 결성하여 독자적인 교육권을 주장하다가 정부의 강한 반대로 1500여 명의 교사들이 해직되기도 하였다.

재야세력은 1989년 1월 21일 '전국민족민주운동연합(전민련)'을 결성하여 세를 과시하였지만, 조직과 실천의 면에서 한계가 있어서 의미 있는 행동으로 연결되지는 않았다. 그러나 6·29 선언을 획득하여 민주화의 달성에 어느 정도 성공한 학생을 포함하는 민간사회세

143) 여당인 민정당은 125석, 평민당이 70석, 통일민주당이 59석, 신민주공화당이 35석, 한겨레민주당이 1석, 무소속이 9석을 확보하여 여야의 비율은 125대 174이었다.

력은 이제 통일운동에로 그 역량을 쏟기 시작하였다. 1988년 6월과 8월에 각각 시도된 학생들의 평양학생축전참가 시도 및 판문점에서의 농성은 학생일반의 상당한 호응을 받았고, 국민들의 초미의 관심사가 되었다. 이러한 시도는 국가의 저지에 의하여 무산되기는 했으나 궁극적으로 정부로 하여금 북방정책을 추진하게 하는 데에 큰 압력으로 작용하였다. 학생 및 재야세력의 급진적 통일운동과 이를 저지하는 정부에 대한 투쟁은 1989년 3월 문익환 목사, 7-8월 임수경 학생 등의 밀입북 사건을 낳았고, 정부는 이에 강경하게 대응하여 사법처리를 가함으로써 때마침 발생한 5월 동의대 방화사건과 함께 반정부투쟁의 강도를 약화시키는 요인이 되었다. 이 사건들은 이른바 '공안정국'을 탄생시키는 데에 결정적인 역할을 하였고, 노정권은 강경노선으로 선회하여 이들을 구속하고 운동권을 탄압하기 시작하였다. 이러한 강경노선은 노동운동권에도 마찬가지로 영향을 미쳤다. 초기의 온건노선의 결과로 노동관계법이 개정되고 가능한 한 노사분규에 개입하지 않고 노사가 자율적으로 문제를 해결하도록 유도하였던 노정권이 공안정국으로의 회귀와 더불어 강경노선으로 선회한 것이었다.

빈약한 국민의, 그것도 보수적인 성향의 지지로 대통령에 당선된 노태우는 정치적 정당성을 확보하기 위하여 민주화개혁과 경제개혁 그리고 북방정책·통일정책을 들고 나왔다. 이 중 적극적인 북방정책과 통일정책의 일환으로 제시된 것이 1988년 7월 7일의 7·7 宣言이었다.[144] 이후 정부는 사회주의권과 적극적인 교류와 관계개선을 추진하고 소련 및 동구권 국가들과 국교를 맺었으며 두 차례에 걸친 한·소 정상회담으로 국제적 지위향상과 국내적 지지 확대를

144) 그 내용은 1) 각계 남북동포 교류 및 해외 동포 남북자유왕래, 2) 이산가족 생사 확인 및 서신 교환, 상봉의 적극 추진, 3) 내부 교역으로서의 남북 교역 문호개방, 4) 우방의 대북한 비군사 물자 교역 인정, 5) 남북간 소모적 경쟁과 대결 외교의 종결, 6) 북한의 대미·일 관계 개선의 협조 등이다.

꾀하였다. 그리고 남북간에도 1990년 남북 총리회담이 열림으로써 고위급의 공식 대좌가 이루어졌고, 1991년 말의 '남북한간의 기본관계에 관한 합의서' 채택, 남북한 비핵화 선언 등의 정치과정이 전개되었다.145)

국제적인 측면에서의 상대적인 성공에도 불구하고 국내정치는 교착상태로 빠져들고 있었다. 4당체제는 대통령 노태우의 「중간평가」와 관련하여 의견이 분열되었고 이에 대해 소수이기는 하였으나 일부 급진세력의 가두투쟁과 과격행동은 노정권의 부담이 되고 있었다. 「主思派」, 「民衆民主主義論」 등의 주장을 내세운 학생운동세력은 급진과격으로 내닫고 있었다.

이러한 상황하에서 온 국민들을 깜짝 놀라게 한 것이 보수대연합으로 불린 1990년 1월 22일의 「3당합당」이었다. 이 3당 합당은 야당과의 사이에 계속 불편한 관계에 있던 노태우와 집권의 한 방편으로 생각한 김영삼 그리고 내각책임제로의 개헌을 통한 집권가능성을 추구한 김종필 등 3자간의 이해관계의 합치로 인하여 결행된 정치적 결탁이었다.146)

이 3당합당에 대하여 '야합'이라는 비판이 나오는 가운데, 1992년 3월 24일 제14대 국회의원총선이 실시되었다. 그 결과 과반수확보에 실패한 민자당은 김영삼 당대표를 물러나게 하려는 움직임이 시도되기도 하였다.147) 이는 차기 대통령선거에서 김영삼이 후보로 선출되는 것을 저지하기 위한 것이었으나, 민자당의 민정계가 분열됨으로써 불발로 끝나고 말았다. 1992년 5월의 전당대회에서 김영삼은 경쟁자인 이종찬을 누르고 제14대 대통령선거에서 민자당후보로 선출되었다.

1992년 12월 18일의 대통령선거에서 김영삼은 투표자의 43%의

145) 여기에는 물론 1980년대 후반의 소련 및 동구권의 변화가 크게 작용하였다.
146) 한배호, 앞의 책, 469-471면 참조.
147) 「합의각서」유출 파동이 그것이다.

지지를 받아 대통령에 당선되었고, 1993년 2월 25일「문민정부」로서 출범하였다.

문민정부의 출범 이후 대통령 김영삼은「개혁」을 기치로 내걸고 지금까지 존재하고 있던 기존의 질서의 폐해를 일소하기 위한 작업에 착수하였다. 스스로 재산을 공개하고, 고위직 공무원 및 정치인의 재산공개를 유도하여 재산형성에 문제가 있었던 공무원과 정치인의 사퇴를 촉구하였다. 이 과정에서 대법원장이 재산축적에 문제가 되어 물러나기도 하였다.148) 그리고 통합선거법 제정, 정치자금법 개정 등으로 정치개혁을 단행하고, 금융실명제, 군개혁, 역사 바로세우기 등 사회전반에 걸친 개혁을 추진하여 임기 초기 90%를 넘는 국민의 지지를 받기도 하였다.

그러나 선부른 OECD 가입과 경제정책의 실패로 1997년 11월, IMF 구제금융을 신청하기에 이르렀고, 곧이어 김대중 정부의 탄생으로 이어졌다.

김대중 정부(국민의 정부)는 적극적인 대북정책으로 북한에 대하여 개혁·개방을 촉구하여, 금강산관광을 시작하고(1998. 11. 18.), 남북정상회담을 이끌어내기도 하였다(2000. 6. 15.). 2001년에는 국가인권위원회법을 공포·시행하고, IMF의 지원자금을 전액 상환하여 IMF 위기를 완전히 극복하였다. 그러나 IMF 이후 야기된 사회양극화의 문제, 언론권력의 개혁, 재벌개혁, 정경유착 문제, 지역감정 문제 등은 거의 해소하지 못한 채 노무현 정부로 넘기고 말았다.149)

2002년에 탄생한 노무현 정부(참여정부)는 검찰개혁을 거쳐 대선자금을 포함한 불법적인 정치자금이 적극적으로 수사되었고, 국가보안법 폐지, 과거사기본법 제정, 언론개혁, 사립학교법 개정 등의 4

148) 1993년의 공직자재산공개 당시, 김덕주 대법원장은 과다한 재산보유 문제로 사임하였다.

149) 김대중 정부에 대한 평가로는, 참여연대 편, 김대중 정부 5년 평가와 노무현 정부 개혁과제, 한울, 2003을 참조하라.

대 개혁입법을 추구하는 과정에서 첨예한 정치적 대립이 지속되었으며, 이에 대해 수구언론과 야당은 참여정부에 대한 극도의 반감을 표출하였다. 이들은 참여정부의 개혁작업을 저지하기 위하여 모든 수단을 동원하여 대국민홍보를 펼쳤고, 급기야 노무현 대통령은 재신임국민투표를 실시할 것을 제안하였다. 대통령의 재신임국민투표 제의에 대하여 일순간 환호하던 야당은 곧이어 자신들에게 불리함을 깨닫고는 재신임국민투표를 저지하는 방향으로 선회하였고, 일부 정치인과 시민들은 헌법재판소에 헌법소원을 제기하기에 이르렀다. 헌법재판소 결정에서 2003년 11월 27일의 결정에서 5인의 다수의견은 대통령의 재신임국민투표제의가 헌법소원의 대상이 되는 공권력의 행사에 해당한다고 볼 수 없다고 하여 각하하였으나, 주목해야 할 것은 4인의 반대의견이었다. 반대의견을 개진한 4인의 재판관들은 대통령의 국민투표제의를 공권력의 행사로 인정하고, 동 제의에서의 재신임여부가 헌법 제72조의 국민투표부의권에서 정한 중요정책에 해당하지 않는다고 하여 대통령의 제의를 위헌으로 판단하였다. 이 결정에서 이미 헌법재판관들은 현실정치의 수렁 속으로 깊이 빠져들 기미를 보이기 시작하였다.

2004년 전반기를 뜨겁게 달구었던 3·12 탄핵소추의결은 의회쿠데타로 불릴 만큼 국민의 공분을 사게 되었고, 이에 대하여 헌법재판소는 대통령의 법위반행위를 일응 인정하면서 그것이 탄핵사유로는 적합하지 않다는 이유로 탄핵소추를 기각하였다. 당시 야당이 다수를 점하고 있었던 국회가 새로운 국회의원선거를 앞두고 여당에 치명타를 가할 목적으로 획책된 대통령탄핵소추는 국민적 저항으로 인하여 무산될 수밖에 없었다. 그러나 헌법재판소는 과거의 정권에서 공공연히 행해졌던 대통령의 여당지지발언이나 기자회견에서의 특정정당지지발언을 법률위반으로 평가하고 중앙선거관리위원회의 법률위반결정에 대한 대통령의 유감표명과 재신임국민투표제의에 대하여 법치국가 이념 및 헌법 제72조 규정위반을 결정이유에서 명시함으로써 대통령에 대한 정파적 견제를 노골적으로 드러내었다.

탄핵정국이 계속되는 상황에서 4·15 총선이 치러진 후 과반수를 확보한 여당과 함께 5월 14일의 헌법재판소의 기각결정으로 직무에 복귀한 대통령은 이른바 4대 개혁입법을 적극적으로 추진하였다. 그 중에서도 국가보안법의 폐지에 대하여 야당은 극렬하게 반대하는 입장을 보여주었다. 이러한 와중에서 대통령은 8·15 경축사에서 국가보안법을 '칼집에 넣어 박물관으로 보내야 하는 구시대의 유물'로 평가하고 그 폐지를 주장하였다. 한편 헌법재판소는 국가보안법폐지문제에 대하여 과거의 합헌결정을 그대로 유지하면서 간접적으로 국가보안법의 폐지에 대한 반대의견을 표명하였고, 대법원은 국가보안법의 폐지를 '일방적인 무장해제'라고 하면서 그 폐지에 반대하는 입장을 분명히 하였다.[150] 대법원의 이러한 입장표명은 사법부의 권한을 넘어서는, 입법권에 대한 중대한 침해로 평가될 수 있는 행위이었다.

2004년 7월 12일 및 7월 15일에 제기된 신행정수도특별법위헌확인 헌법소원사건은 재신임국민투표제의, 탄핵소추의결, 그리고 여대야소를 형성한 국회의원총선 등의 정치적 사건들이 이어지고 4대 개혁입법에 대한 여야 간에 끝없는 정쟁이 반복되는 상황에서 헌법재판소에 의하여 결정되었다.

참여정부의 5년은 대통령선거의 결과에 대한 여야간의 감정적 대립이 출범부터 표출되어, 국민의 기본권과 관련된 많은 정책들이 지연되거나 왜곡되는 현상을 낳았으며, 정치권의 혼란은 사법부에도 그대로 반영되어 법의 왜곡으로까지 이어지는 현상을 보여주었다.

150) 대판, 2004. 8. 30. 선고, 2004도3212 판결.

2. 1987년 이후의 사법권행사과정

1) 법원의 입장 변화와 판결

독재적 국가권력과 민간사회의 기나긴 투쟁이 민간사회의 승리로 끝나자 그동안 독재정권의 편에 서서 그 억압적 통치수단으로 작용하여 왔던 사법부, 특히 대법원은 그 판결에서 많은 변화를 가져왔다. 그러한 변화는 구시대의 유산으로 남겨진 미해결 혹은 기결의 판결에 대한 심사과정에서 나타났다. 6·29 선언으로 급격한 사회의 변화가 있게 되자 제일 먼저, 박종철 군 치사사건의 피고들에 대하여 징역 5년 내지 15년이 선고되었고, 서울 민사지법에서는 망원동 수해사건의 판결에서 서울시의 책임을 인정하는 판결을 내렸던 것이다. 그리고 1988년에 들어와서는 먼저 부천서성고문사건에 대한 서울고등법원의 재정신청 기각결정 일부파기환송이 있었다. 이 판결은 1986년 11월에 재정신청기각결정에 대한 상고심이 제기된 후 1년 3개월여 동안 대법원에 방치되어 있던 사건이었다. 대법원에서는 서울고등법원이 문귀동의 범죄사실을 모두 인정하면서도 재정신청기각결정을 내렸기 때문에 사실오인을 이유로 한 파기결정은 내릴 수가 없었고, 결국에는 헌법상의 고문방지규정을 근거로 일부파기를 내렸던 것이다.[151] 이 결정이 내려진 후 서울고등법원은 문귀동에 대한 부심판결정을 내렸고, 공소유지담당변호사에 의한 공소에 의하여 인천지법은 문귀동에 대하여 징역 5년 및 자격정지 3년을 선고하였다.[152] 이 판결에 대하여 서울고등법원과 대법원은 항소 및 상고를 모두 기각하였다.

또 서울고등법원은 1988년 3월 4일, 1974년의 민청학련 사건에서 법정모독으로 기소되었던 강신옥 변호사에 대한 판결에서 무죄를

151) 대법 1988. 1. 29. 선고, 88모58 결정.
152) 인천지법 제 2 형사부 1988. 7. 23. 선고, 88고합112 판결.

선고하였고, 1989년 3월 22일 서울고등법원은 서울대학교 총장실난입사건의 관련 학생들에 대한 판결에서 학교측의 제명처분에 대한 취소판결을 내렸으며, 8월 10일 서울형사지법은 서울지검 검사장의 서경원 의원 밀입북사건 관련 피의자들에 대한 변호인 접견거부처분을 취소하였으며, 1990년 8월 22일에는 고대앞 사건으로 기소된 박찬종 의원 등에 대한 판결에서 모두 무죄 혹은 면소판결을 내렸고, 유성환 의원 국시사건에 대해서도 공소기각판결을 내렸다.[153)]

대법원은 또 위헌법률심판제청에도 적극적이어서 앞서 본 사회보호법 이외에 소송촉진 등에 관한 특례법, 국회의원선거법, 집회 및 시위에 관한 법률, 형법 제241조 1항, 사립학교법 등 여러 법률에 대하여 헌법재판소에 위헌심판제청을 하였는데, 이는 대법원이 적극적으로 재판기준이 되는 법률들에 대한 위헌의 의심을 해소하기 위한 시도로 이해할 수 있을 것이다. 그리고 전국의 법원에서도 위헌법률심판제청은 1988년 9월부터 1992년 8월까지 총 244건을 제기하여[154)] 재판기준으로서의 법률에 대한 법원의 적극적인 자세를 보여주었다.

그러나 이러한 대법원 및 하급법원의 자세는 국가권력의 대사회정책에 관련되는 사건에 관해서는 무기력한 모습을 보여주었다. 문익환 목사 방북사건 및 임수경 양 방북사건, 서경원 의원 방북 사건 등에서는 모두 유죄판결을 내리고 중형을 선고함으로써, 국가권력이 민간사회의 통일운동을 저지하는 것을 방조하였다고 볼 수 있다. 그리고 1992년의 강기훈 유서대필사건은, 1991년 4월에 있었던 강경대 군 폭행치사사건 이후 고조된 반정부투쟁의 분위기를 틈타서 발생한 김기설의 유서를 강기훈이 대필하였다고 하여 자살방조죄로 기소된 사건이었는데, 필적감정에 대하여 증거로 채택함에 상당한

153) 法院史, 1234면 이하 참조.
154) 法院史, 1103면 참조.

의심이 있음에도 불구하고 유죄로 인정함으로써 자유심증주의와 증거재판주의의 원칙에 반한다는 비난을 받기도 하였다.

1992년에 있은 대법원의 판결 중에서 헌법재판소의 결정과 관련하여 의미 있는 판결로 국가보안법 제 7 조 5항의 해석기준에 대한 전원합의체판결이 있다.155)

2) 헌법재판소와 대법원간의 권한분쟁

헌법재판소는 1990년 10월 15일 법무사법 시행규칙에 관한 헌법소원 사건에서 법무사법 시행규칙의 위헌성여부를 심판할 수 있다는 것을 전제로 하여 「법무사법 시행규칙(1990. 2. 26. 법원규칙 제1108호) 제 3 조 제 1 항은 헌법에 위반된다」는 취지의 결정을 내렸다. 이 결정이 내려지자 대법원은 헌법재판소가 헌법의 명문규정을 무시하고 명령, 규칙에 대한 위헌심사를 함으로써 대법원의 권한을 침해하였다고 하여 문제를 제기하였다. 문제의 초점은 헌법 제107조 제 2 항에서 「명령, 규칙 또는 처분이 헌법이나 법률에 위반되는 여부가 재판의 전제가 된 경우에는 대법원은 이를 최종적으로 심사할 권한을 가진다」고 규정하였기 때문에 대법원규칙에 대한 최종적 심사권을 대법원이 가짐에도 불구하고 헌법재판소가 이를 무시하고 대법원규칙에 대한 위헌판단을 하였다는 것이었다. 이 문제는 헌법소원의 대상이 어떤 것인가를 결정하는 중요한 것이었고, 헌법재판소와 대법원 그리고 재야 법조계 및 학계에서 치열한 공방이 있었다.156) 각각의 견해의 당부는 별론으로 하더라도 최소한 명령 · 규칙

155) 대법 1992. 3. 31. 선고, 90도2033 전원합의체 판결. 이 판결에 대한 평석으로, 김대휘, 국가보안법 제 7 조 제 1 항 · 제 5 항의 해석기준, 이회창선생화갑기념논문집, 법과 정의, 박영사, 1995, 30면 이하.

156) 법원행정처 헌법연구반, 명령 · 규칙에 대한 위헌심사권, 1990. 11; 박일환, 법규범에 대한 헌법소원과 제소요건, 한국공법학회 제13회 월례발표회 논문집 5면 이하 수록, 1990. 12. 14.; 이석연, 헌법소원의 대상으로서의 명령규칙에 대한 위헌여부심사권, 앞의 월례발표회 논문집 30면 이하 수록; 김철용, 헌법재판소 89헌마178 결정에 대한 관견, 앞의 월례발표회 논문집 41면 이하 수록.

에 의하여 직접 침해를 당한 자의 기본권 구제라는 측면에서 본다면, 법원이 그 동안 국민의 권리구제에 대하여 소극적으로 대처해온 부분에 대하여 헌법재판소가 적극적으로 개입하였다는 점에서 헌법재판소의 기본권구제의 적극성을 높이 평가할 필요가 있을 것이다.[157] 그리고 대법원과 헌법재판소 사이의 권한다툼은 권한영역의 문제이기는 하지만, 사법권을 행사하는 제도간의 알력인 점에서 대법원의 제도중심적, 기관중심적 편협성을 보여준 사례로 평가될 수 있다. 이러한 헌법재판소와 대법원 사이의 권한분쟁은 일응 사법권 내부의 알력으로 비치기도 하지만, 이러한 분쟁이 국민의 기본권보호라는 목적을 더욱 잘 달성하기 위하여 서로 경쟁하는 것이라면 오히려 바람직할 것이다. 다만 헌법재판소와 대법원이 사법권을 分有하고 있는 국가기관인 점에서 본다면, 상호간의 지위가 명확히 정해질 필요가 있는 것이다. 이와 같은 권한분쟁의 원인은 애매모호한 헌법규정으로부터 유래된 것이라고 할 수 있고,[158] 따라서 헌법규정 자체에서 양 기관의 권한을 명확히 할 필요가 있다고 할 것이다.

3) 헌법재판소의 중요 결정과 정치과정

(1) 12·12 사건에 관한 결정

헌법재판소가 정치과정에 가장 민감하게 반응하는 결정들은 이른바 「과거청산」과 관련된 사건들에 관한 결정들이다.[159] 이들 사건 중에서 특히 12·12 사건에 대한 검찰의 불기소처분에 대한 결정에

157) 김철용, 위의 글, 44면 참조.

158) 대법원의 명령·규칙 심사권은 제헌헌법에서부터 규정되어 있었고, 헌법재판소의 헌법소원 규정은 1987년에 개정된 현행 헌법에서 처음으로 규정된 것이기 때문에 헌법재판소와 대법원간에 권한상의 다툼의 여지가 있었다고 할 것이다.

159) 국가보위입법회의법에 관한 결정(헌재 1989.12.18. 89헌마32·33 전원재판부 결정); 반국가행위자처벌에 관한 특별조치법에 관한 결정(1993.7.29. 90헌바35); 공권력행사로 인한 재산권침해에 대한 헌법소원(국제그룹해체사건)에 관한 결정(1993.7.29. 89헌마31); 12·12 사건에 대한 검찰의 불기소처분에 관한 결정(1995.1.20. 94헌마246) 등.

관한 헌법재판소의 결정은 현실의 정치과정과 직접적인 연관성을 보여주고 있는 결정이다. 이하에서 12·12 사건에 관한 헌법재판소의 결정을 살펴본다.

① **사건의 개요** 정승화 외 21인의 청구인들은 1993년 7월 19일 대검찰청에 이른바 12·12 사건에 관하여 청구외 전두환 외 33명을 고소하였고, 서울지검은 위 사건의 고소장을 송부받아 수사한 후, 피고소인 전두환 외 34인에 대하여 '혐의없음', '기소유예' 또는 '공소권없음'의 각 불기소처분을 하였다. 청구인들은 위 불기소처분 중 피의자 전두환에 대한 부분에 불복하여 검찰청법의 규정에 따라 항고 및 재항고를 하였으나 모두 이유 없다고 기각되자(1994. 11. 10), 피의자 전두환에 대한 피청구인의 위 불기소처분은 매우 자의적인 검찰권의 행사로서 범죄피해자인 청구인들의 헌법상 보장된 기본권, 즉 평등권, 재판청구권, 재판절차진술권 등을 침해하였다는 이유로 1994. 11. 24. 이 사건 헌법소원심판청구를 한 것이다.

② **헌법재판소의 결정** 헌법재판소의 결정에서는 5개 사항에 대한 판시를 하고 있으나,[160] 이들 중 헌법 제84조에 의하여 대통령 재직 중에는 공소시효의 진행이 당연히 정지되는지의 여부와 12·12 사건에 대한 검사의 처분이 기소편의주의가 예정하고 있는 재량범위를 벗어난 것인지의 여부에 관한 헌법재판소의 판단을 살펴본다.[161]

먼저 대통령 재직중의 공소시효진행정지에 관한 헌법재판소의 견해를 살펴보면,

160) 5개 사항은 다음과 같다. 가. 헌법소원심판청구로 인한 공소시효의 정지여부, 나. 헌법 제84조에 의하여 대통령재직 중에는 공소시효의 진행이 당연히 정지되는지의 여부, 다. 검사의 소추재량권의 성질과 한계, 라. 검사가 기소편의주의에 따라 소추권을 행사함에 있어서의 참작사유, 마. 이른바 12·12 사건에 대한 검사의 처분이 기소편의주의가 예정하고 있는 재량범위를 벗어난 것인지의 여부 등.
161) 헌법재판소 공보, 제 9 호, 1995. 5. 1. 46면 이하 참조.

「우리 헌법이 채택하고 있는 국민주권주의(제 1 조 2항)와 법앞의 평등(제11조 1항), 특수계급제도의 부인(제11조 2항), 영전에 따른 특권의 부인(제11조 3항) 등의 기본적 이념에 비추어 볼 때, 대통령의 불소추특권에 관한 헌법의 규정(제84조)이 대통령이라는 특수한 신분에 따라 일반국민과는 달리 대통령 개인에게 특권을 부여한 것으로 볼 것이 아니라 단지 국가의 원수로서 외국에 대하여 국가를 대표하는 지위에 있는 대통령이라는 특수한 직책의 원활한 수행을 보장하고, 그 권위를 확보하여 국가의 체면과 권위를 유지하여야 할 실제상의 필요 때문에 대통령으로 재직중인 동안만 형사상 특권을 부여하고 있음에 지나지 않는 것으로 보아야 할 것이다. 위와 같은 헌법 제84조의 규정 취지와 함께 공소시효제도나 공소시효정지제도의 본질에 비추어 보면, 비록 헌법 제84조에는 "대통령은 내란 또는 외환의 죄를 범한 경우를 제외하고는 재직중 형사소추를 받지 아니한다"고만 규정되어 있을 뿐 헌법이나 형사소송법 등의 법률에 대통령의 재직중 공소시효의 진행이 정지된다고 명백히 규정되어 있지 않다고 하더라도, 위 헌법규정은 바로 공소시효진행의 소극적 사유가 되는 국가의 소추권 행사의 법률상 장애사유에 해당하므로, 대통령의 재직중에는 공소시효의 진행이 당연히 정지되는 것으로 보아야 한다.」

고 하고 있다. 다음에 검찰의 불기소처분에 대한 판단에서는,

「12·12 사건의 처리에 있어 충실한 과거의 청산과 장래에 대한 경고, 정의의 회복과 국민들의 법감정의 충족 등 기소사유가 갖는 의미도 중대하지만, 이 사건을 둘러싼 사회적 대립과 갈등의 장기화, 국력의 낭비, 국민의 자존심의 손상 등 불기소사유가 갖는 의미 또한 가볍다고만 단정할 수는 없을 것이고, 양자간의 가치의 우열이 객관적으로 명백하다고 보기도 어렵다. 그렇다면 가지의 우열이 명백하지 아니한 상반되는 방향으로 작용하는 두 가지 참작사유 중에서 검사가 그 어느 한 쪽을 선택하고 다른 사정도 참작하여 기소를 유예하는 처분을 하였다고 하여 그 처분이 형사소송법 제247조 제 1 항에 규정된 기소편의주의가 예정하고 있는 재량의 범위를 벗어난 것으로서 헌법재판소가 관여할 정도로 자의적인 결정이라고 볼 수 없다.」

고 하여, 위 불기소처분에 관한 헌법소원을 각하하였다.

③ **평 가** 먼저 이 결정이 내려질 때의 정치적 상황을 살펴보면, 청구인들이 이 사건에 관한 고소·고발을 한 시점은 1993년 7월 19일이었다. 이때는 문민정부라 칭해지는 김영삼 정권이 출범한 지 5개월 정도 지난 시점이었고, 새 정부하에서 이른바「개혁」이 진행되어 이에 대한 국민들의 지지가 크게 높아져 있었던 상황이었다. 이러한 상황에서 제기된 청구인들의 고소·고발에 대하여 검찰은 1년 3개월이 지난 후인 1994년 10월 29일에 불기소처분을 하였다. 이 시기는 정권 초기의 개혁작업이 빛을 바래고, 아울러 이회창 국무총리의 사퇴 건 등으로 오히려 김영삼 정권에 대한 국민의 비판이 고조되어가던 시기이었다. 그리고 3당합당으로 탄생한 민주자유당은 집권여당이었지만, 이 사건에 직접 관련된 피의자들 중의 상당수가 여전히 그 소속 국회의원으로 건재하고 있었다. 따라서 12·12 사건에 대한 헌법재판소의 결정이 소원인용으로 나게 된다면, 정부여당 스스로 그 소속 국회의원들을 사법처리의 대상으로 하여야 한다는 부담을 안게 되었던 상황이었다.

이러한 상황하에서 헌법재판소가 어떠한 결정을 내릴 것인가에 대한 국민의 기대는 매우 큰 것이었으나, 결국 헌법재판소의 결정은 검찰의 불기소처분이 정당하였음을 인정하고, 다만 대통령 재직 동안의 공소시효진행정지에 대한 판단만을 하고 있는 것이다.

그러나 대통령재직시의 공소시효진행정지의 논리에도 문제가 있는 것으로 보인다. 즉 헌법재판소는 현행헌법 제84조(대통령재직시의 불소추특권) 규정을 근거로 하여 대통령 재직기간 동안 공소시효가 진행되지 아니한다는 결론을 이끌어내고 있으나, 이는 제 5 공화국 헌법의 정당성을 그대로 인정한다는 전제에 섰을 때에 비로소 가능한 것이다. 즉 5공하의 대통령이라는 지위를 현행헌법상의 대통령과 동등한 지위로 인정하는 경우에만 현행헌법상의 대통령불소추특권이 인정될 수 있는 것이다. 대통령이라는 명칭이 같다고 하여 그 지위에 따른 법적 효과가 동등한 것은 아니다. 제 5 공헌법은 1980년 당시, 전국민적 합의에 따라 진행되고 있던 국회주도의 헌법개정작업을 강제로 중단시키고 신군부세력이 아무런 민주적 절차를 거치지 않고 만든 것으로, 민주적 정당성이 없는 쿠데타의 결과물이며, 쿠데타의 논리를 담고 있었던 헌법이었다. 형식적으로 국민투표를 거쳐 확정되었지만, 그 또한 동 헌법에 대한 찬반토론이나 민주적 절차에 의한 검증 없이 강압적 분위기하에서 이루어진 것으로, 민주적 정당성을 갖지 못하는 것이다. 따라서 쿠데타 세력이 만든 헌법의 대통령이 전국민적 합의에 따라 만들어진 현행헌법상의 대통령과 동일한 평가를 받는 것은 정당하지 않은 것이다. 제 5 공헌법이 존재하던 시기 동안 우리 국민은 끊임없이 저항하였고 1987년의 6·10민주항쟁은 위의 쿠데타를 결국 실패로 끝나게 하였다. 따라서 12·12, 5·18은 성공한 쿠데타가 아니라 실패한 쿠데타인 것이다. 쿠데타의 성공여부를 어떤 기준에서 판단하느냐가 문제되겠지만, 적어도 5공헌법이 존재하던 기간이 정당한 헌법질서가 아닌 반국민적 반민주적인 시기이었음은 자명하다. 따라서 12·12의 공소시효는 전국민적 합의에 의한 정당한 헌법이 성립 · 발효된 때, 즉 5공헌법이 효력을 상실한 시점이자 국민적 정당성을 가진 현 헌법이 발효된 1988년 2월 25일부터 시작되는 것으로 보아야 할 것이다.[162)]

다음으로 헌법재판소가 12·12 사건에 대한 검찰의 불기소처분을 정당하다고 한 근거도 문제가 있는 것으로 생각된다. 헌법재판소는「충실한 과거의 청산과 장래에 대한 경고, 정의의 회복과 국민들의 법감정의 충족 등」의 가치와「이 사건을 둘러싼 사회적 대립과

162) 이 논리는 5·18 사건에 대한 판단에도 그대로 타당할 것이다. 그리고 5공헌법을 부인한다고 하여 5공하의 모든 법률관계를 부인하여야 하느냐는 반론이 있을 수 있으나 여기서 부인하고자 하는 것은 5공헌법의 반민주성과 부당성이므로 이에 해당되지 않는 부분은 현헌법에서 그대로 인정하는 데에 무리가 없을 것으로 생각된다. 이런 부분들은 어떤 헌법이 있더라도 존재했을 것이기 때문이다.

갈등의 장기화, 국력의 낭비, 국민의 자존심의 손상 등」의 가치를 비교하여 양자간의 가치의 우열을 정하기 어렵다고 전제하고, 이 두 사유 중 어느 것을 선택할 것인가의 문제는 헌법재판소가 간여할 정도의 자의적인 결정이 아니라는 이유로 불기소처분을 정당화하고 있다. 그러나 위의 두 가치는 결코 서로 대립되는 가치가 아니다. 불기소처분의 정당화이유로 제시하고 있는「사회적 대립과 갈등의 장기화, 국력의 낭비, 국민의 자존심의 손상」 등은 오히려 불기소처분으로 인해 야기되는 것이지 불기소처분을 취소함으로써 야기되는 것이 아닌 것이다. 즉 과거의 부당한 행위가 처벌되지 아니하고 그대로 방치됨으로써 사회적 대립과 갈등이 장기화하고, 국력이 낭비되며, 국민의 자존심의 손상이 있게 되는 것이다. 따라서 헌법재판소의 결정의 근거는 서로 양립되는 가치의 비교형량이라 하기 어렵고, 오히려 하나가 해결되어야 나머지가 방지되는 관계에 서는 것이라 할 것이다.

(2) 5·18 사건에 관한 결정

① **사건의 개요** 1995년 7월 18일 서울지검은 1980년에 있었던 5·18 항쟁에 대한 고소고발사건에 대하여「공소권 없음」 결정을 내렸다. 이에 정동년 등 322명의 고소고발인들은 7월 24일 검찰의 공소권없음 처분에 대한 헌법소원을 제기하였고, 8월 3일에는 이신범 등 18인이 헌법소원을 제기하였다. 이에 헌법재판소는 8월 8일, 전원재판부에 회부하여 심리하기로 결정하고, 피청구인의 답변서 및 수사기록 등을 넘겨받았다. 헌법재판소의 심리가 진행되는 도중에, 검찰의 공소권없음 결정에 항의하는 재야 및 대학교수, 학생단체 등에서 5·18 내란 주동자에 대한 구속기소 및 특별법 제정을 촉구하는 의견서와 서명서 등이 헌법재판소에 제출되기도 하였다. 9월 15일 헌법재판소는 전원재판부의 첫 평의를 시작하여 11월 27일까지 8차에 걸친 평의를 열고 11월 30일에 결정을 선고하기로 하였다.

그러나 헌법재판소의 평의가 진행되고 있던 11월 25일, 대통령 김영삼은 5·18 사건에 대한 특별법제정을 요구하는 국민의 목소리를 수용하여 법제정을 여당에 지시하였다. 이미 헌법재판소 재판관들의 의견이 검찰의 공소권 없음의 결정이 헌법에 위반된다는 쪽으로 모아졌다는 언론의 보도가 있었음에도 불구하고, 헌법소원을 제기한 청구인들은 헌법재판소의 결정이 5·18 사건에 대한 특별법제정에 걸림돌로 작용할 것을 우려하여 11월 29일 헌법소원취하서를 제출하였고, 11월 30일 헌법재판소는 위 헌법소원 결정선고를 연기한다는 발표를 하였다. 2주일이 경과한 12월 15일 헌법재판소는 5·18 헌법소원의 심판절차가 종료되었다는 선언을 하였다.

② **헌법재판소의 결정** 헌법재판소의 결정은 헌법재판소 재판관 9인 중 5인의 의견으로 헌법소원 심판절차가 종료되었다는 다수의견과 이에 반대하는 4인의 반대의견으로 선고되었다. 다수의견은 헌법재판소법 제40조에서 헌법재판소의 심판절차에 관하여 민사소송법 및 행정소송법을 준용하도록 하고 있음을 근거로 하여 다음과 같이 결정하였다.[163)]

> 「기록에 의하면 청구인들이 1995년 11월 29일 서면으로 이 사건 헌법소원심판청구를 모두 취하하였고, 이미 본안에 관한 답변서를 제출한 피청구인에게 취하의 서면이 그 날 송달되었는바, 피청구인이 그 날로부터 2주일 내에 이의를 하지 아니하였음이 분명하므로 민사소송법 제239조에 따라 피청구인이 청구인들의 심판청구의 취하에 동의한 것으로 본다.
>
> 그렇다면 이 사건 헌법소원심판절차는 청구인들의 심판청구의 취하로 1995년 12월 14일 종료되었음이 명백하므로 헌법재판소로서는 이 사건 헌법소원심판청구가 적법한 것인지 여부와 이유가 있는 것인지의 여부에 대하여 판단할 수 없게 되었다.」

고 하였다. 이에 대하여 반대의견은 헌법소원제도의 본질이 객관적

163) 헌재 1995. 12. 15. 선고, 95헌마221·233·297 병합 참조.

인 헌법질서를 수호 유지하는 기능도 있음을 이유로 동 헌법소원심판절차가 종료하지 아니한다고 하여 다음과 같이 의견을 표시하였다. 먼저 신창언 재판관의 반대의견을 보면,

「헌법소원은 본질상 청구인 개인의 주관적인 권리구제뿐만 아니라 객관적인 헌법질서를 수호 유지하는 기능도 함께 가지고 있으므로 헌법소원사건에 대한 심판이 청구인의 권리구제에는 도움이 되지 않는다고 하더라도 헌법질서의 수호 유지를 위하여 중요한 의미가 있는 경우에는 예외적으로 청구인이 심판청구를 취하하여도 심판절차는 종료되지 않는다고 보아야 할 것이다.」

고 하였다. 이와 함께 이 견해에 기본적으로 동의하면서 반대의견의 근거로 헌법소원절차에 있어서의 당사자처분주의의 제한을 더 드는 견해가 김진우, 이재화, 조승형 3인의 재판관에 의하여 개진되었다.

「… 일반 쟁송과는 법적 성질을 달리 하고 있는 헌법소원심판의 소송절차에서 인정되는 당사자처분주의는 이들 쟁송의 경우보다는 훨씬 더 제한된다고 하여야 할 것이다. 그러므로 전 국민의 기본권과 관계되는 등 헌법질서의 수호 유지를 위한 헌법적 해명이 특히 필요한 경우에는 당사자처분주의는 제한된다고 할 것이다.」

고 한 다음, 이 사건의 경우에 있어서 첫째, 집권에 성공한 내란을 처벌할 수 있는지의 여부인 헌법적 해명이 반드시 있어야 할 부분, 둘째, 그 나머지 부분으로 크게 나누어, 첫째 부분이 국가운명과 전 국민의 기본권에 직접 관련되어 특히 중대한 의미를 갖는 헌법적 해명이 요청되는 경우라고 하여,

「비록 1995년 1월 24일 대통령의 특별법제정에 관한 담화에 따라 검찰이 수사를 진행시키고 있으며 국회에서는 이른바 5·18특별법 제정 등이 추진되고 있으나 이는 정치적 논리에 따른 정치적 결단행위에 불과한 현실일 뿐 헌법재판소의 유권적인 헌법해석이나 사법기관의 기타 유권적인 법률해석을 거친 법적 논리에 따른 현실이 아니므로 위와 같

은 특히 중대한 의미를 갖는 헌법적 해명의 필요성은 상존하고 있다 할 것이다.」

고 하고, 이어서

「첫째 부분은 우리 재판소가 1995년 11월 23일 최종평의를 하고 선고기일을 1995년 11월 30일 10시로 확정하였고, 1995년 11월 27일에는 선고할 결정문 초고마저 전체 재판관회의에서 확정한 후 같은 날 당사자들에게 선고기일을 통지하였으며 집권에 성공한 내란의 가벌성을 인정하는 의견이 헌법재판소법 제23조 제 2 항 제 1 호 소정의 인용결정에 필요한 정족수를 넘었고, 그 의견이 다음과 같이 특히 중대한 헌법해석 내지 헌법적 해명이었으며 우리는 이 의견에 찬성한 바 있으므로 비록 그 후인 1995년 11월 29일 이 사건 청구인 전원의 청구취하가 있었다고 하더라도 … 결정선고를 함이 마땅하다고 본다.」

고 하고 있다. 이러한 견해를 바탕으로 하여 이른바 「성공한 내란」의 가벌성 여부에 관하여 반대의견은 다음과 같이 말하고 있다.

「어떤 집단이나 세력이 폭력에 의하여 국민의 주권을 찬탈하고 입헌제도를 파괴 교란한다면 국민주권주의를 바탕으로 한 우리나라의 자유민주적 기본질서는 본질적으로 침해될 위험에 처하게 된다. 따라서 형법은 국민주권주의와 자유민주적 기본질서를 내용으로 하는 헌법질서에 대한 침해행위로 인하여 대한민국의 존립이 위태롭게 되는 것을 방지하기 위하여 내란행위를 범죄로 규정하여 엄하게 처벌하도록 하고 있다.」

「… 형법이 내란죄를 규정함으로써 보호하고자 하는 헌법질서는 국민주권주의와 자유민주적 기본질서에 바탕을 둔 헌법질서를 의미하며 단순히 집권중인 정치권력이나 그 권력에 의하여 유지되는 헌법질서를 의미하는 것이라고 볼 수는 없다.」

「내란행위자를 사실상 처벌할 수 없는 상태는 국가형벌권이 담당하는 국가기관이 내란행위자에 의해 억압되고 주권자인 국민도 현실적으로 그를 배제할 힘을 갖지 못함으로써 발생되는 것일 뿐이며 법리상 당연히 도출되는 규범적 결과라고 말할 수는 없다. … 따라서 국가권력의 장악에 성공한 내란행위자에 대하여는 국민으로부터 정당하게 국가권력을 위탁받은 국가기관이 그 기능을 회복하기까지 사실상 처벌되지 않는 상태가 지속되는 것뿐이며 훗날 정당한 국가기관이 그 기능을 회복한 이후에는 그 동안 사실상 불가능하였던 처벌이 실현될 수 있는 것으로 보아야 한다.」

「… 피의자 전두환이 통일주체국민회의 등을 통한 간접선거에 의하여 두 차례 대통령으로 당선된 것이나 제 5 공화국 헌법개정안이 국민투표에 의하여 통과된 것은 그것이 비록 형식적으로는 당시의 헌법과 법률에 따른 것이기는 하지만 그 진상이 은폐되고 계엄령하의 강압적인 분위기하에서 이루어진 것이거나 국민의 의사를 정확히 반영할 수 없었던 대의기관에 의하여 이루어진 것이어서 이를 가리켜 국민이 자유롭게 그들의 주권적인 의사를 결정할 수 있는 상태에서 피의자들의 이 사건 내란행위를 승인한 것이라 볼 수 없고, 피의자 노태우가 제13대 대통령으로 당선된 것은 이 사건 내란행위에 의하여 창출된 제 5 공화국의 질서가 국민의 저항으로 더 이상 유지되지 못하고 국민의 의사에 따른 새로운 헌법질서로 이행하는 과정에서 그 진상이 정확히 규명되지 아니한 채 국민의 상대적인 다수의 지지를 얻음으로써 이루어진 것에 불과하여 이로써 이 사건 내란행위에 대하여 국민의 승인이 있은 것으로 볼 수도 없으므로 피청구인의 주장은 받아들일 수 없다.

내란행위의 정당성은 내란행위가 정의 인도와 동포애에 입각하여 사회적 폐습과 불의를 타파하고 자유민주적 기본질서를 더욱 확고히 하기 위한 것으로서 국민의 주권을 회복하거나 확립하기 위한 것인지의 여부, 그 행위에 나아가게 된 배경과 명분 및 당시의 시대적 상황에 비추어 보아 그 행위가 다른 선택의 여지가 없을 정도로 불가피한 것이었는지의 여부, 그 행위로 인한 국민의 피해를 최소화하기 위하여 최선의 조지를 취했는가의 여부, 피해보상 등 권리구제를 위한 충분한 조치를 다했는지의 여부 등을 종합적으로 고려하여 객관적으로 판단되어야 할 것이다.」

「더욱이 우리 헌법 제84조는 『대통령은 내란 또는 외환의 죄를 범한 경우를 제외하고는 재직 중 형사상의 소추를 받지 아니한다』고 규정함으로써 대통령도 퇴직한 후에는 일반국민과 다름 없이 모든 범죄에 대하여 당연히 소추받을 수 있음을 전제로, 특별히 내란 또는 이환의 죄에 대하여만 다른 범죄와는 달리 재직중에도 소추를 받을 수 있다는 뜻을 밝히고 있는 것이므로 결국 내란의 죄에 대하여는 내란의 성공여

> 부를 불문하고 언제든지 처벌할 수 있다는 헌법적 결단을 내리고 있는 것임이 명백하다.」
>
> 「내란행위에 의하여 성립된 국가권력도 일응 사회질서 유지를 위하여 법규를 제정하고 처분할 권한을 가지는 것이고 사후에 내란행위자를 처벌하더라도 특단의 사정이 없는 한 그 법규나 처벌의 효력은 소멸하지 아니한는 것이다. 이는 법적 안정성이라는 법의 또다른 요구에 기하여 내란행위로 수립된 질서에 대하여도 일응의 규범력을 인정하는 것이며 따라서 내란으로 성립한 통치체제가 그 후 내란 정부로 단정된다고 해서 그 정부가 (행한) 대내외적인 행위의 법적 효력이 인정될 수 없게 되어 법적 공백이나 혼란이 초래되는 것은 아니며 헌정질서가 중단되는 것도 아니다.」

고 하여, 검찰이 성공한 내란은 처벌할 수 없다는 이유로 한 부분은 이를 취소하고 나머지 부분은 심판절차가 종료되었다는 선언을 하여야 한다고 주장하였다.

③ **평　가**　　먼저 이 5·18 사건에 대한 헌법재판소의 결정의 내용을 검토하기 전에 이 결정이 내려진 정치적 배경을 생각할 필요가 있다. 이 결정은 3당 합당을 전제로 성립한 김영삼 정부가 3당합당의 논리를 깨뜨리고 3당 합당의 한 당사자이었던 김종필을 당으로부터 축출하고, 그 후 지방자치단체의 장 선거에서 패배하여 상당한 정치적 위기의식을 느끼고 있었을 때에 검찰의 공소권없음이라는 결정이 내려졌고, 이 결정에 대한 국민적 비난이 고조되고 있었으며, 아울러 헌법재판소의 평의가 진행되고 있던 시기는 전임 대통령 노태우의 비자금 사건이 터져 사회의 비상한 관심 아래 그 수사가 진행되고 있었던 시점이었다. 이러한 상황하에서 헌법재판소의 수차례의 평의가 진행되는 과정에서 검찰의 결정의 위헌여부에 관하여 격론이 벌어졌었으나, 전 대통령 노태우의 구속 이후(11월 17일) 11월 23일의 평의 및 최종 평의이었던 11월 27일의 평의에서는 아무도 소수의견을 내지 않고 일치된 견해를 보인 것으로 전해지고 있다.[164)]

164) 동아일보 1995. 11. 28.자 참조.

그리고 헌법재판소의 각하결정의 다수의견은 형식적인 법규정에 따라 각하결정을 한 것으로 보이지만, 이례적으로 각하결정 및 반대의견에 대하여 TV의 중계를 허용하는 등, 결정내용은 각하로 하되 반대의견을 생중계의 형식으로 공표함으로써 정치적 사회적 효과를 극대화하려는 모습을 보이기도 하였다.

헌법재판소의 결정내용 중 반대의견에 관하여 살펴보면, 먼저, 헌법소원제도가 개인적인 권리구제뿐만 아니라 객관적인 헌법질서의 수호 유지를 그 기능으로 하고 있다는 점과 그에 따라 당사자처분주의의 예외로 될 수 있다는 점은 타당하다고 할 것이다. 따라서 청구인의 소원취하가 있더라도 각하결정이 아닌 본안에 관한 결정의 선고를 하여야 한다는 주장은 타당하다고 할 것이다.

다음에 이른바 「성공한 내란」의 가벌성 여부에 관한 판단에서는 약간의 불명확함이 엿보인다. 즉 제 5 공화국 헌법의 성립과정에서의 국민투표가 내란행위에 대한 승인을 한 것이 아니라는 점을 인정하면서도 그 제 5 공화국 헌법하에서 대통령을 역임하였다는 점은 인정하고 있는 것이다. 앞서 12·12 사건에 대한 헌법재판소의 결정의 평석에서도 본 바와 같이, 현행 헌법상의 대통령이라는 지위와 정당성을 갖지 못한다고 주장하는 제 5 공화국 헌법상의 대통령이라는 지위를 동일하게 보고 있는 것이다.

또한 전 대통령 노태우의 당선에 대해서도 헌법 자체의 정당성의 문제로 평가하지 아니하고 단순히 국민의 상대적 다수의 지지를 얻어 대통령이 되었다는 것만으로 국민의 승인이 있었다고 볼 수 없다고 하고 있다. 이 점의 결론은 당연하나 노태우가 대통령에 당선된 사실에 대한 평가에 있어서 우리나라의 정치사회의 문제이었지 헌법 자체의 정당성 문제는 아니었다는 점을 간과하고 있는 것이다.

결국 5·18 사건도 12·12 사건과 같이 10·26 이후 새롭게 창출되고 있었던 헌법질서에 대한 반역이라는 의미에서 내란죄로 평가될 수 있는 것이며, 12·12 이후 1988년 2월 25일 현행헌법이 효력을 발생하는 시기까지는 모두 내란의 시기로 평가되어야 하는 것이다.

4) 낙선운동에 대한 헌법재판소의 결정

(1) 사건의 개요

2000년 1월, 전국 412개 단체들로 구성된 '총선시민연대'가 발족하여 16대 4·13 국회의원 선거에 대해 부적절한 후보자에 대한 공천반대, 낙선운동을 전개할 것을 천명하고 4월 3일 공천 반대자 64명과 반인권 전력 및 납세 비리, 저질 언행 관련자 22명 등 모두 86명의 낙선 대상자 명단을 발표했다. 낙천운동은 각 정당의 선거 출마자 결정 과정, 즉 후보자간 경선과정이나 당내 공천심사 과정에서 부적격 인사를 선정·탈락시키고자 하는 운동이고, 낙선운동은 본선과정, 즉 후보등록을 마친 인사 중 부적격 인사를 탈락시키고자 하는 운동이었다.

총선시민연대는 피케팅이나 가두 방송, 현수막 게시 등을 통해 특정후보를 떨어뜨리는 운동을 전개하였고 이에 대해 정치권에서는 총선시민연대의 낙천·낙선운동은 불법이라고 비판하였다. 그러나 총선연대는 낙선운동을 강행하면서 국민적 지지를 얻었다.

결국, 86명의 낙선 대상자 가운데 59명(68.6%)이 떨어졌고, 22명의 집중 낙선 대상자 중의 낙선자는 15명(68.2%)이었다. 특히 수도권에서는 20명의 낙선 대상자 중 19명이 무더기로 떨어져 낙선운동의 위력을 과시하였다.165)

한편, (구)공직선거및선거부정방지법 제87조는 단체(노동조합 제외)는 그 명의 또는 대표의 명의로 특정 정당이나 후보자를 지지·

165) 2000년의 낙천·낙선운동에 대해서는, 조기숙, 16대 총선과 낙선운동—언론보도와 논평을 중심으로(아산재단 연구총서 제93집), 집문당, 2002; 김진국, 총선시민연대 낙선운동 평가, 서원대학교사회과학연구소 편, 사회과학연구 제14권, 2001, pp. 335-351을 참고하라.

반대하거나 지지, 반대하는 것을 권유하는 행위를 할 수 없다고 규정해 시민단체의 낙선운동에 대한 위법성 논란이 일었다. 중앙선거관리위원회는 낙선운동의 지도부를 검찰에 고발하여 낙선운동 지도부 30여 명이 법정에 서게 되었고, 재판과정에서 공직선거및선거부정방지법 제58조, 제59조, 제87조, 제111조, 제254조 등에 대한 위헌법률심판청구가 있었다. 헌법재판소의 결정이 있기 전에 대법원은 낙선운동의 위법성을 인정하여 낙선운동의 지도부에 대한 벌금형을 확정하였다.166)

(2) 헌법재판소의 결정

① 다수의견

「1. 가. 선거운동은 당선을 목적으로 하는 것(이하 당선운동이라 한다)과 낙선을 목적으로 하는 것(이하 낙선운동이라 한다)으로 나누어 볼 수 있고, 낙선운동은 다시 이를 나누어 당선을 목적으로 하여 운동하는 후보자측이, 경쟁 후보자의 낙선을 위하여 수행하는 낙선운동(이하 후보자편의 낙선운동이라 한다)과 당선의 목적 없이 오로지 특정후보자의 낙선만을 목적으로 하여 후보자편 이외의 제 3 자가 벌이는 낙선운동(이하 제 3 자편의 낙선운동이라 한다)으로 분류할 수 있으나 우선 첫째로 제 3 자편의 낙선운동이 실제로 선택하는 운동의 방법이나 형식은 후보자편의 낙선운동이 취하는 운동의 방법, 형식과 다를 것이 없고 둘째로 제 3 자편의 낙선운동의 효과는 경쟁하는 다른 후보자의 당선에 크건 작건 영향을 미치게 되고 경우에 따라서는 제 3 자편의 낙선운동이 그 명분 때문에 후보자편의 낙선운동보다도 훨씬 더 큰 영향을 미칠 수도 있다. 이러한 점들을 생각할 때에, 제 3 자편의 낙선운동은 후보자측이 자기의 당선을 위하여 경쟁 후보자에 대하여 벌이는 낙선운동과 조금도 다를 것이 없다.

나. 객관적으로 구별해내기 어려운 당선의 목적 유무라는 주관적 사유로 양자의 규제를 달리 한다면 공직선거및선거부정방지법의 적용에 큰 어려움을 초래하여 이 법의 목적을 사실상 달성하기 어렵게 할 것

166) 대판 2001. 1. 16. 2000도4576 참조. 이 판결에 대해서는, 이금옥, 선거법상 낙천·낙선운동의 위법성 문제, 공법연구 제29집 제 4 호, 2001, 227면 이하 참조.

이다. 또한 당선의 목적유무라는 것은 객관적으로 명백하게 판정하기 어려운 기준인데 이에 따라 차별적 규제를 한다면, 일부 후보자들이 제 3 자편의 낙선운동을 상대 후보자를 비방하는 데 암묵적으로 악용할 우려가 있다. 나아가 이러한 불분명한 기준의 도입은 단속기관의 자의가 개입할 여지를 열어 주어 선거의 공정을 해할 우려도 있다. 따라서 특정후보자를 당선시킬 목적의 유무에 관계없이, 당선되지 못하게 하기 위한 행위 일체를 선거운동으로 규정하여 이를 규제하는 것은 불가피한 조치로서 그 목적의 정당성과 방법의 적정성이 인정된다.

2. 선거운동이라 함은 특정 후보자의 당선 내지 이를 위한 득표에 필요한 모든 행위 또는 특정 후보자의 낙선에 필요한 모든 행위 중 당선 또는 낙선을 위한 것이라는 목적의사가 객관적으로 인정될 수 있는 능동적, 계획적 행위를 말하는 것으로 풀이할 수 있다. 즉, 단순한 의견개진 등과 구별되는 가별적 행위로서의 선거운동의 표지로 당선 내지 득표(반대후보자의 낙선)에의 목적성, 그 목적성의 객관적 인식가능성, 능동성 및 계획성이 요구된다 할 것이다. 선거운동을 위와 같이 풀이한다면 법집행자의 자의를 허용할 소지를 제거할 수 있고, 건전한 상식과 통상적인 법감정을 가진 사람이면 누구나 그러한 표지를 갖춘 선거운동과 단순한 의견개진을 구분할 수 있을 것이므로 헌법 제12조 제 1 항이 요구하는 죄형법정주의의 명확성의 원칙에 위배된다고 할 수 없다.

3. 기간의 제한 없이 선거운동을 무한정 허용할 경우에는 후보자간의 지나친 경쟁이 선거관리의 곤란으로 이어져 부정행위의 발생을 막기 어렵게 된다. 또한 후보자간의 무리한 경쟁의 장기화는 경비와 노력이 지나치게 들어 사회경제적으로 많은 손실을 가져올 뿐만 아니라 후보자간의 경제력 차이에 따른 불공평이 생기게 되고 아울러 막대한 선거비용을 마련할 수 없는 젊고 유능한 신참 후보자의 입후보의 기회를 빼앗는 결과를 가져올 수 있다. 선거운동의 기간제한은 제한의 입법목적, 제한의 내용, 우리나라에서의 선거의 태양, 현실적 필요성 등을 고려할 때 필요하고도 합리적인 제한이며, 선거운동의 자유를 형해화할 정도로 과도하게 제한하는 것으로 볼 수 없다.

4. 국회의원에게 선거운동기간 개시 전에 의정활동보고를 허용(許容)하는 것은, 국회의원이 국민의 대표로서의 지위에서 행하는 순수한 의정활동보고일 뿐이고 의정활동보고라는 명목하에 이루어지는 형태의

선거운동이 아니며, 다만 후보자 사이의 개별적인 정치활동이나 그 홍보의 기회라는 면에서 현실적인 불균형이 생겨날 가능성이 있으나 이는 국회의원이 가지는 고유한 기능과 자유를 가능한 한 넓게 인정하고 보호하는 결과 생겨나는 사실적이고 반사적인 효과에 불과하므로 평등권 등을 침해한다고 할 수 없다.」

② 반대의견

「공직선거및선거부정방지법 제111조 제 1 항에 의하면, 예비후보자의 지위를 겸한 국회의원은, 국회의원이 아니어서 의정활동 보고를 할 수 없고 선거기간 개시 전의 사전선거운동이 엄격하게 제한되는 일반의 예비후보자에 비하여 사실상 더 긴 기간 동안 더 많은 선거운동의 기회를 갖게되는 불균형이 생기는데, "선거의 공정을 해할 우려"라는 관점에 있어서 그 명목이 선거기간 개시 전의 의정활동 보고라 하여 선거기간 개시 후의 본래의 선거운동과 실질적으로 다를 것이 없다.

더욱이, 제111조 제 1 항은 구 공직선거및선거부정방지법(1995. 12. 30. 법률 제5127호로 개정되기 전의 것, 이하 같다) 제111조가 선거일 전 30일부터 선거일까지 의정활동 보고를 금지하였던 것을 선거기간 개시일부터 선거일까지만 금지하는 것으로 단축하였는바, 국회의원인 예비후보자의 경우 구 공선법 규정에 의하면 의정활동 보고의 허용기간과 선거운동기간 사이에 일정한 간격(대개의 경우 14일)이 있었음에 반하여, 이 법의 규정에 의하면 이러한 간격이 없이(즉 통상 선거기간 개시일에 후보자 등록신청을 하게 되므로) 선거기간 개시일의 전일까지는 의정활동 보고라는 명목으로, 선거기간 개시일부터는 본래의 선거운동으로 계속하여 실질적인 선거운동을 할 수 있다는 점에서, 후보자등록기간(제49조 제 1 항)의 첫날 등록한 경우라도 16일의 선거운동기간 동안만 선거운동을 할 수 있는 원외후보자와의 사이에 사실상 선거운동의 출발시점을 달리하게 된다.

따라서, 제111조 제 1 항에 의하여 생겨나는 위와 같은 선거운동기회의 불균형은 일반의 예비후보자를 국회의원인 예비후보자에 비하여 합리적인 근거 없이 불리하게 차별대우하고 선거운동에 있어서의 기회균등을 박탈한 것이다.」

(3) 평 가

낙선운동에 대한 헌법재판소 결정은, 올바른 국민대표를 선출하기 위한 국민들의 선거운동의 자유를 제한하는 결과를 낳았다는 점에서 민주주의에 대한 중대한 도전으로 평가될 수 있다. 이 점은 이후의 공직선거법 개정을 통해 낙선운동이 부분적으로 허용되었음을 볼 때 더욱 그러하다.

다수의견의 핵심은, 첫째, 제 3 자의 낙선운동은 후보자편의 낙선운동과 동일시할 수 있다는 점, 둘째, 낙선운동의 위법성은 당선목적의 유무와는 상관없이 규제되어야 한다는 점에 기초하고 있다. 그러나 법논리적으로 헌법재판소의 결정은 결정적인 문제를 안고 있다. 선거에 있어서 특정 후보자에 대한 찬반의 견해는 언제나 존재할 수 있고, 그러한 국민의 의사는 자유로이 표현될 수 있어야 한다. 이는 헌법상의 국민주권의 원리, 의회주의 원리, 선거운동의 자유 등에 비추어 당연하다.

헌법재판소의 결정은 선거에 있어서 후보자가 다수일 경우에는 어느 정도 타당성을 가지는 것처럼 보인다. 그러나 후보자가 1인인 경우에는 그 논리적 일관성이 허물어지고 만다. 즉, 후보자가 1인인 경우에도 그 후보자에 대한 낙선운동이 가능하다고 하여야 할 것이고 그러한 경우에는 특정인을 당선시키기 위하여 타 후보자를 낙선시키려는 운동과는 전혀 다른 성격을 갖게 된다. 물론, 현행 공직선거법은 후보자가 1인인 때에는 투표 없이 그 후보자를 당선인으로 결정하도록 하고 있지만,[167] 이는 당선인 결정의 방법에 관한 문제일 뿐, 선거운동에 관한 문제는 아니다. 따라서 후보자가 1인인 경우에 당선방법을 어떻게 정하는가 하는 것은 입법정책의 문제이지 당선 혹은 낙선운동의 허용여부와는 무관한 것이다. 만약에 후보자가 1인인 경우, 투표자 과반수의 득표가 있어야 당선될 수 있다고 정하

167) 공직선거법 제188조 제 2 항, 제 3 항.

고, 그 후보자에 대한 낙선운동을 벌인다면, 그 행위도 위법하다고 할 수 있을 것인가? 헌법재판소의 논리에 따른다면, 당해 행위는 당선시키고자 하는 후보자가 없음에도 불구하고 제 3 자에 의한 당선운동이라고 하여야 하고 따라서 위법이라는 기이한 논리가 되어 버린다.

헌법재판소의 결정은 법논리적으로 일관되어야 함은 두말할 필요가 없다. 헌법재판소 결정의 가장 큰 문제는 적절한 대표선출에 대한 국민의 의사표현을 후보자편의 낙선운동과 동일시함으로써 이를 위법하다고 하여 규제할 수 있다고 판단한 점이다. 이는 국민의 정치적 의사를 대표하는 대표자를 선출함에 있어서의 국민의 정치적 의사표현의 자유를 침해한 것으로 판단될 수밖에 없다.

5) 대통령탄핵기각결정—헌재 2004. 5. 14. 선고 2004헌나1 결정

(1) 사건의 개요

국회는 2004년 3월 12일 제246회 국회임시회 제 2 차 본회의에서 유용태·홍사덕 의원 외 157인이 발의한 '대통령(노무현)탄핵소추안'을 상정하여 271인 중 193인의 찬성으로 가결하였다. 소추위원인 국회 법제사법위원회 위원장 김기춘은 헌법재판소법 제49조 제 2 항에 따라 소추의결서의 정본을 같은 날 헌법재판소에 제출하여 피청구인에 대한 탄핵심판을 청구하였다. 국회의 탄핵소추안에서는, 국법질서 문란, 권력형 부정부패, 국정파탄 등의 사유를 탄핵소추사유로 들고 있으며, 각 사유마다 구체적 사례들을 제시하면서 헌법 혹은 법률의 위반을 주장하였다.168)

국회의 탄핵소추의결을 접한 국민들은 3월 14일부터 대규모의 촛불시위로 탄핵소추의결에 저항하는 모습을 보여주었고, 이 시위는 탄핵기각결정이 내려지던 5월 14일까지 계속 이어졌다. 4월 15일에

168) 탄핵소추의결서는 국회 제246차 본회의회의록 제 2 호(부록) 및 헌법재판소 2004. 5. 14. 선고, 2004헌나1 결정문의 별지 3을 참조하라.

실시된 17대 국회의원 총선거에서는 지역구에서 여당인 열린우리당이 129석, 야당인 한나라당이 100석, 민주당이 5석, 자민련이 4석, 민주노동당이 2석, 국민통합21 1석 등을 획득하였는데,[169] 비례대표를 합쳐서 여당인 열린우리당이 총 152석의 의석을 확보하였다.

소추사유를 요약하면 다음과 같다.

> (1) 탄핵사유에는 공무원이 직무집행에 있어서 헌법이나 법률조항에 위배된 행위뿐만 아니라 직무집행과 관련된 부도덕이나 정치적 무능력·정책결정상의 과오도 해당된다. 공무원의 직무집행에 있어서 헌법이나 법률에 위배한 '모든' 행위가 탄핵대상이며 '중대한' 위반행위만이 탄핵대상이 되는 것은 아니다. 가사 탄핵제도의 남용을 방지하기 위하여 '중대한 위반행위'로 제한하는 것이 필요하다고 하더라도, 대통령이 헌법상의 의무를 위반하거나 불성실하게 대통령으로서의 직책을 수행하는 것은 다른 위반행위와 달리 헌법이나 법률에 중대하게 위배된 경우임이 명백하다. 한편 대통령의 취임 전 행위도 탄핵대상이 된다.
>
> (2) 대통령의 직무집행에 있어서의 헌법 또는 법률위반행위가 파면까지 가야 할 중대한 것인지 여부를 판단할 권한은 국민이 직접 선출한 국회에 부여되어 있고, 헌법재판소의 심판범위는 탄핵소추절차의 합헌성·적법성 여부와 탄핵소추된 구체적 위반행위 사실의 존재여부에 한정된다.
>
> (3) 피청구인은 대통령 취임전은 물론 취임 이후에도, 대통령으로서의 자질과 자유민주적 기본질서의 수호의지를 의심케 하고 국론분열을 조장하는 발언 등을 계속 반복적으로 하였다. 또한 수사에 개입하거나 압력을 가함으로써 검찰의 정치적 중립성 및 독립성을 저해하였다. 피청구인은 특정 정당을 위한 불법선거운동을 계속해 왔고 이로 인해 2004. 3. 3. 헌법기관인 중앙선거관리위원회로부터 헌정사상 처음으로 현직 대통령으로서 공선법을 위반했다는 판정과 경고조치를 받았음에도 불구하고 오히려 그 경고를 무시하고 앞으로도 계속해서 선거법에 관계없이 특정정당을 공개 지원하겠다고 하여 법치주의를 정면으로 부정하는 반헌법적인 태도를 보이고 있다.
>
> 또한 피청구인은 당선을 전후하여 측근들이 행한 수많은 불법자금수

---

169) 중앙선거관리위원회 역대선거정보시스템 사이트 참조.

수 및 횡령사건에 직·간접적으로 관여함으로써 정치자금에관한법률 제30조(불법정치자금 수수행위 처벌), 형법 제123조(직권남용죄), 제129조(수뢰죄) 등 각종 법률을 위반하였고 일부 측근비리와 관련하여서는 헌법상 불가능한 국민투표에 의한 재신임문제를 주장하였으며, 불법대선자금과 관련하여서는 일정규모가 넘으면 정계를 은퇴하겠다고 공언하였으면서도 이를 이행하지 않음으로써 헌법 제69조(헌법준수의무) 등 헌법과 법률을 위반하였다.

나아가 한 나라의 대통령으로서 무엇보다도 국민통합과 경제발전 및 국민복리의 증진에 힘써야 함에도 이러한 헌법적 책무를 저버린 채 우리 사회 내 여러 계층간의 반목과 질시를 조장하는 발언을 하여 국론을 분열시켰으며, '성장과 분배'간 정책목표의 불확실성·정책당국자간 혼선 등으로 경제 불안을 가중시키고, 경기침체 및 대규모 청년실업 등을 초래하여 국민경제와 민생을 도탄에 빠지게 하고 국민에게 IMF 외환위기 때보다 더 극심한 고통과 불행을 안겨줌으로써 헌법 제10조(국민의 행복추구권 보장의무), 제69조(국민복리증진을 위하여 성실히 직책을 수행할 의무)를 위반하였다.

국회는 더 이상 이를 방치할 수 없어 부득이하게 헌법을 수호하고 국민의 행복과 나라의 장래를 위해, 헌법과 법률을 위반한 대통령의 실정에 대하여 현행 헌법상 직접적으로 책임을 추궁하고 견제를 할 수 있는 유일한 수단인 탄핵소추를 의결한 것이다.

피청구인의 답변 요지는 다음과 같다.

(1) 적법요건에 관하여 이 사건에서 국회가 탄핵소추의 사유와 증거가 미비한 상태에서 탄핵소추를 졸속으로 의결하여 대통령의 권한을 정지시키고, 헌법재판소에서 탄핵소추의 사유와 증거를 조사하려고 기도하는 것은 탄핵소추권의 남용이다.

한나라당과 새천년민주당은 탄핵소추안의 의결에 참여하지 않는 소속 국회의원들을 출당시키겠다고 협박하였고, 의결에 참가한 국회의원들은 개표소에 커튼이 드리워지지 않은 상태에서 투표를 하였으며, 일부는 투표함에 넣기 전 기표내역을 소속 정당 총무에게 보여주어 공개투표를 하였다. 또한 국회의장은 대리투표를 하였다.

국회의장은 교섭단체인 열린우리당의 대표의원과 협의절차를 거치지 않고 일방적으로 본회의 개의시각을 오후 2시에서 오전 10시로 변경하였다.

국회의장은 열린우리당 소속 국회의원들이 투표에 응할 것인지 여부에 관하여 신중히 상황판단을 함이 없이 한나라당, 민주당 및 자민련 소속 국회의원들의 투표가 종료되자 서둘러 일방적으로 투표종료를 선언하여 열린우리당 소속 국회의원들의 표결권을 침해하였다.

국회의장은 탄핵소추안 심의과정에서 제안자의 취지 설명 없이 유인물을 배포하고 질의와 토론절차를 생략한 채 표결을 강행함으로써 국회법 제93조를 위반하여 국회의원들의 질의 및 토론권을 침해하였다.

이 사건 탄핵소추의결서에서는 피청구인에 대한 탄핵소추사유가 크게 3가지로 구성되어 있는데, 국회가 3가지의 탄핵소추사유 각각에 대하여 개별적인 질의·토론과 표결절차를 거치지 않고 하나의 안건으로 보아 한 차례의 표결로 탄핵소추안을 가결시킨 것은 국회의원의 심의·표결권을 침해하는 것으로서 헌법에 위반된다.

피청구인은 국회의 탄핵소추절차에서 아무런 고지나 의견제출 기회를 받지 못함으로써 적법절차를 위반하였다.

(2) 본안에 관하여 　대통령에 대한 탄핵소추와 심판권의 행사는 권력분립의 원칙에 따른 견제와 균형의 테두리를 벗어나지 않도록 대단히 신중하게 이루어져야 한다. 헌법 제65조 제 1 항의 '그 직무집행에 있어서 헌법이나 법률을 위배한 때'는 너무 모호하여 어떤 종류의 위법행위를 어떻게 범해야 탄핵할 수 있다는 것인지 분명하지 않다. 헌법의 기본질서와 가치, 그리고 권력기관들을 둘러싼 제도적·현실적 역학관계를 고려할 때, 대통령 탄핵사유는 '헌법적 가치와 기본질서를 침해하였다고 볼 수 있을 정도의 중대하고도 명백한 헌법과 법률 위배'로 한정하는 것이 옳다.

이 사건 탄핵소추는 실질적으로 민주적 정당성을 상실한 국회가 임기만료를 목전에 두고 국민이 위임한 권한의 범위를 넘어 당리당략과 감정만을 앞세워 한 것이며, 탄핵을 할 정도의 실체적 사유가 없는데도 불구하고 신중한 조사와 숙고, 민주적 토론, 국민에 대한 설득과정 등을 거치지 않고 졸속으로 처리되었다.

탄핵소추의 첫째 사유인 '선거법 위반'의 경우, 대통령은 정당가입이 허용되는 정치적 공무원으로서 공선법 제 9 조의 적용대상이 아니며, 그렇지 않더라도 그 발언내용들은 공선법에 위반된다고 보기 어렵다.

둘째 소추사유인 '측근비리'는 상당수가 취임전의 일이며 대통령은 이를 교사하거나 방조하는 등 가담한 일이 없고 그러한 사실이 밝혀진 바도 없어 탄핵요건에 해당되지 않는다.

셋째 소추사유인 이른바 '국정파탄' 부분은 사실과 다를 뿐 아니라, 사실이라 하더라도 대통령의 정치적 무능력이나 정책결정상 잘못은 탄핵사유가 되지 않는다.

(2) 헌법재판소의 결정 요약

① 탄핵소추의 적법여부에 관한 판단

가. 국회의 의사절차 자율권　　국회의 의사절차나 입법절차에 헌법이나 법률의 규정을 명백히 위반한 흠이 있는 경우가 아닌 한, 그 자율권은 권력분립의 원칙이나 국회의 위상과 기능에 비추어 존중되어야 하며, 본회의의 의사절차에 다툼이 있거나 정상적인 의사진행이 불가능한 경우에 의사진행과 의사결정에 대한 방법을 선택하는 문제는 국회의장이 자율적으로 결정하여야 할 사항으로서, 그 재량의 한계를 현저하게 벗어난 것이 아닌 한 존중되어야 하므로 헌법재판소도 이에 관여할 수 없는 것이 원칙이다.

나. 국회에서의 충분한 조사 및 심사가 결여되었다는 주장, 투표의 강제, 투표내역의 공개, 국회의장의 대리투표가 이루어졌다는 주장, 본회의 개의시각이 무단 변경되었다는 주장, 투표의 일방적 종료가 선언되었다는 주장, 질의 및 토론절차가 생략되었다는 주장, 탄핵소추사유별로 의결하지 않았다는 주장 등은 모두 이유 없다.

다. 적법절차원칙에 위배되었다는 주장　　국회의 탄핵소추절차는 국회와 대통령이라는 헌법기관 사이의 문제이고, 국회의 탄핵소추의결에 의하여 사인으로서의 대통령의 기본권이 침해되는 것이 아니라, 국가기관으로서의 대통령의 권한행사가 정지되는 것이다. 따라서 국가기관이 국민과의 관계에서 공권력을 행사함에 있어서 준수해야 할 법원칙으로서 형성된 적법절차의 원칙을 국가기관에 대하여 헌법을 수호하고자 하는 탄핵소추절차에는 직접 적용할 수 없다고 할 것이므로, 국회의 탄핵소추절차가 적법절차원칙에 위배되었다는 주장은 이유 없다.

② 헌법 제65조의 탄핵심판절차의 본질 및 탄핵사유

가. 탄핵심판절차는 행정부와 사법부의 고위공직자에 의한 헌법침해

로부터 헌법을 수호하고 유지하기 위한 제도이다.

헌법 제65조에서 탄핵소추의 사유를 '헌법이나 법률에 대한 위배'로 명시하고 헌법재판소가 탄핵심판을 관장하게 함으로써 탄핵절차를 정치적 심판절차가 아니라 규범적 심판절차로 규정하였고, 이에 따라 탄핵제도의 목적이 '정치적 이유가 아니라 법위반을 이유로 하는' 대통령의 파면임을 밝히고 있다.

나. 헌법 제65조는 탄핵사유를 헌법위반에 제한하지 아니하고 헌법과 법률에 대한 위반으로 규정하고 있다. 대통령의 직무상 행위는 법령에 근거한 행위뿐만 아니라, '대통령의 지위에서 국정수행과 관련하여 행하는 모든 행위'를 포괄하는 개념으로서, 예컨대 각종 단체·산업현장 등 방문행위, 준공식·공식만찬 등 각종 행사에 참석하는 행위, 대통령이 국민의 이해를 구하고 국가정책을 효율적으로 수행하기 위하여 방송에 출연하여 정부의 정책을 설명하는 행위, 기자회견에 응하는 행위 등을 모두 포함한다.

'헌법'에는 명문의 헌법규정뿐만 아니라 헌법재판소의 결정에 의하여 형성되어 확립된 불문헌법도 포함된다. '법률'이란 단지 형식적 의미의 법률 및 그와 등등한 효력을 가지는 국제조약, 일반적으로 승인된 국제법규 등을 의미한다.

③ 피청구인이 직무집행에 있어서 헌법이나 법률에 위반했는지의 여부

가. 대통령의 2004. 2. 18. 경인지역 6개 언론사와의 기자회견에서의 발언, 2004. 2. 24. 한국방송기자클럽 초청 대통령 기자회견에서의 발언은 공선법 제 9 조의 공무원의 중립의무에 위반하였다.

나. 2004. 3. 4. 중앙선거관리위원회의 선거법 위반결정에 대한 대통령의 행위는 법치국가이념에 위반되어 대통령의 헌법수호의무에 위반하였고, 2003. 10. 13. 대통령의 재신임 국민투표 제안행위는 헌법 제72조에 반하는 것으로 헌법수호의무에 위반하였다.

④ 피청구인을 파면할 것인지의 여부

가. 헌법재판소법 제53조 제 1 항의 해석 　　헌법재판소법 제53조 제1항의 '탄핵심판청구가 이유 있는 때'란, 모든 법위반의 경우가 아니

라, 단지 공직자의 파면을 정당화할 정도로 '중대한' 법위반의 경우를 말한다.

나. '법위반의 중대성'에 관한 판단 기준

(1) 파면결정을 할 것인지의 여부는 공직자의 '법위반 행위의 중대성'과 '파면결정으로 인한 효과' 사이의 법익형량을 통하여 결정된다고 할 것이다. '법위반의 중대성'이란 '헌법질서의 수호의 관점에서의 중대성'을 의미하는 것이다. 따라서 '법위반이 어느 정도로 헌법질서에 부정적 영향이나 해악을 미치는지의 관점'과 '피청구인을 파면하는 경우 초래되는 효과'를 서로 형량하여 탄핵심판청구가 이유 있는지의 여부, 즉 파면여부를 결정해야 한다.

(2) 대통령의 경우, 국민의 선거에 의하여 부여받은 '직접적 민주적 정당성' 및 '직무수행의 계속성에 관한 공익'의 관점이 파면결정을 함에 있어서 중요한 요소로서 고려되어야 하며, 대통령에 대한 파면효과가 이와 같이 중대하다면, 파면결정을 정당화하는 사유도 이에 상응하는 중대성을 가져야 한다. 대통령의 경우에는 파면결정의 효과가 지대하기 때문에 파면결정을 하기 위해서는 이를 압도할 수 있는 중대한 법위반이 존재해야 한다.

(3) 대통령의 파면을 요청할 정도로 '헌법수호의 관점에서 중대한 법위반'이란, 자유민주적 기본질서를 위협하는 행위로서 법치국가원리와 민주국가원리를 구성하는 기본원칙에 대한 적극적인 위반행위를 뜻하는 것이고, '국민의 신임을 배반한 행위'란 '헌법수호의 관점에서 중대한 법위반'에 해당하지 않는 그 외의 행위유형까지도 모두 포괄하는 것으로서, 자유민주적 기본질서를 위협하는 행위 외에도, 예컨대, 뇌물수수, 부정부패, 국가의 이익을 명백히 해하는 행위가 그의 전형적인 예라 할 것이다.

대통령의 직을 유지하는 것이 더 이상 헌법수호의 관점에서 용납될 수 없거나 대통령이 국민의 신임을 배신하여 국정을 담당할 자격을 상실한 경우에 한하여, 대통령에 대한 파면결정은 정당화되는 것이다.

다. 이 사건의 경우 파면결정을 할 것인지의 여부　　문제되는 대통령의 법위반 사실은 크게 기자회견에서 특정 정당을 지지하는 발언을 함으로써 선거에서의 '공무원의 중립의무'에 위반한 사실과, 중앙선거관리위원회의 선거법 위반결정에 대하여 유감을 표명하고 현행 선거법을 폄하하는 발언을 하고 재신임 국민투표를 제안함으로써 법치국가

이념 및 헌법 제72조에 반하여 대통령의 헌법수호의무를 위반한 사실로 나누어 볼 수 있다.

대통령은 특정 정당을 지지하는 발언을 함으로써 '선거에서의 중립의무'를 위반하였고, 이로써 국가기관이 국민의 자유로운 의사형성과정에 영향을 미치고 정당간의 경쟁관계를 왜곡해서는 안 된다는 헌법적 요청에 위반하였다.

그러나 이와 같은 위반행위는 자유민주적 기본질서를 구성하는 '의회제'나 '선거제도'에 대한 적극적인 위반행위에 해당한다고 할 수 없으며, 이에 따라 공선법 위반행위가 헌법질서에 미치는 부정적 영향은 크다고 볼 수 없다.

대통령이 현행 선거법을 '관권선거시대의 유물'로 폄하하는 취지의 발언을 한 것은 자유민주적 기본질서에 역행하고자 하는 적극적인 의사를 가지고 있다거나 법치국가원리를 근본적으로 문제 삼는 중대한 위반행위라 할 수 없다.

대통령이 재신임 국민투표를 제안한 것은 민주주의원리를 구성하는 헌법상 기본원칙에 대한 적극적인 위반행위라 할 수 없고, 이에 따라 헌법질서에 미치는 부정적인 영향이 중대하다고 볼 수 없다.

결론적으로, 대통령의 법위반행위가 헌법수호의 관점에서 중대한 의미를 가진다고 볼 수 없고, 또한 대통령에게 부여한 국민의 신임을 임기 중 다시 박탈해야 할 정도로 국민의 신임을 저버린 경우에 해당한다고도 볼 수 없으므로, 대통령에 대한 파면결정을 정당화하는 사유가 존재하지 않는다.

⑤ 결　론

가. 이 심판청구는 탄핵결정에 필요한 재판관 수의 찬성을 얻지 못하였으므로 이를 기각하기로 하여, 주문과 같이 결정한다.

나. 탄핵심판에 관해서는 평의의 비밀에 대한 예외를 인정하는 법률규정이 없다. 따라서 이 탄핵심판사건에 관해서도 재판관 개개인의 개별적 의견 및 그 의견의 수 등을 결정문에 표시할 수는 없다고 할 것이다.

탄핵심판에 있어 의견을 표시할지 여부는 관여한 재판관의 재량판단에 맡기는 의미로 보아 해석해야 할 것이므로 다수의견과 다른 의견도 표시할 수 있다는 견해가 있었다.

(3) 평 가

헌법재판소의 결정이 내려진 후, 많은 헌법학자와[170] 정치학자들이[171] 헌법재판소의 결정에 대하여 비판적인 견해들을 제시하였다. 대부분의 학자들은 현행헌법상의 탄핵제도가 정치하지 못한 점을 지적하면서 아울러 헌법재판소의 결정에 대하여 논리적으로 문제를 안고 있음을 강하게 질타하였다.[172]

탄핵소추가 일종의 극약처방임을 잘 알면서도 이를 강행한 것은 이성적 판단보다는 감정적 판단이 앞섰을 수도 있지만,[173] 그럼에도 불구하고 탄핵이라는 헌법적 수단보다는 정치적 해결책을 모색하는 것이 더욱 바람직하였다고 판단된다. 더욱이 헌법재판소가 대통령 노무현의 탄핵사유들이 헌법 및 법률에 위반되었다고 하면서도 그 중대성을 인정할 수 없다고 하여 탄핵을 기각한 것은 전혀 앞뒤가 맞지 아니하다. 즉, 헌법을 위반하였다면 그 자체 중대성은 당연

170) 강경근, 대통령 탄핵심판 기각결정, 고시연구 2004. 6.; 김종철, 노무현대통령탄핵심판사건에서 헌법재판소의 주요논지에 대한 비판적 검토, 세계헌법학회 한국학회 편, 세계헌법연구 제 9 호, 2004.; 박종보, 국회의 대정부통제권—대통령탄핵을 중심으로, 한국공법학회 편, 공법연구, 제32집 제 5 호, 2004. 6.; 송기춘, 우리 헌법상 대통령 탄핵제도에 관한 소고, 한국공법학회 편, 공법연구, 제32집 제 5 호, 2004. 6.; 동, 대통령노무현탄핵심판사건결정(헌법재판소 2004. 5. 14. 선고, 2004헌나1)의 몇 가지 문제점(판례평석), 민주법학 제26호, 2004.; 장영수, 대통령탄핵의 헌법적 쟁점과 우리의 과제, 심천 계희열교수 정년기념논문집, 대통령탄핵의 헌법적 쟁점과 우리의 과제, 2004; 정종섭, 탄핵제도와 헌법디자인, 법과사회이론학회 편, 법과 사회, 2006.; 동, 탄핵심판에 있어 헌법재판소의 탄핵여부결정권(판례평석), 서울대 법학연구소 편, 법학(중범 김동희 교수 정년기념호), 2005.; 조홍석, 탄핵결정의 법리적 의미, 비교공법학회 편, 공법학연구, 제 5 권 제 2 호, 2004.; 차강진, 대통령에 대한 탄핵심판, 비교공법학회 편, 공법학연구, 제 5 권 제 3 호, 2004, 189면 이하; 한수웅, 대통령에 대한 탄핵심판절차, 한국헌법학회 편, 헌법학연구, 제11권 제 1 호, 2005. 3. 등 참조.

171) 박명림, 헌법, 헌법주의, 그리고 한국 민주주의, 한국정치학회보, 제39집 제 1 호; 최한수, 노무현 대통령탄핵에 관한 소고, 대한정치학회보, 13집 3호, 2006 등 많은 글들이 있다.

172) 위 주 161)에 언급한 학자들은 중립적인 입장에서 기각사실만을 요약하는 견해는 있어도 탄핵기각을 반대한 견해는 거의 없다.

173) 장영수, 위의 글, 47면.

히 담보되어야 하는데도 불구하고 '헌법에 위반되었으나 중대하지 않다'고 하는 논리적 모순을 범하고 있는 것이다.[174]

한편, 탄핵소추가 있은 후 엄청난 수의 사람들이 연일 촛불시위를 통해 적극적인 탄핵반대 의사를 표명한 것도 헌법적으로 많은 문제를 야기하고 있다. 헌법재판소의 결정문에서는 촛불시위에 대해서는 한마디의 언급이 없기 때문에, 촛불시위가 헌법재판소의 결정에 어떠한 영향을 미쳤는지는 판단하기 매우 어렵지만, 헌법재판소가 촛불시위를 전혀 의식하지 않았다고 판단하는 것은 너무도 단순한 인식일 것이다. 사실 헌법재판소도 탄핵소추의 상황에 대한 국민적 저항에 대하여 이를 의식하는 듯한 고뇌를 보여주기도 하였다. 즉, 탄핵심판에서의 재판관의 개별적인 의견표명과 의견의 수에 대하여 표명하지 않을 수 있다고 한 것이다. 의견표명 및 의견의 수에 대하여 이를 비밀에 부친 것은 헌법재판관들의 책임회피라고 함이 타당할 것이다.

탄핵소추와 관련하여 또 한 가지 언급할 것은 직선대통령과 의회의 충돌, 즉 의회와 시민사회의 충돌의 문제이다.[175] 대의민주주의제도 하에서 내재하고 있는 국민주권과 의회주권 사이의 충돌, 시민권력과 의회권력 사이의 충돌의 문제가 극명하게 드러난 것이 탄핵사태이다. 현행헌법은 이러한 충돌을 헌법재판소에 맡겨두고 있지만, 헌법재판소 재판관들의 의지는 국민의 의사를 번복할 수 있을 만큼 강경하지는 않았던 것으로 판단된다.

6) 신행정수도건설특별법 위헌결정

(1) 사건의 개요

그 동안 우리나라에서는 1990년부터 지방자치제가 실질적으로

---

174) 송기춘, 대통령노무현탄핵심판사건결정(헌법재판소 2004. 5. 14. 선고, 2004헌나1)의 몇 가지 문제점(판례평석), 356면 참조.

175) 박명림, 앞의 글, 262면 이하에서 이를 잘 지적하고 있다.

시행되었음에도 불구하고 국가 전체의 역량이 중앙과 수도권에 집중되는 현상은 결코 해결되지 못한 채 수도권과 지방간의 격차가 점점 더 커지는 현상을 보여 왔다. 현재의 중앙 및 수도권 집중화의 현상은 중앙집권적 전통이라는 역사적인 배경과 함께, 일제의 식민통치에 의해 강화되었고, 해방 이후 일제잔재청산과 좌우대립의 과정에서 독재정권이 자원배분권을 독점하면서 정치권력의 주변에 기형적인 경제적·사회적 집중이 이루어졌던 것이다.[176] 결국 오늘날의 지역불균형문제는 중앙정부가 '의도적으로 만들어낸' 문제이지 '불가피하게 파생적으로 나온' 문제가 아니며, 또한 현재의 구조 속에서 '앞으로 점차 시정되어갈' 문제가 아니라 현재의 구조를 근본적으로 재검토하고 변화시키지 않는 한, '앞으로 점점 더 악화될 수밖에 없는' 문제인 것이다.[177]

이러한 문제인식에서 출발하여 2000년부터 수도권집중의 분산과 지방분권을 위한 각계의 노력이 이어졌으며,[178] 2003년 출범한 참여정부에서는 새로운 국가발전전략으로 '지방화를 통한 선진화'를 설정하고 지방분권과 국가균형발전을 12대 국정과제 중의 하나로 설정하고, 이를 위한 법제를 정비하여, 2003년 12월 29일, 극회의원 194명 중 167명의 압도적 찬성으로 3대 특별법을 제정하였다. 지방분권특별법(법률 제7060호), 국가균형발전특별법(법률 제7061호), 신행정수도의건설을위한특별조치법(법률 제7062호)의 세 법률이 그것

176) 소영진, 지방분권을 위한 정책과제, 대통령자문정책기획위원회 2001년도 정책과제, 「지역균형발전과 NGO의 역할」 제 2 장 수록 논문, 1면.

177) 위의 글, 1-2면.

178) 지식인 및 지역의 NGO 그룹의 통합적인 단체로 출범한 지방분권국민운동본부는 2003년 8월 7일, 지방분권 10대의제로 1. 기관위임사무의 폐지 및 특별지방행정기관의 지방이양, 2. 지방소득세, 지방소비세 도입 및 지방교부세 인상, 3. 중앙행정부서 및 행정수도의 지방이전, 4. 지방대학육성특별법 제정 및 인재지역할당제 도입, 5. 지방정치자율성확보를 위한 제도개선, 6. 자치경찰제 도입과 교육자치 개선, 7. 지역금융산업 육성 및 지역발전 특별회계 조성, 8. 주민참정제도의 도입 및 확충, 9. 지역과학 진흥과 기술혁신 촉진, 10. 지역언론육성 및 지역문화·정보 활성화 등을 설정하였다.

이다(2004. 1. 16. 공포, 4. 17. 발효). 이어서, 동 법률에 근거하여 발족한 '신행정수도건설추진위원회'는 2004. 7. 21. 주요 국가기관 중 중앙행정기관 18부 4처 3청을 신행정수도로 이전하고, 국회 등 헌법기관은 자체적인 이전요청이 있을 때 국회의 동의를 구하기로 심의·의결하고, 2004. 8. 11. 충남 연기-공주지역을 신행정수도 입지로 확정하였다.

한편, 서울특별시공무원, 서울시의회의원, 서울시에 주소를 둔 시민 및 전국 각지에 거주하는 국민들로 구성된 일단의 청구인들은 위 법률이 헌법개정 등의 절차를 거치지 않은 수도이전을 추진하는 것이므로 법률 전부가 헌법에 위반되며 이로 인하여 청구인들의 국민투표권, 납세자의 권리, 청문권, 평등권, 거주이전의 자유, 직업선택의 자유, 공무담임권, 재산권 및 행복추구권을 각 침해받았다는 이유로 같은 해 7. 12.(2004헌마554) 및 같은 달 15.(2004헌마566) 위 법률을 대상으로 그 위헌의 확인을 구하는 헌법소원 심판을 각 청구하였다.

(2) 헌법재판소의 결정

헌법재판소는 위 헌법소원이 적법요건을 모두 갖추었으며 달리 적법요건상 흠결이 있다는 사정이 엿보이지 아니하여 심판청구가 적법하다고 한 후, 본안에 관하여 다음과 같이 판단하였다.

① **다수의견**

가. 일반적으로 한 나라의 수도는 국가권력의 핵심적 사항을 수행하는 국가기관들이 집중 소재하여 정치·행정의 중추적 기능을 실현하고 대외적으로 그 국가를 상징하는 곳을 의미한다. 헌법기관들 중에서 국민의 대표기관으로서 국민의 정치적 의사를 결정하는 국회와 행정을 통할하며 국가를 대표하는 대통령의 소재지가 어디인가 하는 것은 수도를 결정하는데 있어서 특히 결정적인 요소가 된다.

나. 이 사건 법률은 국가의 정치·행정의 중추적 기능을 수행하는 국가기관의 소재지로서 헌법상의 수도개념에 포함되는 국가의 수도를

이전하는 내용을 가지는 것이며, 이 사건 법률에 의한 신행정수도의 이전은 곧 우리나라의 수도의 이전을 의미한다.

다. 성문헌법이라고 하여도 그 속에 모든 헌법사항을 빠짐 없이 완전히 규율하는 것은 불가능하고, 형식적 헌법전에는 기재되지 아니한 사항이라도 이를 불문헌법 내지 관습헌법으로 인정할 소지가 있다. 강제력이 있는 헌법규범으로서 인정되려면 엄격한 요건들이 충족되어야만 하며, 이러한 요건이 충족된 관습만이 관습헌법으로서 성문의 헌법과 동일한 법적 효력을 가진다.

라. 관습헌법도 성문헌법과 마찬가지로 주권자인 국민의 헌법적 결단의 의사의 표현이며 성문헌법과 동등한 효력을 가진다고 보아야 한다. 국민에 의하여 정립된 관습헌법은 입법권자를 구속하며 헌법으로서의 효력을 가진다.

마. 관습헌법이 성립하기 위하여서는 관습이 성립하는 사항이 단지 법률로 정할 사항이 아니라 반드시 헌법에 의하여 규율되어 법률에 대하여 효력상 우위를 가져야 할 만큼 헌법적으로 중요한 기본적 사항이 되어야 한다. 일반적인 헌법사항 중 과연 어디까지가 이러한 기본적이고 핵심적인 헌법사항에 해당하는지 여부는 일반추상적인 기준을 설정하여 재단할 수는 없고, 개별적 문제사항에서 헌법적 원칙성과 중요성 및 헌법원리를 통하여 평가하는 구체적 판단에 의하여 확정하여야 한다.

바. 관습헌법이 성립하기 위하여서는, 첫째, 기본적 헌법사항에 관하여 어떠한 관행 내지 관례가 존재하고, 둘째, 그 관행은 국민이 그 존재를 인식하고 사라지지 않을 관행이라고 인정할 만큼 충분한 기간 동안 반복 내지 계속되어야 하며(반복·계속성), 셋째, 관행은 지속성을 가져야 하는 것으로서 그 중간에 반대되는 관행이 이루어져서는 아니되고(항상성), 넷째, 관행은 여러 가지 해석이 가능할 정도로 모호한 것이 아닌 명확한 내용을 가진 것이어야 한다(명료성). 또한 다섯째, 이러한 관행이 헌법관습으로서 국민들의 승인 내지 확신 또는 폭넓은 컨센서스를 얻어 국민이 강제력을 가진다고 믿고 있어야 한다(국민적 합의).

사. 수도를 설정하거나 이전하는 것은 국회와 대통령 등 최고 헌법기관들의 위치를 설정하여 국가조직의 근간을 장소적으로 배치하는 것으로서, 국가생활에 관한 국민의 근본적 결단임과 동시에 국가를 구성하는 기반이 되는 핵심적 헌법사항에 속한다.

아. 서울이 바로 수도인 것은 국가생활의 오랜 전통과 관습에서 확고하게 형성된 자명한 사실 또는 전제된 사실로서 모든 국민이 우리나라의 국가구성에 관한 강제력 있는 법규범으로 인식하고 있는 것이다.

자. 서울이 우리나라의 수도인 것은 우리나라의 국가생활에 있어서 전통적으로 형성되어 있는 계속적 관행이라고 평가할 수 있고(계속성), 이러한 관행은 변함 없이 오랜 기간 실효적으로 지속되어 중간에 깨어진 일이 없으며(항상성), 서울이 수도라는 사실은 우리나라의 국민이라면 개인적 견해 차이를 보일 수 없는 명확한 내용을 가진 것이며(명료성), 나아가 이러한 관행은 오랜 세월간 굳어져 와서 국민들의 승인과 폭넓은 컨센서스를 이미 얻어(국민적 합의) 국민이 실효성과 강제력을 가진다고 믿고 있는 국가생활의 기본사항이라고 할 것이다. 따라서 서울이 수도라는 점은 관습헌법으로 성립된 불문헌법에 해당한다.

차. '서울이 수도인 사실'은 헌법적 효력을 가지는 불문의 헌법규범으로 승화된 것이며, 사실명제로부터 당위명제를 도출해 낸 것이 아니라 그 규범력에 대한 다툼이 없이 이어져 오면서 그 규범성이 사실명제의 뒤에 잠재되어 왔을 뿐이다.

카. 관습헌법도 헌법의 일부로서 성문헌법의 경우와 동일한 효력을 가지기 때문에 그 법규범은 최소한 헌법 제130조에 의거한 헌법개정의 방법에 의하여만 개정될 수 있다. 따라서 재적의원 3분의 2 이상의 찬성에 의한 국회의 의결을 얻은 다음(헌법 제130조 제 1 항) 국민투표에 붙여 국회의원 선거권자 과반수의 투표와 투표자 과반수의 찬성을 얻어야 한다(헌법 제130조 제 3 항).

타. 헌법개정의 절차를 거치지 아니한 채 수도를 이전하는 것을 내용으로 한 이 사건 법률을 제정하는 것은 헌법개정사항을 헌법보다 하위의 일반 법률에 의하여 개정하는 것이 된다. 한편 헌법 제130조에 의하면 헌법의 개정은 반드시 국민투표를 거쳐야만 하므로 국민은 헌법개정에 관하여 찬반투표를 통하여 그 의견을 표명할 권리를 가진다. 그런데 이 사건 법률은 헌법개정사항인 수도의 이전을 헌법개정의 절차를 밟지 아니하고 단지 단순법률의 형태로 실현시킨 것으로서 결국 헌법 제130조에 따라 헌법개정에 있어서 국민이 가지는 참정권적 기본권인 국민투표권의 행사를 배제한 것이므로 동 권리를 침해하여 헌법에 위반된다.

② 별개의견(김영일)

가. 수도이전에 관한 의사결정은 헌법 제72조 국민투표의 대상이다.

수도이전에 관한 의사결정은 헌법 제72조가 정한 '국방 · 통일 기타 국가안위에 관한 정책'에 해당한다. 따라서 수도이전에 관한 의사결정은 헌법 제72조가 정한 '외교 · 국방 · 통일 기타 국가안위에 관한 중요 정책'에 해당하여 국민투표의 대상이 된다.

대통령의 국민투표부의행위는 자유재량행위이지만, 수도이전에 관한 의사결정을 국민투표에 붙이지 아니하는 것은 재량권을 일탈 · 남용한 것으로서 재량권이 부여된 근거되는 법규범인 헌법 제72조에 위반된다.

수도이전에 관한 의사결정을 국민투표에 붙이지 아니하는 것은 합리성을 결하였음이 객관적으로 명백하여 자의금지원칙에 반하고, 또 국민들은 수도이전문제를 국민투표에 붙이리라는 신뢰와 대의기관이 국민들의 의사에 반하여 행동하지는 않으리라는 신뢰를 가지고 있음을 추인할 수 있어 신뢰보호원칙에도 반하므로, 이를 국민투표에 붙이지 아니하는 것은 재량권을 일탈 · 남용하는 것이다.

이 사건 법률은 수도이전에 관한 국가의사를 결정함에 있어 국민투표를 확정적으로 배제하는 내용이고, 또한 대통령의 법률안제출행위에 있는 헌법 제72조를 위반한 흠이 그 자체로 법률제정의 흠이라고 평가되거나 적어도 국회의 법률안의결행위에 승계되어 법률제정에 흠이 있게 되어, 국민의 한사람들인 청구인들은 이 사건 법률의 제정 · 시행으로 헌법 제72조의 국민투표권을 침해당하였다.

③ 반대의견(전효숙)

가. 헌법상 수도의 위치가 반드시 헌법제정권자나 헌법개정권자가 직접 결정해야 할 사항이라 할 수 없다.

"서울이 수도"라는 관행적 "사실"에서 관습헌법이라는 "당위규범"이 인정될 수 없다.

관습헌법은 성문헌법으로부터 동떨어져 성립하거나 존속할 수 없고 항상 성문헌법의 여러 원리와 조화를 이룸으로써만 성립하고 존속하는 "보완적 효력"만을 지닌다. 이러한 법리는 관습헌법의 내용이 "중요한 헌법사항"이라 하더라도 동일하다.

관습헌법의 변경은 헌법의 개정에 속하지 않으며 헌법이 마련한 대의민주주의 절차인 법률의 제정, 개정을 통하여 다루어질 수 있다.

이 사건 법률은 국회의원들의 압도적 다수로 통과되었는데, 헌법적 측면에서 그것이 "국회의원들의 권한이 아니다"고 단정할 수 없는 것이다.

이러한 이유에서 이 사건 법률이 헌법 제130조 제 2 항의 국민투표권을 침해할 가능성은 없다.

나. 헌법 제72조는 대통령에게 '국가안위에 관한 중요정책'의 국민투표를 실시할 것인지 여부에 관하여 재량을 주고 있는데, 사안의 중대성에 따라 그 재량이 달라진다고 해석할 수 없다. 또한 그러한 재량은 헌법이 직접 부여한 것이므로, 행정법상의 재량권의 일탈·남용 법리는 적용될 수 없다. 따라서 이 사건에서 헌법 제72조의 국민투표권이 침해될 가능성은 없다.

다. 결국 청구인들의 국민투표권 침해 주장은 권리의 침해가능성 자체가 인정되지 않으므로 부적법하다. 청구인들의 다른 기본권 침해 주장 역시 기본권 침해의 자기관련성, 직접성 혹은 현재성 요건을 갖추지 못하였다. 이 사건은 기본권 침해를 구제하기 위한 헌법소원절차에서 헌법재판소가 본안판단을 하기에 부적법한 것이다.

(3) 평 가

헌법재판소의 신행정수도특별법 위헌결정은 국가균형발전과 지방분권이라는 국가목표를 달성하기 위한 가장 효율적인 수단으로 평가받아온 행정수도의 이전계획을 한순간에 원점으로 되돌려 버렸다. 헌법재판소는 국가균형발전과 지방분권이 현 시점에서 얼마나 중요한 정책인가에 대한 판단은 전혀 없이, 소위 '관습헌법'이라는 생경한 개념을 동원하여 신행정수도특별법을 위헌으로 결정함으로써 우리나라의 헌법체계와 법치주의의 이념을 무참히 짓밟아 버린 최악의 결정이었다. 헌법학자들은 관습헌법이라는 헌법재판소의 결정근거에 대하여 극심한 비판을 제기하고,[179] 대한변호사협회에서도 헌법재판

179) 헌법재판소 결정에 대한 반대견해로는, 김상겸, 성문헌법국가에 있어서 관습헌법의 의미에 관한 연구, 헌법학연구, 제11권 1호, 2005, 295면 이하; 전광석, 수도이전특별법 위헌결정에 대한 헌법이론적 검토, 공법연구, 제33집 2호, 2005, 113면 이하; 정연주, 신행정수도의건설을위한특별조치법의 위헌결정에 대한 헌

소의 결정에 대한 토론회를 개최하여(2004. 11. 24.), 헌법재판소의 법논리를 비난하였다. 헌법재판소의 결정이 가진 문제점들을 하나씩 짚어 보면 다음과 같다.

①「**행정수도이전**」 **개념의 과도한 확장** 먼저, 헌법재판소는 심판대상인 신행정수도특별법상의「행정수도이전」이라는 개념을 과도하게 확장하고 있다. 국가의 정치·행정의 중추적 기능을 수행하는 국가기관의 소재지가 수도임을 이유로 하여,「행정수도」를「수도」로 개념확장을 하고 있다.「행정수도이전」은 정치·행정의 중추도시와 경제·사회·문화의 중추도시를 분리함을 의미하는 것이다. 헌법재판소가 행정수도와 수도개념을 동일한 것으로 이해함으로써, 봉건적인 수도개념과 오늘날의 복합적 수도개념을 동일시하여, 복합적 수도개념에서의 행정수도이전을 봉건적인 천도론으로 착각하게 하는 오류를 범하고 있다.

②「**관습헌법**」 **개념의 오해** 헌법재판소의 법논리의 두 번째 문제점은「관습헌법」 개념을 오해하고 있는 점이다. 헌법이론상으로 관습헌법은 헌법적 관습(constitutional conventions)이라고 함이

법적 검토—헌재결 2004. 10. 21., 2004헌마554·666 병합—, 공법학연구, 제 7 권 제 1 호, 2006, 267면 이하; 남복현, 헌법재판소의 이른바 '관습헌법'논리에 대한 비판적 분석(판례평석), 한양법학 제19집, 3면 이하; 양선숙, 수도-서울 명제의 '관습헌법'성립에 대한 비판적 검토, 법철학연구 제 9 권 2호(2006), 231면 이하; 이영록, 수도 및 국기에 관한 관습헌법론 검토, 세계헌법연구 제11권 제 2 호, 2005, 259면 이하; 서경석, 신행정수도의건설을위한특별조치법 위헌결정에 대하여(판례평석), 민주법학 제27호, 2005, 398면 이하; 김배원, 국가정책, 관습헌법과 입법권에 대한 헌법적 고찰, 공법학연구, 제 5 권 제 3 호, 2004, 147면 이하; 방승주, 수도가 서울이라는 사실이 과연 관습헌법인가?, 공법학연구, 제 6 권 제 1 호, 2005, 153면 이하; 김명재, 관습헌법의 성립가능성과 한계, 한국토지공법학회 편, 토지공법연구, 제30집, 2006, 239면 이하; 김기창, 성문헌법과 관습헌법, 한국공법학회, 공법연구 제33호, 2005, 71면 이하; 조재현, 토지공법연구, 제27집, 2005, 387면 이하; 박경철, 국민주권, 국민의 헌법제정권력, 그리고 관습헌법, 헌법학연구 제13권 제 2 호, 2007, 199면 이하 등 참조. 단 다수의견과 유사한 견해로는, 김승대, 헌법관습의 법규범성에 관한 고찰, 헌법논총 제15집, 2004. 12. 133면 이하 참조.

정확한 표현이다. 강학상으로는 헌법적 관습은 영국과 같은 불문헌법국가의 경우에 특히 발달한 것으로서, 성문의 헌법 또는 헌법적 법률은 아니지만, 특정의 사안이 발생했을 때에 따라야 하는 관습(customs), 관행(practices), 법격언(maxims), 법례(precepts), 습속(usages) 등을 총칭하여 일컫는 용어이다. 영국의 유명한 헌법학자 A. V. Dicey는 그 사례로 영국의 공인이라면 반드시 지켜야 하는 것들로서, '하원에서 신임을 얻지 못한 각료는 반드시 사임하여야 한다'라든가, '모든 중요사안에서 하원의 동의를 얻지 못하면 내각은 의회해산을 통하여 국민의 의사를 물을 수 있다'라든가, '하원의 다수를 구성하는 정당의 대표자가 정부의 책임자가 된다'라든가, '의회는 신속한 업무처리를 위하여 일 년에 최소한 1회는 소집되어야 한다'라는 등의 예들을 들고 있다.[180] 이러한 예들은 원칙적으로 국왕의 재량권에 속한 사항들이지만, 국왕이 이 재량권을 행사할 때에는 반드시 따라야 하는 규칙이 있고 이것이 헌법적 관습으로 이해되는 것이다. 이러한 헌법적 관습의 개념을 주목하면 한 가지 분명한 것은 이러한 관습들이 모두 인간의 행위에 관한 사항이라는 점이다. 특정의 사태가 발생했을 때 그 사태에 대응하는 인간의 행위를 어떻게 할 것인지에 관한 기준을 정하고 있는 것이 헌법적 관습이라는 말이다.

우리나라 헌법재판소는 바로 이 점에서 인간의 행위와 사실에 관한 인식을 명백히 혼동하고 있다. 헌법재판소의 결정에서도 지적하고 있는 바와 같이, 관습헌법이 성립하기 위해서는, 기본적 헌법사항에 대한 관행 내지 관례가 존재하여야 하는데(그 외에 반복·계속성, 항상성, 명료성, 국민적 합의 등이 필요하다고 한다), 이 때의 관행 내지 관례는 특정의 사실에 관한 인식이 아니다. 관행 내지 관례라

---

180) A. V. Dicey, Introduction to the Study of the Law of the Constitution, (안경환·김종철 공역, 헌법학입문, 경세원, 1999, 290면 참조).

는 말 자체의 의미도 행위를 전제로 하는 개념이지 사물에 대한 가치판단이나 인식을 전제로 하는 개념은 아니다. 서울이 수도이었고 현재 수도라는 사실은 인식의 대상일 뿐 행위의 대상이 아니다. 우리 국민들이 어제 서울이 수도라고 인식하고 오늘 또다시 서울이 수도라고 반복하여 인식하는가?

헌법재판소의 「관습헌법」개념은 많은 비판적 의견에서 적절히 지적되는 바와 같이, 모든 것을 빨아들이는 블랙홀로 작용할 위험을 안고 있다. 예를 들면, 호주제의 경우, 고려 때부터 이어져 온 우리의 인식사실이자 관행이므로 헌법적 관습의 지위를 갖는다고 하여도 반박할 논리가 없다. 헌법상 남녀평등의 명문규정에 따라 여성에게 호주상속권을 인정하는 한도에서 호주제의 존속을 주장할 수 있고, 헌법개정을 통하지 않고는 영원히 폐지할 수 없다는 결과가 된다.

③ **「관습헌법」의 효력 및 변경방식의 오해** 헌법재판소의 또 하나의 오해는 「관습헌법」의 효력과 변경방식에 관한 오해이다. 서울이 수도라는 사실이 관습헌법이 될 수 없음은 앞에서 본 바이지만, 설령 백보 양보하여 서울이 수도라는 사실을 관습헌법이라 인정하더라도, 이 관습헌법은 어디까지나 보충적인 효력을 가진다는 것이 성문헌법국가의 일반적 헌법이론이다. 반대의견에서 적절히 지적하는 바와 같이, 다수의견은 관습헌법이 성문헌법과 동일한 효력을 가지는 것으로 인정하기 위하여 억지논리를 동원하고 있다. 즉, 관습헌법을 "반드시 헌법에 의하여 규율되어 법률에 대하여 효력상 우위를 가져야 할 만큼 헌법적으로 중요한 기본적 사항" 내지 "기본적이고 핵심적인 사항으로서 법률에 의하여 규율하는 것이 적합하지 아니한 사항"에 한정하고 있으나, 우선 그러한 개념 한정은 "성문헌법을 보충하기 위해 필요한 관습헌법"을 지나치게 협소하게 만들고, 오히려 앞으로 관습헌법을 인정하기 어렵게 한다는 점에서 부적절하다. 뿐만 아니라 뒤에서 보는 바처럼, 한글과 태극기규정은 법률과

대통령령으로 규정되어 있으므로, 헌법재판소의 논리대로라면, 법률 또는 대통령령으로 규정할 수 없는 사항을 법률과 대통령령으로 규정하고 있다는 것이 된다. 아니면 한글과 태극기가 기본적이고 핵심적인 사항이 아니란 말인가?

헌법재판소의 또 다른 오해로서 헌법적 관습의 변경방식의 문제가 있다. 헌법적 관습이 있을 때에 그 헌법적 관습을 변경할 필요가 있다고 하여 반드시 성문헌법의 개정절차를 거쳐야 하는 것은 아니다. 헌법의 종류를 말할 때에 형식적 의미의 헌법과 실질적 의미의 헌법이 있다는 것은 우리나라의 모든 헌법교과서의 앞부분에 적시되고 있다. 이 중 실질적 의미의 헌법은 헌법전에 규정되어 있지 않더라도 법률 또는 헌법적 관습으로 얼마든지 존재할 수 있다. 따라서 관습헌법으로 인정되는 기본적인 헌법사항이라 하더라도 성문헌법의 개정절차를 거치지 않고도 얼마든지 법률에 의하여 규정될 수 있고 이러한 법률들이 실질적 의미의 헌법인 것이다. 문제는 그러한 헌법사항의 변경에 대한 국민적 합의가 어떻게 확인되느냐이다. 예를 들면, 우리나라의 언어문자인 한글은 한글전용에 관한 법률에서 정하고 있는데, 만약 한글을 영어로 변경하고자 한다면, 어떤 형태로든지 국민적 합의를 도출해 내면 되는 것이지 헌법개정의 절차를 거쳐야 하는 것은 아니다. 태극기도 마찬가지이다(대한민국국기에 관한 규정은 대통령령으로 정해져 있다). 이들 법령들이 국민투표를 거쳐 정해지지 않고 국회 또는 대통령령에 의하여 정해졌다고 하여 위헌이라 할 수 없다. 헌법재판소는 「수도가 서울이라는 사실」을 억지로 관습헌법으로 논리조작하고 또 그 관습헌법을 성문헌법과 동일한 효력을 가지는 것으로 논리조작하는 이중의 논리조작을 거쳐, 서울이 수도라는 사실을 변경하기 위해서는 성문헌법과 동일한 방식으로 헌법개정절차를 거쳐야 한다고 억지주장을 펴고 있다.

④ **국민투표권의 문제** 행정수도이전특별법이 위헌이라는

헌법재판소의 다수의견에 대하여, 결론은 같지만 그 이유를 달리하는 별개의견으로, 헌법 제72조의 국민투표부의권에서 유래하는 국민투표권에 근거하여 위헌론을 개진한 견해가 있다(김영일 재판관). 이 견해는 다수의견만큼이나 길고 장황하게 서술하고 있지만, 그 결론은 간단하다. 즉, 수도서울을 이전하는 것은 국가안위에 관한 중요정책이고 따라서 대통령은 반드시 국민투표에 붙여야 하는데도 불구하고 이를 국민투표에 붙이지 아니하고 국회의 의결을 거쳐 결정하였으므로, 국민투표에 붙였으면 국민이 당연히 가지게 되는 국민투표권을 침해하였고 따라서 위헌이라는 것이다. 이러한 논리의 전제에는 「붙일 수 있다」고 표현하고 있는 헌법의 문언을 해석하면서 대통령의 임의적·재량적 판단을 기속적인 것으로 해석하는 견강부회가 있다. 대통령이 국가안위에 관한 중요정책을 국민투표에 부칠 것인지 아니면 국회의 법률로 정할 것인지는 그야말로 대통령의 재량이다. 헌법 제72조의 국민투표부의권이 처음 헌법전에 규정된 것은 1954년 제 2 차 헌법개정 때이었는데, 이 때의 규정은 대통령의 부의권한이 아니라 「주권의 제약 또는 영토의 변경을 가져올 국가안위에 관한 중대사항」은 국회의 가결을 거쳐 반드시 국민투표에 붙이도록 하는 기속적 규정이었다. 이 규정은 제 3 공화국헌법에서는 빠졌다가 제 4 공화국 헌법에서 「대통령은 필요하다고 인정한 때에는 국가의 중요한 정책을 국민투표에 붙일 수 있다」고 규정되어 재량조항으로 바뀌었고, 다시 제 5 공화국 헌법에서 현행헌법과 동일한 문언으로 바뀌어, 「대통령은 필요하다고 인정할 때에는 외교·국방·통일 기타 국가안위에 관한 중요정책을 국민투표에 붙일 수 있다」고 규정하게 되었다. 결국 대통령의 국민투표부의권은 유신독재시대에 대통령의 대국민신임투표를 위하여 처음으로 도입되었고, 제 5 공화국 헌법에 의하여 현행헌법과 동일하게 규정된 취지를 감안하면, 대통령의 독재적인 통치의 효율을 위하여 설치된 사실을 부인하기 어렵다. 물론 동일한 문언이라 하여 동일한 의미를 가진다고 볼 필요는 없지만, 최소한 동 조항이 국민투표부의에 관한 대통령의 재량을 정하고 있음은 명약관화하다. 다만 별개의견처럼 이때의 대통령의 재량권이 수도이전과 같은 특정사항에 대해서는 기속적인 것으로 된다고 보아야 하는가? 만약 이를 긍정한다면 외교·국방·통일 기타 국가안위에 관한 중요정책을 모두 국민투표에 붙이지 않으면 위헌이라는 결과가 된다. 왜냐하면, 문언상으로 보아 「기타 국가안위에 관한 중요사항」은 그 중요성의 정도에 있어서 외교·국방·통일에 관한 정책보다는 덜한 것으로 보아야 하고 따라서 외교·국방·통일에 관한 정책은 반드시 국민투표를 거쳐야 한다는 결과가 되기 때문이다. 이러한 무리한 해석은 도저히 받아들일 수 없다.

한편 헌법 제72조의 국민투표부의권에 따른 국민투표권침해를 이유로 위헌이라는 의견이 1인에 불과하다는 사실은 앞서 본 바와 같은 재신임국민투표제의 당시의 헌법재판소의 입장과 비교해 볼 필요가 있다. 재신임국민투표제의 당시 헌법재판소의 4인의 소수의견은 재신임여부가 국가안위에 관한 중요정책이 아니라는 이유로 대통령의 제의를 위헌이라 판단하였는데, 이번에는 수도이전이 국가안위에 관한 중요정책이기 때문에 국민투표를 거쳐야 함에도 불구하고 이를 거치지 않았다는 이유로 위헌이라 판단한 것이다. 이 두 결정을 비교하면, 국가안위에 관한 중요정책인지의 여부에 관하여 철저히 헌법재판소의 독단적 판단만을 강조할 뿐 대통령의 판단은 전혀 고려하지 않고 있다. 이러한 결과는 헌법 제72조의 규정을 잘못 해석하는 데에서 유래함은 말할 필요가 없다.

⑤ **결 론** 신행정수도특별법에 대한 헌법재판소의 위헌결정의 법리의 문제점을 간단히 요약하면,

첫째, 헌법재판소는 행정수도의 이전과 수도의 이전을 개념적으로 동일한 것으로 이해함으로써, 봉건적인 수도개념과 오늘날의 복

합적 수도개념을 동일시하여, 복합적 수도개념에서의 행정수도이전을 봉건적인 천도론으로 착각하게 하는 오류를 범하고 있다.

둘째, 인간의 행위를 개념요소로 하는 관습을 사실에 관한 인식까지도 포함하는 것으로 이해함으로써, 관습헌법의 개념을 부당하게 확장하는 오류를 범하고 있다.

셋째, 백번 양보하여 서울이 수도라는 사실인식을 관습헌법이라 하더라도 그 관습헌법의 효력은 성문헌법의 보충적인 효력을 가진다고 보아야 하며, 또한 그 관습헌법을 변경하기 위해서 헌법개정을 거칠 필요는 없다고 하여야 한다.

넷째, 동의의견의 국민투표권침해의 주장도 헌법 제72조의 국민투표부의권을 억지해석한 것으로 동 조의 국민투표부의권은 대통령의 전적인 재량사항으로 이해하여야 한다.

결론적으로 헌법재판소는 신행정수도특별법을 위헌으로 하면서 헌법이론적으로 도저히 받아들이기 어려운 논리를 새로 창설하고 그에 따라 첨예하게 대립된 정쟁의 구도 속에서 어느 한편의 입장을 편들어 버림으로써 헌법재판소 스스로 정치적 투쟁의 주체로 나선 결과가 되었다. 이것은 헌법재판소가 정치적 투쟁의 무기로 변질되어 정치의 사법화를 초래한 것이라고 하지 않을 수 없다. 더 큰 문제는 그러한 정치의 사법화가 다시금 사법의 정치화를 낳고 그에 따라 규범이 왜곡된다는 데에 있다. 신행정수도건설특별법에 대한 헌법재판소의 결정은 헌법규범의 해석을 빙자하여 정치적 투쟁의 장에 스스로를 던져 넣는 행위에 다름 아니었다.

한편, 신행정수도건설특별법의 위헌으로 말미암아 차질을 빚게 된 참여정부는 후속입법을 추진하여, 2005년 3월 18일, 신행정수도후속대책을위한연기·공주지역행정중심복합도시건설을위한특별법(법률 제7391호)을 제정하였다. 이 법률에 대하여도 서울시 정무부시장, 서울시의회 의원, 경기도 의회 의원, 과천시 의회 의원, 공공기관

종사자 또는 충남 공주시와 연기군에 거주하는 주민들을 포함한 전국 각지에 거주하는 일반 국민들인 청구인들은 위 법률이 우리 나라의 수도는 서울이라는 불문의 관습헌법에 위반되며 청구인들의 국민투표권, 납세자의 권리, 청문권 등 기본권을 침해한다는 이유로 같은 해 6월 15일, 이 사건 헌법소원심판을 청구하였다.

동 헌법소원에 대하여 헌법재판소는 7인의 다수의견으로, 동 법률에 의하여 수도가 행정중심복합도시로 이전한다거나 수도가 서울과 행정중심복합도시로 분할되는 것으로 볼 수 없으며, 대통령과 국무총리가 서울이라는 하나의 도시에 소재하고 있어야 한다는 관습헌법의 존재를 주장하나 이러한 관습헌법의 존재를 인정할 수 없고, 특정의 국가정책에 대하여 다수의 국민들이 국민투표를 원하고 있음에도 불구하고 대통령이 이러한 희망과는 달리 국민투표에 회부하지 아니한다고 하여도 이를 헌법에 위반된다고 할 수 없다는 등의 이유로 청구인들의 청구를 각하하였다.[181]

이 결정에서, 3인(전효숙, 이공현, 조대현)의 재판관들은, 서울이 수도라는 관습헌법이 존재한다고 인정할 수 없고, 설령 이를 인정하더라도 관습헌법을 변경하려면 반드시 성문헌법의 개정절차를 거쳐야 한다고 보지 아니한다는 별개의견을 제시하였으며, 2인의 재판관(권성, 김효종)이 신행정수도건설특별법 위헌결정에서의 논리를 그대로 차용하여 위헌을 주장하였다.

관습헌법론에 따라 신행정수도건설특별법을 위헌으로 결정했던 헌법재판소가 1년이 갓 지난 시점에서 다시금 다수의견으로 관습헌법론을 번복하고 그 후속입법을 합헌으로 결정했다는 것은 이전의 관습헌법론이 얼마나 이론적인 결점을 가지고 있었는가를 단적으로 보여주는 예이다.

---

181) 헌재 2005. 11. 24. 선고, 2005헌마579 참조.

제 5 장

결론—후기

인간은 자신에게 주어진 현실과 그 현실을 규율하는 다양한 형태의 규범에 의해 규정되는 존재이다. 아울러 의지주체로서의 인간은 현실과 규범에 대하여 때로는 소극적으로 순응하면서 때로는 적극적으로 저항하면서 자신의 의지를 실현하고자 노력한다. 존재로서의 현실과 당위로서의 규범, 그리고 인간의지는 결코 일치할 수가 없으며 시간성과 공간성에 따라 항상 불일치하게 전개되어 간다. 따라서 존재(현실)와 당위(규범) 그리고 인간의지는 항상 긴장관계에 있다. 이러한 긴장관계는 존재와 당위를 수용하는 인간들의 의지지향의 분열로 인하여 생겨난다. 현실에서의 다양한 이해관계는 그와 관련된 인간의 의지지향을 서로 충돌하게 하며, 이러한 의지지향의 충돌을 해결하는 과정이 곧 정치과정이다. 현실의 행위자들은 자신의 의지를 관철하기 위하여 다양한 수단을 추구한다. 서론에서 살펴본 바와 같이, 역사적으로 존재해 왔고, 또 현재의 시점에서도 존재하는 다양한 형태의 지배양식이 곧 그것이다. 서구의 근대사회는, 현실에서의 다양한 분쟁의 해결을 위하여 객관적이고 합리적인 규범의 창설을 지향하여, 중세를 지배하였던 신의 의지에 따른 수직적 질서를 대신하여, 인간의 의지에 따른 수평적 질서원리로써 새로이 국가와 사회를 구성하였다. 아울러 그 수단으로써 인간의 이성에 기초한 법을 사회 및 국가구성으로 기본원리로 채택하였다. 객관적이고 합리적인 지배원리로서의 법은 현실의 다양한 이해관계와 욕구가 충돌하는 경우에 이를 해결하기 위하여 가장 유용한 장치로서 승인되었고, 그에 따라 법치주의가 국가 및 사회구성의 최우선적 원리로 기능할 수 있게 되었다.

한편, 법치주의는 법 및 이를 실현하기 위한 제도적 장치가 설정되지 않는다면, 아무런 의미가 없다. 또한 법적 논리의 지배로서의 법치주의는 이를 뒷받침하는 사실적 힘이 존재하지 않는다면 공허한 외침으로 그치고 말 것이다. 법치주의를 뒷받침하는 사실적 힘은 현실에서의 인간의 의지지향이 당위로서의 법규범을 통하여 현실의 문제를 해결하고자 할 때에 형성된다. 아울러 이 사실적 힘은 분쟁해결기준으로서의 법규범과 분쟁해결기제로서의 사법제도를 창설하는 원천이다. 즉, 법규범 및 사법제도를 정립하는 행위는 정치과정의 한 내포이며, 정치적 행위인 것이다. 바로 이 점에서 법과 정치의 접점이 있으며, 그 상호관계에 관한 물음의 출발점이 된다.

당위로서의 법규범은 정치의 산물이지만, 한번 설정된 후에는 그 자체 독자적 생명력을 갖는다. 말하자면, 법규범은 한번 설정되기만 하면 장래에 인간과 현실을 자신의 의사에 따라 지배하려는 힘을 갖게 된다. 물론 이러한 지배력은 당해 규범을 분쟁해결에 이용하려는 인간의지를 통하여 실현된다. 이 때 의지주체인 행위자는 자신이 가진 문제의 해결을 위하여 법규범을 선택할 수도 있고, 그와 달리 현실에서의 다양한 해결책을 선택할 수도 있다. 만약 설정된 기존의 법규범이 자신의 의지지향과 일치할 경우에는 그 행위자는 규범이 정하는 바에 의하여 문제를 해결하고자 할 것이지만, 그렇지 못한 경우에는, 정치과정으로 되돌아가 문제를 해결하고자 할 것이다.

법규범체계 중에서 가장 우위에 있는 것이 헌법이다. 헌법은

'정치적 법'으로서의 특성을 갖는다. 헌법이 정치적 법이라는 말은 두 가지 측면을 갖는다. 그 하나는 헌법의 성립과 변화가 정치적 투쟁과 타협의 결과물이라는 것이다. 이것은 헌법에 앞서는 정치영역이 헌법에 영향을 미친다는 것을 보여준다. 다른 하나는 헌법이 현실의 정치를 규율하는 정치규범으로서의 성격을 가지고 있으며, 따라서 현실의 정치적인 사태가 헌법규범과 충돌하거나 모순적인 경우에는 헌법규범이 이에 대해 어느 정도의 규제적 기능을 할 수 있는가 하는 것이다. 전자는, 기존의 헌법이 정치현실을 규율하지 못하는 경우, 다시 말하면 현실의 행위자인 인간의 의지지향이 규범지향이 아니라 현실지향이어서 헌법을 왜곡하거나 무시하는 경우에는 기존의 헌법은 파괴되고, 따라서 새로운 헌법이 만들어질 수밖에 없는 경우이다. 후자는 현실의 행위자인 인간의 의지지향이 현실지향이 아닌 규범지향으로 나타나는 경우이다. 바로 헌법규범의 실효성이 확보되는 경우라 할 수 있다. 근대의 입헌주의국가 이래 오늘날의 헌정국가(Verfassungstaat)에 이르기까지 점차적으로 정치의 영역이라고 여겨졌던 것들이 법적 영역으로 포섭되기 시작하였고, 극단적으로는 법으로부터 자유로운 정치는 없다고 하는 정도에까지 이르렀다.

국가기능 중의 하나인 사법기능은 법치주의의 실현을 위한 중요기제이다. 근대사회가 의회를 중심으로 하는 정치의 시대이었다면, 오늘날의 사회는 인간의 존엄성을 규정한 헌법을 중심으로 하는 법치의 시대이다. 따라서 규범실현기제이자 헌법학의 도구개념으로서의 「사법」의 개념을 명확히 하는 것은 헌법의 이념을 구현하기 위한 새로운 제도의 창설이나 기존의 제도에 대한 이해 양 측면에서 모두 유용하다고 할 수 있으며, 법과 정치의 관련성을 이해하는 데에도 또한 매우 유용하다고 할 수 있다. 17세기 영국의 헌정 이래 정치의 영역에서부터 분화되기 시작한 사법기능은 다양한 경험과 이론을 거쳐 그 독립성이 확보되었고, 오늘날에는 적극적인 법형성 내지 법창조기능에까지 확대되고 있다. 아울러 이를 담당하는 사법권력은 국가권력의 한 축으로서 입법권력 및 행정권력과 대등한 지위를 갖는 것으로 인식되고 있다. 그 결과 오늘날의 사법의 개념은, 약간의 이설이 있기는 하지만, 헌법재판작용까지도 포함하는 넓은 개념으로 이해되고 있다.

사법기능이 정상적으로 운용되기 위해서는 사법권의 독립, 즉 법규범의 독자성 내지 독립성과 사법기관의 제도적·실질적 독립성이 전제되어야 하는바, 역사적으로 정치의 영역과 사법기능의 상호관련은 다양한 형태로 전개되어 왔다. 정치와 사법의 상호관련은 첫째, 사법기능에 사실적 내지 정치적 권력이 영향을 미쳐서 정상적인 사법기능이 전혀 행해지지 못하고 단지 사법의 외형만이 존재하는, 이른바 정치적 권력에 의한 사법의 경우와, 둘째, 사법권의 독립과 사법절차의 중립성이 확보되어 있기는 하지만 사법판단의 기준이 되는 헌법 또는 법률 자체에서 정치적 목적을 담고 있어서 일정한 정치적 목적을 달성하기 위하여 사법절차가 이용되는, 이른바 정치적 목적을 위한 사법을 의미하는 경우, 셋째, 정치적 문제가 사법의 대상이 되는, 이른바 정치적 문제에 대한 사법을 의미하는 경우로 나누어진다. 오늘날에 있어서 법과 정치의 문제와 가장 밀접하게 관련되는 경우가 바로 세 번째의 개념이다.

정치적 문제에 대한 사법심사에서 중요한 것은 사법심사의 기준이 무엇인가 하는 점이다. 사법심사의 대상은 사실적 혹은 정치적 문제이지만 그의 적헌성 내지 적법성을 판단하는 기준은 규범적인 것이 되어야 한다. 특히 헌법을 기준으로 하여 심사를 하는 헌법재판의 경우에는 정치적 합목적성이 그 기준으로 될 가능성이 크지만, 이 기준도 헌법이 가지고 있는 체계성, 논리성의 범위 내에서 인정되는 것이어야 하며, 비록 헌법이 정치적 문제에 대한 결정을 유보하거나 결하고 있더라도 기존의 헌법이 가지고 있는 제 원리들과 상충하는 합목적성을 인정할 수는 없다고 할 것이다. 헌법재판에 있어서 법과 정치의 관련은 헌법의 개념요소로서의 법과 정치라는 두 요소, 즉 헌법의 법규범성과 정치성이라는 두 요소를 모두 갖는 총합적 개념으로서의 헌법이라는 관점에서만 올바르게 이해될 수 있다. 말하자면, 법과 정치를 엄밀히 구별하지 아니하고 동전의 서로 다른 양면이라는 인식을 통해서만 양자의 관계를 올바르게 이해할 수 있다.

헌법은 법규범으로서의 기속성을 가지고 있기 때문에, 현실정치세력들의 행위규범으로서 기능하게 되는데, 헌법규범이 이러한 행위규범을 추상적이고 포괄적으로 규정하여 그 의미내용이 명확하지 않아서 정치세력간의 갈등과 분쟁이 발생하는 경우에는, 그것은 곧바로 헌법분쟁으로 되는 것이며, 이에 관한 권위적 해결이 곧 헌법재판이 된다(헌법내적 분쟁의 경우).

만약 현실정치의 행위규범이 헌법상 전혀 규정되지 않았을 경우에는, 헌법재판을 담당하는 기관이 그러한 권한을 헌법으로부터 명시적으로 위임을 받았거나, 해석적으로 혹은 관행적으로 그러한 위임을 받은 것으로 보아 새로운 규범을 창설한다면, 이것은 새로운 헌법을 제정하는 것과 같은 효과를 가질 것이다(헌법외적 분쟁의 경우).

우리나라는 해방 이후 약 60여 년간, 서구의 근대적인 국가구성원리로서의 권력분립원리에 따라 국가사회를 구성하고 발전시켜 왔지만, 그 과정에서 국가기능으로서의 사법기능은 정치의 영역에 철저히 종속되거나 파괴되었던 경험을 가지고 있다. 1987년 이후 성립된 새로운 헌법은 실질적 법치주의의 실현기제로서의 헌법재판제도를 실질화하여 국민의 인권을 최대한 보장하게 되었을 뿐만 아니라, 정치의 영역에 대한 법적 규율을 통하여 진정한 헌정국가 내지 법치국가의 구현을 위하여 많은 노력을 기울이고 있다. 그러나 한편으로 근래의 상황은 순수하게 정치적 영역에서 해결되어야 할 문제까지도 헌법재판소를 통해 해결하려는 정치적 행위자들의 의지가 나타나기도 하였다. 이는 자칫 '정치의 사법화'를 낳게 되어 국가의 정책결정과정을 비정상적으로 왜곡할 뿐만 아니라, 민주주의의 발전에도 심각한 위기를 초래할 수 있다. 정치적 권력에 의해 사법이 왜곡되는 것도 허용되어서는 안 되지만, 정치적 목적을 달성하기 위하여 사법을 이용하는 것도 정치과정을 왜곡한다는 의미에서 가능한 한 배제되어야 한다. 아울러 정치적 문제에 관하여 헌법적 분쟁이 있는 경우에는, 헌법재판소는 가능한 한, 정치영역으로 문제의 해결을 유보하도록 함이 타당할 것이며(이것이 사법자제이다), 다만, 헌법의 의미내용에 관하여 정치영역에서의 견해대립이 있는 경우(헌법내적 분쟁)에만 엄격한 헌법적 논리로서 당해 문제를 판단하여야 할 것이다. 그렇지 않으면 헌법재판소 스스로가 정치적 투쟁의 한 당사자로 변질되어 정치과정을 심각하게 왜곡할 우려가 있다.

법과 정치의 긴장관계는 존재(현실)와 당위(규범)라는 두 영역 사이에서 인간이 갖는 의지지향의 다양성으로부터 초래된다. 존재(현실)-당위(규범)-인간(의지)의 세 요소가 완전히 일치하는 경우는 없지만, 그럼에도 불구하고 세 요소간의 완전한 일치를 추구해 가야 하는 것이 공동체의 '선한 질서'를 위한 인간의 과제이다.

색 인

著者略歷

서울대학교 법과대학 졸업
서울대학교 대학원 법학과 석사과정 졸업(법학석사)
서울대학교 대학원 법학과 박사과정 졸업(법학박사)
서울대학교 법학연구소 조교
서울대학교·아주대학교·충북대학교 법과대학 강사
서원대학교 법정학부 법학과 교수
University of Wisconsin Law School, East Asian Legal Studies Center 객원연구원
한국공법학회 연구이사
한국헌법학회 연구이사
국제헌법학회 한국학회 총무이사
現 아주대학교 법과대학 교수

著 書

특별검사제—미국의 제도와 경험

論 文

우리나라 헌정사에 있어서의 의원내각제 소고(석사학위논문)
정치과정에 있어서의 사법권에 관한 연구(박사학위논문)
위헌결정의 방식에 관한 연구
독일통일과 관련한 서독 연방헌법재판소판결에 관한 연구
반민족행위자재산환수문제에 관한 헌법적 접근
미군정기 식민잔재청산법제 연구
미국대통령의 권한과 그 한계 등 다수

법과 정치—존재·당위·인간의지의 파노라마—

2007年 9月 20日 初版印刷
2007年 9月 30日 初版發行

著 者 이 헌 환
發行人 安 鍾 萬
發行處 (株) 博 英 社
서울特別市 鍾路區 平洞 13-31番地
電話 (733) 6771 FAX (736) 4818
登錄 1959. 3. 11. 제300-1959-1호(倫)

www.pakyoungsa.co.kr e-mail: pys@pakyoungsa.co.kr

定 價 28,000원 ISBN 978-89-7189-787-4